하늘에 속한
말씀의 기쁨

하늘에 속한 말씀의 기쁨

the Joy of the Word from Heaven

말씀묵상으로 영생의 기쁨을 누리다

말씀묵상은 단순한 적용이나 깨달음의 차원을 넘어섭니다. 하나님과 그 아들
예수 그리스도와 더불어 갖는 영생의 사귐입니다(요 1:3).
실제적으로 예수 그리스도의 십자가를 통하여 창세전 영원의 세계에 참여하는 일상의 규례입니다.
이때 만물 위의 말씀이 만물의 모든 짐을 담당하며 어떠한 상황에서도 하늘의 기쁨을 누리게 합니다(히 1:3).
그래서 말씀묵상은 하나님과의 사귐이며, 그것은 복음으로 계시된
그리스도 안에서 하나님의 영광을 보는 것입니다(요 17:24).

서형섭

"주의 법이 나의 즐거움이 되지 아니하였더면 내가 내 고난 중에 멸망하였으리이다" _시 119:92.

이레서원

하늘에 속한

말씀의 기쁨

서형섭 지음

초판 1쇄 발행	2014. 1. 11
초판 2쇄 발행	2020. 2. 13
발행처	도서출판 이레서원
발행인	문영이
출판신고	2005년 9월 13일 제2015-000099호
편집장	이혜성
편집	송혜숙, 오수현
영업	김정태
총무	곽현자

경기도 고양시 일산동구 중앙로 1160 오원플라자 801호
전화 02)402-3238, 406-3273 / 팩스 02)401-3387
E-mail: jireh@changjisa.com
Website: jireh.kr   facebook.com/jirehpub

글 저작권 © 2014 서형섭
ISBN 978-89-7435-454-1 03230

신 저작권법에 의하여 한국 내에서 보호받는 저작물이므로 저작권자의 서면 허락 없이 이 책의 어떠한 부분이라도 전자적인 혹은 기계적인 형태나 방법을 포함하여 그 어떤 형태로든 무단 전재와 무단복제 하는 것을 금합니다.

이 도서의 국립중앙도서관 출판시도서목록(CIP)은 서지정보유통지원시스템 홈페이지(http://seoji.nl.go.kr)와 국가자료공동목록시스템(http://www.nl.go.kr/kolisnet)에서 이용하실 수 있습니다.(CIP제어번호: CIP2014000598)

말씀묵상을 통해,
하늘의 기쁨을 사모하는 이들에게

하늘에 속한 말씀의 기쁨

서언

하늘에 속한 말씀, 그 기쁨은 영원하다

기독교 영성은 예수 그리스도를 통하여 하나님을 만나는 실재입니다. 그러므로 기독교 영성은 하나님과 사귐의 영성입니다. 이 점에서 말씀묵상은 기독교 영성의 꽃이라고 할 수 있습니다. 성경은 말씀묵상을 행하는 자를 가리켜 '복 있는 자'라고 말합니다(시 1:1-3). 그는 하나님의 말씀을 즐거워하고 그 말씀을 밤낮으로 묵상합니다. 이 말씀은 하늘에 속한 것으로 거기서 오는 즐거움은 변하지 않는 기쁨이며, 항상 있는 기쁨입니다. 반면, 만물에 속한 것은 항상 변하며 사라지고 없어집니다. 인간의 모든 고통은 만물에 속한 것으로 오직 만물 위 하늘에 속한 말씀에서 오는 기쁨으로 넉넉히 극복합니다. 그러므로 말씀을 즐거워하는 자는 만물이 가져다주는 어떤 고통도 하늘의 기쁨으로 삼켜버립니다. 이것이 진정한 말씀묵상의 실재이며, 하나님을 만나는 기독교 영성의 실재입니다.

서언

🌿 말씀묵상의 성경적 성찰을 구하며

그렇다면 참된 말씀묵상은 무엇입니까? 기독교 신앙에서 진리의 언어가 존재의 심연을 건드리지 않으면 죽은 언어가 되고 맙니다. 존재의 심연을 건드리는 것은 신앙의 언어가 우리의 심령을 뒤흔들고 존재를 변화시켜 하나님의 사람이 되게 하는 일련의 역사입니다. 말씀묵상이 우리 영혼의 깊은 층을 흔들고 변화시켜 하나님의 사람으로 살게 할 때, 그것이야말로 진정한 말씀묵상이 되는 것입니다. 이것이 실현되기 위해서는 말씀묵상에 대한 성경적, 역사적 그리고 신학적, 복음적 성찰이 절실히 요청됩니다.

말씀묵상은 신구약 성경과 기독교 역사에서 가장 중요한 신앙규범입니다. 특히 말씀묵상을 명령하고 있는 시편 1편은 기독교 신앙의 항구적 요소가 발견되는 곳입니다. 기독교의 말씀묵상은 종교적 규례를 넘어 하나님과 그 아들 예수 그리스도와 더불어 함께하게 되는 영생의 사귐입니다(요일 1:3). 한국 교회에 있어 초기의 말씀묵상은 주로 영적 지도자들이 실천하였습니다. 그것은 평신도에게는 낯선 신앙의 규례였습니다. 그러다가 1970년대 중반에 들어와 말씀묵상이 평신도에게 확산되기 시작했고, 날로 그 중요성이 강조되고 있습니다. 현재 발간되는 말씀묵상집 또는 큐티Quiet Time 책자의 기준으로 볼 때 한국의 그리스도인들 중 50만 명 이상이 매일 말씀묵상을 하고 있는 것으로 파악됩니다.

🌿 목마른 자, 생수를 얻다

필자 역시 1993년 신학대학원에 입학한 이후 현재까지 약 20년 간 말씀묵상을 해오고 있습니다. 그런데 과연 말씀묵상의 규례가 저의 존재의 심연을 터치했던가를 자문해 보면 결코 아니었습니다. 처음에는 기쁨으로 시작했던 것이 점점 부담으로 바뀌면서 신앙의 공로가 되었고, 나중에는 율법적으로 해치우는 습관적 종교행위로 전락하고 말았습니다. 마치 언약궤는 있으나 하나님의 존재를 잃어버린 이스라엘 백성처럼 되고 만 것입니다(시 78:59-60). 말씀묵상은 형식적인 신앙규례로 전락되고 도리어 사역에 매진하게 되었습니다. 제 영혼은 갈수록 고갈되었고, 하나님의 공의로운 심판이 제게 임했습니다. 그 후 오래도록 말씀 앞에 머물면서 말씀묵상은 하나님을 존재로 만나는 영성의 실제인 것을 알게 되었습니다. 이것은 저에게 마치 사마리아 여인이 습관처럼 물동이를 들고 우물가에 나갔다가 영원한 생수를 얻은 것과 같은 영적 사건이었으며, 그 후로 일상의 영성이 되었습니다.

신앙과 학문의 결실

이 책은 필자의 박사논문 내용을 중심으로 엮었습니다. 논문의 제목은 "말씀묵상을 통한 영성훈련"이며, 논문에 수록하지 못한 부분을 본서에 보강하였습니다. 박사논문의 핵심 논지는 아래와 같습니다.

> 예수 그리스도는 복음입니다(롬 1:2-4). 또한 신구약 성경은 예수 그리스도에 관해 증언하는 복음입니다(요 5:39). 복음의 목적은 영원한 생명을 드러내는 데 있습니다(요 3:15; 딤후 1:10). 영원한 생명의 본질은 창세전 곧 영원의 하나님과 영원에서 오신 예수 그리스도와의 사귐입니다(요 17:3). 그리스도인이 도달해야 할 영적 성숙은 창세전 아들이 아버지와 가졌던 영광을 보는 데에 있습니다(요 17:24). 이것은 날마다의 말씀묵상 규례를 통해서 실현됩니

다. 그러므로 말씀묵상은 단순한 적용이나 깨달음 이상이며, 영원한 생명의 교제인 동시에 하나님과의 사귐입니다. 이와 같은 하나님과의 사귐으로서 말씀묵상은 신구약 성경과 초대교회는 물론 기독교 역사에서 항상 진리로 존재하여 왔습니다.

종교개혁을 통한 개신교의 태동은 말씀이 회복된 것에 가장 큰 의의가 있습니다. 그것은 성경 속에 담겨 있는 무한한 영적 보화와 진리의 샘터를 발견하게 된 것입니다. 실제로 개신교는 말씀의 종교이며, 말씀이 풍성한 종교로서 자리매김을 하여 왔습니다. 그러나 홍수가 범람할수록 마실 물이 없듯이, 지금의 시대는 성경 읽기와 묵상, 설교와 성경공부 등 말씀의 형태는 다양하고 풍성한 반면 말씀을 통해 하나님을 존재로 만나는 실제는 찾아보기 어렵습니다. 이는 목사로, 설교자로, 성경교사로, 복음 전도자로 활동해 온 필자의 가슴 저미는 경험이기도 하였습니다.

말씀묵상, 적용이 아니라 사귐이다

말씀은 하나님과 분리되지 않으며 하나님의 존재 자체입니다. 말씀은 다양한 의미를 가지고 있으며, '하나님의 현현'God's manifest이라는 하나의 의미 속에서 결합될 수 있습니다(폴 틸리히). 히브리어로 말씀을 뜻하는 '다바르'는 존재와 분리된 '말'이 아니라 '존재 자체'이며 말씀하시는 하나님과의 만남을 의미합니다(토를라이프 보만). 말씀을 통해 자신의 비참함을 깨닫고 하나님에 의해 용납되며 용납 받은 자가 하나님을 용납함으로써 자신은 감추어지고 하나님만 드러나는 것이 말씀,

곧 '다바르'가 내포하는 의미인 것입니다.

　기존의 말씀묵상은 깨달음과 삶에의 적용 또는 성경연구와 설교자료 등 하나님을 아는 지식의 차원에 머물렀습니다. 이 책은 그와 같은 말씀규례를 인정하면서 동시에 그것들을 극복하기를 시도합니다. 곧 말씀묵상은 기독교 영성의 진수로서 예수 그리스도를 통해 성령 안에서 하나님과 바른 관계 가운데 거하는 영성임을 강조합니다. 이것이 모든 신자가 누리는 지복으로서 하나님과의 사귐의 실제입니다.

진리의 선각자들에게 빚진 자

　이 책은 성 베네딕도(480-547), 베르나르 클레르보(1091-1153), 마이스터 에크하르트(1260-1327), 마르틴 루터(1483-1546), 토머스 뮌처(1490-1525), 이냐시오 로욜라(1491-1556), 존 칼빈(1509-1564), 존 오웬(1616-1683), 요한 아른트(1555-1621), 필립 슈페너(1635-1705), 토마스 켈리(1893-1940), 디트리히 본회퍼(1906-1945), 칼 바르트(1886-1968), 폴 틸리히(1886-1965), 토머스 머튼(1915-1968), 아브라함 헤셸(1907-1972), 도로테 죌레(1929-2003) 등 진리의 선각자들의 신앙적, 신학적인 결실에 은혜를 입고 있습니다.

　또한 이 책이 나오기까지 가르침을 주신 분들에게 깊은 감사를 드립니다. 필자는 20여 년간 김세윤 교수(풀러신학교)로부터의 배움을 통해 복음적 신앙의 기초를 다지게 되었으며, 특히 사도들의 복음과 하나님 나라의 복음의 연관성을 깊이 조명하게 되었습니다. 그의 신학적 탐구와 결실이 한국 교회와 성도들에게 구체적으로 실현되기를 소원합니다. 그리고 폴 스티븐슨 교수(리젠트신학교)의 강의를 통해 일상적 영성의 실체를 보게 되었습니다. 그는 강의뿐만 아니라 그의 존재와 성품을 통해 일상적 영성의 실체를 보여 주었으며, 필자는 말씀묵상이 일상에서 어떻게 실현되어야 하는지 그 본보기를 보게 되었습니다.

오형국 박사(성서유니온)는 말씀묵상에 대한 개신교의 보화를 캐내는 데 결정적인 도움을 주었고, 오창록 교수(광주신학교)는 책의 내용을 정독하고 보정해 주었으며, 존 오웬이 말하였던 대로 하나님과의 사귐이 복음으로 나타난 그리스도를 통해 하나님의 영광을 보는 것임을 확인시켜 주었습니다. 이기승 교수(서울신대)는 이 책의 논지에 대해 적극적인 지지를 해 주었고, 한국 교회의 영성에 유익을 줄 것이라며 격려해 주었습니다. 한편 김용규 박사(신학자 및 철학자)와의 만남을 통해 존재론적 신앙의 깨어남이 있었고, 김경재 교수(한신대학교)의 저서를 통해 한국 교회 영성을 통찰하고 편협한 신앙을 해소하였으며 영성의 진보를 이룰 수 있었습니다.

필자는 2008년부터 2010년까지 교회 사역을 잠시 접고 이 책의 근간이 되는 박사 논문을 작성하였습니다. 그 기간 동안 임영수 목사와 박영선 목사의 주일 예배 설교를 직접 들을 수 있었던 것은 크나큰 행운이었습니다. 임영수 목사(모새골교회)의 인격과 설교는 하나님과 사귐의 신앙을 구체적으로 보게 하였고, 박영선 목사(남포교회)의 설교는 기독교 진리의 보편성과 그 위대성을 매번 경험하게 하였습니다.

바울은 고린도 교회 성도들을 향하여 바울 자신이나 아볼로나 게바나 다 너희의 것이고, 너희는 그리스도의 것이며, 그리스도는 하나님의 것이라고 하였습니다(고전 3:22-23). 위에 언급한 신앙과 신학, 목회의 스승들은 모두 나의 것이요, 그리스도의 것이요, 하나님의 것임을 고백합니다. 더불어 이 책을 통해 나 역시 누군가에게 그의 것이 되며, 그리스도의 것이 되며, 하나님의 것이 되기를 소망합니다. 자랑할 이는 오직 하나님뿐입니다.

이 책의 출간을 감사하며

이 책은 본래 도서출판 갈릴리에서 발행한 『말씀묵상이란 무엇인가』를 이레서원을 통해 개정하여 출판하게 되었습니다. 기존의 책은 논문 형태로 되어 있었는데, 목차와 내용을 일부 수정하였고, 각주의 참고문헌을 미주로 변경하였습니다. 이로써 평소 말씀을 사랑하는 독자들에게 한층 더 쉽게 다가갈 수 있는 책으로 만들어졌습니다. 이 책의 출판을 허락해 주신 이레서원 김기섭 대표님께 감사를 드립니다. 아울러 평신도의 신앙 성숙에 대한 간절함으로 참여해 주신 나기영 전무님과 복음의 동역자 최창숙 편집이사님께도 감사드립니다. 더불어 이 책의 디자인과 편집을 위해 헌신해 주신 분들께도 감사를 드립니다.

또한 2009년 9월 이후 35회 이상 계속된 말씀묵상캠프(현, 복음생명캠프)에 참석하신 여러 목회자 및 성도들께 감사드립니다. 그들 중에는 복음과 생명의 진리를 알고 날마다 하나님과 사귐으로서의 말씀묵상을 실천하는 분들이 계십니다. 이 책은 이들과 함께 쓰여진 책입니다. 또한 좁고 협착한 길에서 영생의 사귐을 실천하며 본 선교회를 섬기고 계시는 서울본부와 제주지부, 그리고 말씀을 묵상하는 모든 지체들에게 깊은 감사를 드립니다.

무엇보다 이 책이 하나님을 사랑하고 말씀을 사랑하는 독자들에게 유익하기를 바랍니다. 신실하게 말씀을 묵상하는 이들이 하나님을 더욱 잘 알아가는 데 도움이 되기를 소원합니다. 나아가서 독자들이 예수 그리스도께서 죽음으로 주신 영원한 생명을 얻고 더 풍성히 누리기를 소원합니다. 그리하여 하늘의 기쁨으로 땅의 고통을 넉넉히 이기는 복된 자들이 되기를 간절히 기도합니다. 끝으로 성 어거스틴이 삼위일체론을 저술하고 올린 기도로 저의 진심을 전하고 싶습니다.

이 책은 하나님의 것이오니 독자들이 이 책을 통해 하나님을 더 알기 원합니다. 그리고 혹여 이 책 중에 저의 말이 있다면 하나님과 독자들에게 용서를 구합니다.

2014년 1월
부천시 소사로에서
서형섭

차 / 례 /

서언 6

1부 말씀묵상이란 무엇인가?

1장 // 말씀의 기쁨 19
1. 하늘의 기쁨을 창조하다 21 / 2. 말씀묵상의 전제들 30
3. 복음과 영성 40

2장 // 말씀묵상의 역사 47
1. 구약성경의 말씀묵상 50 / 2. 신약성경의 말씀묵상 56
3. 초대교회의 말씀묵상 60 / 4. 동방교회의 영성과 말씀묵상 67
5. 가톨릭교회의 영성과 말씀묵상 69 / 6. 개신교의 말씀묵상 80
7. 한국 교회의 말씀묵상 98

3장 // 말씀묵상의 요소 107
1. 그리스도 중심성 109 / 2. 십자가 중심성 115 / 3. 말씀의 형태와 의미 119
4. 말씀과 해석 125 / 5. 말씀과 상황 132 / 6. 성경의 역사성과 진리성 137
7. 시간의 영원성과 공간성 142 / 8. 말씀과 성령의 조명 148

4장 // 말씀묵상과 영생의 사귐 153
1. 죄의 각성과 복음의 실제 155 / 2. 복음과 영원한 생명 159
3. 영원한 생명의 실재 166 / 4. 영생의 교제로서 하나님과의 사귐 169

2부 말씀묵상과 영성을 논하다

5장 // 기독교 영성의 이해 **179**
1. 기독교 영성의 의미 **181** / 2. 기독교 영성의 요소 **184** / 3. 한국 교회의 영성 **189**
4. 한국 교회 영성의 평가 **197** / 5. 시대적 요청과 영성적 응답 **200**

6장 // 말씀묵상과 기독교 영성의 실제 **205**
1. 말씀묵상과 관계적 영성 **208** / 2. 말씀묵상과 초월적 영성 **220**
3. 말씀묵상과 일상적 영성 **236**

3부 온전한 신앙으로

7장 // 하나님과 사귐의 영성훈련 **253**
1. 침묵훈련 **256** / 2. 기도훈련 **259** / 3. 금식훈련 **263** / 4. 학습훈련 **267**
5. 단순성훈련 **271** / 6. 고독훈련 **275** / 7. 섬김훈련 **278** / 8. 고백훈련 **283**
9. 예배훈련 **287** / 10. 찬양훈련 **292**

8장 // 성숙한 신앙을 향하여 **297**
1. 평신도의 성숙 **300** / 2. 목회자의 성숙 **303** / 3. 교회의 성숙 **305**

에필로그 309
부록_ 묵상 예시 314
참고문헌 336
주 344

1부
말씀묵상이란 무엇인가?

the Joy of the Word from Heaven

1장
말씀의 기쁨

the Joy
of the
Word
from Heaven

말씀묵상은 그리스도의 십자가를 통해서 창세전 영원의 세계에 참여합니다. 어떠한 상황과 조건 속에서도 영원한 것에서 오는 기쁨을 누리게 합니다. 이것은 영원에 속한 것으로 영원한 기쁨, 생명, 사랑을 누리게 합니다. 그래서 말씀묵상은 청교도 지도자 존 오웬의 말대로 하나님과의 사귐이며, 그것은 복음으로 계시된 그리스도 안에서 하나님의 영광을 보는 것입니다 (communion with God is beholding the glory of God in Christ as revealed in the gospel).

1. 하늘의 기쁨을 창조하다

하늘의 기쁨과 세상의 재미

기독교 신앙의 시작과 끝은 기쁨으로 표현됩니다. 이 기쁨 joy은 세상이 주는 재미 fun와 구별됩니다. 세상이 주는 재미는 만물 안에 속하며 일시적이고 이내 사라집니다. 그러나 신앙의 기쁨은 하늘에 속하며 영원합니다. 하늘에 속한 기쁨과 땅에 속한 재미는 감각적으로는 유사하나 그 본질은 말 그대로 하늘과 땅 차이인 것입니다.

전통적으로 서구 기독교는 성탄절이 중심적인 축제였습니다. 그리고 그 표상은 모두 하늘에 속한 큰 기쁨으로 표현되고 있습니다. 마리아는 그리스도가 자신에게 잉태되었다는 소식을 듣고 기쁨의 찬가로 화답하였습니다. "내 영혼이 주를 찬양하며 내 마음이 하나님 내 구주를 기뻐하였음은 그의 여종의 비천함을 돌보셨음이라"(눅 1:46-47). 그리고 마침내 마리아에게 잉태된 하나님의 아들이 태어났습니다. 이 그리스도의 탄생 역시 하늘에 속한 큰 기쁨으로 표현됩니다. 성탄의 새벽, 들에 있는 목자들에게 천사들이 나타나 기쁜 소식을 전했습니다. "천사가 이르되 무서워하지 말라. 보라 내가 온 백성에게 미칠 큰 기쁨의 좋은 소식을 너희에게 전하노라. 오늘 다윗의 동네에 너희를 위하여 구주가 나셨으니 곧 그리스도 주시니라"(눅 2:10-11). 이처럼 예수 그리스도는 하나님의 큰 기쁨 속에서 탄생하셨습니다. 그는 먼저 외롭고 추위에 떠는 목자들에게 큰 기쁨을 가져다주었습니다. 나아가 예수 그리스도의 탄생은 온 백성에게 미칠 큰 기쁨의 좋은 소식이 되었습니다.

한편, 동방 기독교의 중심적 축제는 부활절에 있습니다. 예수 그리스도의 부활과 영원한 생명이 나타난 것은 부활절의 기쁨에 대한 다함이 없는 근거입니다. 그런데 부활의 첫 증인은 뜻밖에도 제자들이 아닌 미천한 여인들이었습니다. 그들은 놀람과 큰 기쁨으로 제자들에게 달려가 그리스도의 부활을 전했습니다(마 28:8).

또한 모든 교회의 시작이 되는 오순절 역시 하나님의 영이 임하는 기쁨으로 충만했습니다. 하늘로부터 임한 영은 그리스도께서 죽으심과 부활을 통해 주신 영원한 생명을 누리게 합니다. 그래서 창세전부터 현존하시는 아버지의 품으로 들어가게 합니다. 그리하여 우리의 몸과 영혼은 살아계신 하나님 안에서 기뻐 외치게 됩니다.

나의 영혼과 몸이 살아계신 하나님 안에서 기뻐하는도다.

My heart and my flesh shout for joy in the living God

(시 84:2, 원문직역).

하나님의 집을 사모하는 자는 그 영혼과 육체가 살아계신 하나님 안에서 기뻐합니다. 이렇게 신앙의 기쁨은 영혼의 기쁨에 국한되지 않습니다. 영혼의 기쁨은 언제나 감각적 기쁨으로 표현됩니다. 우리는 손바닥을 치고 하나님을 찬양하며(시 47:1), 입술로 하나님을 찬양하며(시 34:1; 63:3; 119:171), 기쁜 입술로 주를 찬양합니다(시 63:5; 71:23). 초대교회 믿음의 증인들은 짐승의 제물이 되는 순교의 자리에서도 기뻐했습니다. 그때 그들은 과연 영혼으로만 기뻐했을까요? 결코 그렇지 않습니다. 그들은 죽음의 순간에도 하나님에 대한 찬송을 그치지 않았습니다. 그들은 순교자 스데반처럼 하늘의 영광을 보았기 때문입니다. 그들의 얼굴은 순교하는 순간에도 천사와 같이 환했습니다.

고통의 현실과 내세의 보상

그런데 세상 속에 있는 신자의 현실은 기쁨과 거리가 멀어 보입니다. 기쁨보다 슬픔이 더 많고, 웃는 일보다 우는 일이 더 많으며, 고통이 행복보다 더 무겁습니다. 신자의 현실적인 삶은 기쁨의 축제라기보다 하나의 비극에 더 가깝습니다. 지금 지구촌에서는 5초마다 한 명의 아이가 기아로 죽어가고 있으며, 북한에서는 독재자의 광포로 인해 사람의 목숨이 파리 목숨 취급을 당하며, 시리아 내전에서는 정부군이 화학무기를 사용해 어린이를 포함한 1,300명이 죽임을 당했습니다. 이 땅에서도 고통과 죽음의 증상이 뚜렷합니다. 외적으로는 전보다 더 잘 살게 되었으나, 사람들의 욕망은 한이 없습니다. 이전보다 더욱 끔찍한 범죄가 저질러지고, 하루에 40명씩 자살로 생을 마감하고 있습니다. 청소년들은 범죄의 온상에서 자라고 있으며, 세상의 빛이 되어야 할 교회마저도 도덕적으로 타락한 일면을 보이고 있습니다. 소수 특권층을 제외하고는 어디를 보아도 웃고 기뻐할 일이 없습니다. 그래서 억지 즐거움을 만들어 내는 예능 프로그램이 활개를 치고 있는지 모릅니다.

　이 같은 비극적 현실은 기독교 국가도 결코 예외가 아닙니다. 특히 근대사에서 두 번에 걸친 세계대전 이후 유럽의 기독교 국가에는 비극적 삶의 증상이 뚜렷이 나타났습니다. 대부분의 신자들은 서구의 멸망과 절망적인 분위기에 빠져 버렸고 죽음의 신학이 득세했습니다. 그런데 이것을 돌파한 계기는 뜻밖에도 프리드리히 실러가 쓴 '환희의 송가'였습니다.

> 기쁨이여, 아름다운 신들의 불꽃이여, 이상향의 딸이여…
> 감격에 도취하여 우리는 하늘에 속한 것, 당신의 성소에 들어옵니다.
>
> 시류가 나누어 버린 것을 당신의 마술은 회복합니다.
> 당신의 부드러운 날개가 머물 때, 온 인류가 형제가 됩니다.
>
> 〈중략〉
>
> 수백만의 사람들이여 용감하게 인내할지어다.
> 보다 더 나은 세계를 위해 인내할지어다.
> 저 위에 있는 별들의 장막에서 선하신 아버지께서 상을 주실 것이다.

　실러의 시는 '기뻐하며 경배하세 영광의 주 하나님'으로 시작되는 찬송가로도 우리에게 잘 알려져 있습니다. 이 시를 보면 절망에 빠진 수백만의 사람들은 세계 속에서 당하는 고난에 굴복하지 않고 용감하게 인내할 것입니다. 그리고 그들에게 임하는 기쁨은 '별들의 장막'으로 묘사되는 다른 세계에서 주어집니다. 여기에서 문제는 그가 말하는 기쁨이 현재에서 실현되지 않으며, 죽은 다음 저 세상에서 주어진다는 데 있습니다. 그래서 실러가 말한 기쁨의 사상은 오래 되지 않아 무신론의 반격을 받았습니다. 그가 말하는 기쁨이 당장 주어지는 것이 아니라 죽은 후에 보상으로 주어지는 것이라서 그랬습니다. 수백만의 사람들이 이 땅에서 억울하게 당하는 고난에 대한 보상이 고작 죽은 후 저 세상에 가서야 상으로 주어진다는 것이 무의미하다는 것입니다. 사실이 그렇습니다. 살아 있을 때가 중요한 것이 아닙니까? 그래서 지혜자 솔로몬은 산 자들 중에 소망이 있다고 하면서 '산 개가 죽은 사자보다 낫다'고 하였습니다(전 9:4). 이 점에서 실러가 말하는 기쁨은 현실적인 것이 아니라 관념적인 것입니다. 그래서 그 기쁨은 다시 좌절로 끝나 버리고 결국은 무신론의 공격을 받은 것입니다.[1]

특히 도스토옙스키는 실러가 설파한 기쁨의 관념주의를 반박하였습니다. 이는 『카라마조프 가家의 형제들』에서 무신론을 주장하는 이반의 말을 통해 표현되었습니다. 어느 농장에서 일어난 일입니다. 하루는 여자 노예의 여덟 살 먹은 아들이 돌팔매질을 잘못하여 그만 농장 주인이 애지중지하며 아끼는 사냥개의 다리를 다치게 하였습니다. 이에 농장 주인은 그에 대한 형벌로 사냥개들을 풀었습니다. 그리고 그 어린아이를 그의 어머니가 보는 앞에서 갈기갈기 찢어 죽이고 말았습니다. 이 일을 두고 무신론자 이반 카라마조프가 이렇게 말합니다. "이런 지옥이 있는 곳에서 무슨 조화가 있다는 말인가? 만약에 어린아이들이 당하는 고통의 보상이 내세에 치러져야 한다면… 진리란 그만한 가치도 용납될 수 없는 헛된 것이라고 난 감히 단언하겠다.… 내가 하나님을 받아들이지 않는다는 것은 결코 아니야. 다만 조화의 대가로 주어진 나의 입장권을 정중히 돌려보내는 것뿐이지. 나는 그 무고한 고난을 차라리 간직하겠다. 그리고 반항하겠다."

그렇습니다. 끔찍한 현실과 내세의 보상은 결코 조화될 수 없는 것입니다. 이는 잠시 위로를 안겨 주는 관념적 기쁨에 불과합니다. 이런 폭행과 학대, 범죄와 살육이 있는 한 결코 이 땅에서 하나님의 나라도 하늘의 기쁨도 누릴 수 없는 것입니다. 사실 어린아이가 끔찍하게 죽은 것은 그 아이는 물론 그 어머니에게 내세의 보상이 아무리 크다 한들 결코 위로받을 수 없는 고통인 것입니다. 이처럼 이 세계의 현실은 기쁨을 주는 것이 아니라 고통을 줄 뿐입니다.

고통의 현실, 십자가 사랑으로 기쁨을 창조하다

'그렇다면 끔찍한 현실 속에서 과연 영원한 기쁨이 창조될 수 있을 것인가?' 하는 문제가 제기될 것입니다. 이것은 실러가 말한 기쁨의 송가와 단 하나밖에 없는 사내아이의 무고한 죽음이 조화될 수 있느냐 하는 질문이기도 합니다. 그런데 그것을 조화시킬 수 있는 길목이 있습니다. 그것은 유일한 길목으로, 바로 십자가에 나타난 하나님의 사랑입니다. 하늘로부터 오신 예수 그리스도는 십자가에서 인간이 당할 수 있는 최악의 고통에 참여하셨습니다. 십자가 사랑은 현실의 어떤 고통이라도 저항하고 수용할 수 있는 힘이 됩니다.

물론 그 반대의 경우도 있습니다. 실패나 고통, 좌절의 자리에서 십자가 사랑으로 저항하기를 포기하면 그 순간 고통을 느끼지 않을 수 있습니다. 그렇게 되면 우리는 삶의 자리를 잃어버리고 현실 너머로 도피하게 됩니다. 무엇보다 영적으로 무기력해지고 돌과 같은 마음이 되어 완고하게 됩니다. 아무것도, 아무도 우리에게 다가오지 않으며, 우리 자신 역시 아무에게도 접촉하지 않게 됩니다. 그것은 영적 경직의 상태에 이르는 것으로 인격적인 죽음이 시작되는 비극입니다.

극한의 절망 가운데에서 십자가 사랑으로 저항하는 것은 물러나고 위축되고 도피하는 것이 결코 아닙니다. 무고한 사내아이의 죽음에 분노하게 되며 수만의 파괴된 삶에 분노하게 됩니다. 세상의 고난에 타협하지 않으며, 그로 인해 하나님을 고발하지 않으며, 오히려 고난을 야기하는 자들에 대해 하나님의 공의로 저항하는 것입니다.

세상의 고통에 저항하는 십자가 사랑은 하늘에 속해 있습니다. 그래서 현실의 고통을 저항하고 수용하는 힘은 땅에 속한 것이 아니라 하늘에 속한 하나님의 사랑입니다. 그 사랑은 이 땅에서 겪는 가장 고통스런 현실인 십자가에서 나타났습니다. 고통스런 현실, 실망이나 실패의 상황을 십자가에서 나타난 하나님의 사랑으로 대할 때 하늘의 기쁨이 창조되는 것입니다. "주께서 나의 슬픔이 변하여 내게 춤이 되게 하시며 나의 베옷을 벗기고 기쁨으로 띠 띠우셨나이다"(시 30:11).

현존이 비존재보다 더 원초적이다

하늘의 기쁨이 땅의 고통을 삼키는 것은 기쁨과 고통 가운데에서 무엇이 영원하며 무엇이 원초적인 것인가를 파악할 때 더욱 분명해집니다. 다시 말해, 기쁨과 고통 가운데 무엇이 먼저 존재했는가의 물음입니다. 기쁨과 슬픔, 생명과 죽음, 사랑과 절망, 이것들 중 무엇이 더 원초적이고 더 깊은 것입니까? 이 질문은 다음과 같은 대답을 가져옵니다. '현존이 비존재보다 더 원초적이다.'[2] 여기서 현존은 창세전 하나님의 세계요, 만물 위의 세계입니다. 현존은 결코 흔들리지 않는 영존하는 나라요, 비존재는 만물 안에 속한 흔들리고 지나가고 사라지는 나라입니다. 그러므로 만물 위에 속한 하늘의 기쁨이 만물에 속한 땅의 고통보다 더 원초적이고 더 깊습니다. 땅의 고통, 곧 만물 안에 존재하는 것은 일시적이며 다 지나갑니다. 그래서 하늘의 기쁨은 영원한 것이며, 내게 온 고통은 지나가는 것일 뿐입니다. 그리스도의 십자가 사랑 안에서 생명이 죽음을 삼킵니다.

만물 위에 속한 말씀, 하늘의 기쁨을 가져오다

말씀묵상은 우리를 그리스도의 십자가를 통해 창세전 영원의 세계에 참여하게 합니다. 어떠한 상황과 조건 속에서도 영원한 것에서 오는 기쁨을 누리게 합니다. 이것은 영원에 속한 것으로, 영원한 기쁨, 생명, 사랑을 누리게 하는 것입니다. 그래서 말씀묵상은 청교도 지도자 존 오웬의 말대로 하나님과의 사귐이며, 복음으로 계시된 그리스도 안에서 하나님의 영광을 보는 것입니다 communion with God is beholding the glory of God in Christ as revealed in the gospel.

모든 세계는 말씀으로 지어졌으며, 이 말씀은 만물 안에 속하지 않습니다. 하나님의 말씀이 극한의 고통 속에서도 기쁨을 창조하는 근거는 이 말씀이 고통의 처소인 만물 안에 속하지 않기 때문입니다. 모든 세계는 하나님의 말씀으로 지어졌으며, 보이는 것은 나타난 것으로 말미암아 된 것이 아닙니다(히 11:3). 이 말씀은 생명의 말씀으로 창세전 태초부터 존재합니다(요 1:1). 그러므로 말씀은 모든 비존재보다 현존하는 원초적인 세계에 속합니다(요일 1:1). 이렇게 말씀은 나중에 가서 지나가고 사라져 버리는 비존재가 아닙니다. 만물에 속한 비존재보다 먼저 있는 것이며, 원초적이고 영원한 것입니다. "내가 주의 성전을 향하여 예배하며 주의 인자하심과 성실하심으로 말미암아 주의 이름에 감사하오리니 이는 주께서 주의 말씀을 주의 모든 이름보다 높게 하셨음이라"(시 138:2). 만물 위에 있는 생명의 말씀은 영원한 생명을 가져옵니다. 그 생명의 사귐은 하늘의 기쁨을 충만하게 합니다. 그러므로 하늘에 속한 말씀은 하늘에 속한 기쁨을 창조합니다.

그래서 말씀에서 오는 기쁨은 땅의 고통을 넉넉히 수용하고 초월합니다. 고린도후서 5장 4절 말씀처럼 죽을 것이 생명에 삼킨 바가 됩니다. 하늘에 속한 말씀이 땅에 속한 모든 고통을 삼켜 버립니다. 그러므로 말씀묵상은 단순한 적용이나 깨달음이 아닙니다. 만물에 속한 모든 현실을 넉넉히 수용하고 초월하는 하늘의 기쁨을 누리는 것입니다. 예수 그리스도는 그를 믿어 영생 얻은 자들이 이 하늘에 속한 영광, 그 기쁨을 누리도록 간구하십니다.

> 아버지여 내게 주신 자도 나 있는 곳에 나와 함께 있어 아버지께서 창세전부터 나를 사랑하시므로 내게 주신 나의 영광을 그들로 보게 하시기를 원하옵나이다.(요 17:24)

2. 말씀묵상의 전제들

깊은 층의 목마름, 생수를 구하다

하나님의 시간은 창세전 영원에 속합니다. 영원의 하나님은 삼위 하나님, 곧 성부와 성자와 성령으로 실재하십니다. 성부 아버지께서는 자기 속에 있는 생명을 아들에게 주셨습니다(요 5:26). 그리고 하나님께서는 창세전 아들 안에 있는 이 영생을 모든 사람에게 주시기로 약속하셨습니다(딛 1:2). 이 약속에 근거하여 하나님은 사람을 자기 형상대로 지으셨습니다. 하나님에 의해 창조된 인간의 존재 근거는 영원에 있으며, 인간은 말씀에 순종하여 하나님 안에 거하는 존재로 지음 받았습니다. 그러나 처음 사람 아담이 말씀에 불순종하는 죄를 지어 하나님과 분리되었고, 그 결과 아담 안에 있는 모든 사람은 죽은 자가 되었습니다(고전 15:22). 그리고 하나님과 함께하는 영원의 세계를 잃어버리게 되었습니다. 이때부터 인간은 잃어버린 영원을 사모하는 존재가 되었습니다(전 3:11). 영원을 사모하는 인간은 다른 피조물과 달리 영원에 대해 질문하는 존재입니다. 영원에 대해 질문하는 것은 곧 영원의 실재에 대한 갈망이며 초월적 경험을 사모하는 것으로, 궁극적으로 초월적인 존재에게로 돌아가고자 하는 창조의 열망입니다.

영원을 사모하는 마음은 '깊은 층의 목마름'으로 표현됩니다. 인간 안에 내재한 깊은 층의 목마름은 고대로부터 신화를 창조해 내었고, 종교를 만들어 낸 근저(根柢, 근본바탕)가 되었습니다. 신화는 역사 저편에 있는 인간 존재에 내재한 영원성을 지향하는 예술형식입니다.[3] 오늘날 소설이나 시나리오를 각본으로 한 드라마와 영화가 주류를 이룹니다. 이것들은 오감을 통해서 내면의 깊은 층으로 스며듭니다. 그래서 영원을 사모하는 인간의 원초적 욕구를 채워 주고 나아가 깊은 층의 목마름을 해소하려고 시도합니다. 여기에 깊은 층의 목마름을 표현하는 노래가 더해지고 초월적인 경험을 육체적으로 만족시키는 스포츠가 가세합니다.

종교 또한 깊은 층의 목마름을 해결하려는 전통적 방법으로 간주되고 있습니다. 신성한 의미, 감정, 능력을 가져오고 기적을 일으켜 주고, 상황을 변화시켜 주고, 위로와 희망을 주는 자가 '그들의 구원자'가 되는 것입니다. 또한 종교는 신비성을 담아내고 있어 초월적인 경험에서 오는 절정을 맛보게 합니다. 종교가 추구하는 초월적인 경험은 인간의 유한성을 극복하는 데에 초점을 맞추어 깊은 층의 목마름을 해소하려고 시도합니다. 그러나 기독교는 종교의 영역 그 이상입니다.

영생의 진리, 깊은 층의 목마름에 답하다

기독교는 예수님을 믿어 영생을 얻는 종교입니다. 더 정확히 말하자면 기독교 신앙은 종교의 차원을 넘어서는 영원의 실제reality를 믿는 것입니다. 영생은 하나님의 생명이며, 영원의 세계 안에서 삼위 하나님의 교제에 참여하는 생명입니다(요일 1:3). 예수 그리스도는 자신의 죽음을 이야기하면서 그 죽음을 믿는 자, 곧 그 죽음에 연합된 자마다 영원한 생명을 얻는다고 하였습니다(요 3:14-15). 또한 바울은 그의 서신에서 예수님을 믿는 목적은 영생을 얻는 것이라고 단언하고 있습니다(딤전 1:16; 주를 믿어 영생 얻는 자들에게…). 예수 그리스도는 복음이며(롬 1:2-4), 그리스도를 믿음으로 말미암아 하나님의 의를 얻으며(빌 3:9), 복음 안에 하나님의 의가 나타납니다(롬 1:17). 곧 복음으로 말미암아 영원한 생명이 드러나는 것입니다(딤후 1:10). 이렇게 신약성경에서는 거듭하여 복음, 곧 예수 그리스도를 믿는 목적은 영원한 생명을 얻는 것임을 분명히 가르치고 있습니다. 바울이 영생과 하나님의 의를 함께 사용하는 것은, 영생이 하나님과의 관계가 회복된 상태로서 '하나님의 의'라는 뜻입니다.

한편 사도 요한은 영생을 가리켜 '유일하신 참 하나님과 그가 보내신 자 예수 그리스도를 아는 것'이라고 정의하였습니다(요 17:3). 여기서 '유일'은 헬라어로 '모나드'이며 그 뜻은 존재의 원점, 존재의 시원始原을 의미합니다.[4] 곧 '유일'은 단순한 수량적 의미가 아니라 단일성, 통일성, 효율성, 무궁성, 지고선의 상징으로 주어진 것입니다. 그러므로 '유일하신 참 하나님'은 곧 존재의 시원인 영원의 하나님이시며, 예수 그리스도는 영원에서 오신 하나님의 아들입니다(요 3:13). 예수 그리스도는 영원을 잃어버린 우리를 영원으로 인도하시기 위해 오셨고, 죽으셨고, 부활하셨습니다. 그리고 그를 믿는 자마다 아버지 집, 영원으로 인도하십니다. 영원으로 나아가는 길은 신화에서 말하는 예술이나 선불교에서 말하는 인간의 공로가 아니라 오직 하나님의 은혜로 주어집니다. 그 은혜는 복음, 곧 예수 그리스도입니다. "내가 곧 길이요 진리요 생명이니 나로 말미암지 않고는 아버지께로 올 자가 없느니라"(요 14:6).

말씀묵상은 영생을 얻은 자가 영원의 하나님과 그 아들과 더불어 갖는 사귐입니다(요일 1:3). 말씀묵상을 바르게 하면 '깊은 층의 목마름'을 해갈하는 영원한 생수가 솟아납니다(요 4:14). 이것을 위해 하나님의 아들을 믿는 자가 알아야 할 것은 먼저 자기 속에 영생이 있다는 사실입니다(요일 5:13). 영생이 있다는 것은 영생으로 살아가라는 명령입니다. 진지하고 성실하게 말씀묵상을 하는 사람들은 하나님과 그 아들과 더불어 영생의 사귐을 가지며, 이를 통해 그 속에서 영생하도록 솟아나는 생수를 길어 올립니다. 그러나 영생을 얻은 자라도 하나님과의 사귐을 통해 영생을 살아내지 않으면 내면의 깊은 층은 여전히 목마르게 됩니다. 그러한 자는 그 목마름을 교회나 종교적 행위로 해결하기보다 현대의 신화적 예술인 TV 드라마나 영화, 또는 스포츠로 해결하려고 합니다. 그것은 마치 수가 성의 여인처럼 다시 목마를 물을 마시는 것과 다름없습니다. 그래서 영생은 그것을 얻는 것으로 그치는 것이 아니라, 영생을 살아가는 치열한 싸움이며 쟁취해야 할 신앙의 투혼인 것입니다(딤전 6:12).

기독교 신앙의 이원론

모든 진리는 개념을 활용하여 증거됩니다. 존재와 존재물은 성경의 진리를 드러내는 중요한 개념입니다. 기독교 진리는 존재와 존재물을 구별하며, 이 점에서 기독교는 철저한 이원론의 형태를 띠고 있습니다. 기독교의 궁극적 이원성은 창조주(존재)와 피조물(존재물) 사이의 중대한 구분과 관계가 있습니다. 풀러신학대학교 명예총장 리처드 마우는 다음과 같이 말합니다.

창조주와 피조물 사이의 이원론을 부정하는 것은 근본적인 죄가 됩니다. 성경 기자들이 그렇게 자주 우상숭배를 경고한 이유가 여기에 있습니다. 우상숭배는 하나님께만 속하는 궁극성을 어떤 피조물이 가지고 있는 것처럼 취급하는 태도입니다. 하나님은 하나님이십니다. 그리고 피조물은 피조물일 뿐입니다. 이것은 너무나 명백한 주장이라 강조할 필요도 없습니다.

그러나 타락한 이후 우리의 근본적인 혼동은 이것을 똑바로 인식하지 못한 데서 생겨났습니다.[5]

창조주 하나님과 피조물의 구별은 곧 존재와 존재물의 구별입니다. 존재물은 그 본질(목적)을 가지고 존재하는 '그 무엇'이라고 할 수 있습니다. 반면 하나님은 그 무엇으로 한정하거나 정의할 수 없는 존재이십니다. 모세가 호렙산에서 만난 하나님은 '스스로 있는 자', 곧 '존재'이셨습니다(출 3:14). 그가 파악한 하나님은 만물의 궁극적 근거로서 모든 존재물들을 자기 안에 포괄하는 '존재'이십니다.[6] 존재와 존재물의 구분은 선지자 이사야가 "모든 육체는 풀이요 그의 모든 아름다움은 들의 꽃과 같으니… 풀은 마르고 꽃은 시드나 우리 하나님의 말씀은 영원히 서리라"(사 40:6, 8)고 선포했던 말씀에서 그 구분점이 분명해집니다. 곧 하나님은 존재 자체이시며 인간을 포함한 그 밖의 모든 피조물은 풀이나 꽃과 같이 사라질 운명의 존재물일 뿐인 것입니다. 존재이신 하나님은 유일하고 영원불변하며 자신의 분여를 통해 존재물들에게 본질과 존재 그리고 이름을 주시는 완전한 분이십니다. 반면 존재물은 다양하고 일시적이며 끊임없이 변하는 불완전한 자 또는 불완전한 그 무엇입니다.

존재이신 하나님은 그 안에서 즐거워하는 유일한 대상으로 존재하십니다. 반면 하나님 이외의 모든 존재물은 그것의 본질대로 이용하는 대상입니다. 인간은 하나님 안에서 즐거워하도록 지음 받은 존재이며, 하나님이 주신 존재물은 특정한 목적에 이용하도록 주어졌습니다. 그런데 아담 안에서 타락한 인간은 이 둘을 구별하지 못한 채 하나님이 주신 그 무엇인 존재물을 하나님보다 더 사랑하게 되었습니다. "이는 그들이 하나님의 진리를 거짓 것으로 바꾸어 피조물을 조물주보다 더 경배하고 섬김이라. 주는 곧 영원히 찬송할 이시로다. 아멘"(롬 1:25).

존재를 향유하고 존재물을 이용하라

이와 관련하여 어거스틴은 사랑을 '향유' Frui와 '이용' Uti으로 구분하였습니다.[7] '향유'는 어떤 것을 사랑하되 그것 자체를 위하여 사랑하는 것이고, '이용'은 어떤 것을 사랑하되 그것 이외의 것을 위하여 사랑하는 것을 말합니다. 다시 말해 존재는 향유하는 것이며, 존재물은 그 목적대로 이용하는 것입니다. 예를 들면, 옷은 입는 것을 본질로 하는 존재물입니다. 여기서 입는 것은 존재물을 이용하는 것이며, 만일 옷에 입는 것 이상의 가치를 부여하면 그것은 존재물을 향유하는 것이 됩니다. 만일 존재물을 향유하면 결국 존재되시는 하나님을 이용하는 결과를 초래하게 되는데 이것이 곧 우상숭배입니다.

존재와 존재물의 구분은 신앙의 영역에서도 적용됩니다. 신앙생활에서 존재와 구별되는 존재물은 하나님이 주신 '영적인 그 무엇'들을 다 내포합니다. 곧 하나님이 주신 은사나 체험, 직분이나 사명, 기도응답, 심지어 말씀까지도 존재물의 범주에 들어갑니다. 이것들은 그 자체가 하나님이 아니며 그 본질에 한정하여 이용하는 것입니다. 예를 들면, 은사는 교회의 덕을 위해서 주시는 존재물이며, 체험은 하나님의 능력을 드러내기 위해 주시는 존재물입니다. 그러므로 은사를 받거나 체험을 했다고 해서 존재이신 하나님을 만난 것은 아닙니다. 이와 같은 영적 존재물은 계시의 매개체로서 궁극적 실재이신 하나님을 지시하고 드러낼 때 그 의미를 가집니다. 마치 달을 가리키는 손가락과 같은 것입니다.

그런데 만일 하나님이 주신 영적 존재물들을 궁극적인 것으로 생각하여 그것을 즐거워하게 되면 이것 또한 하나님보다 우상을 더 섬기는 것이 됩니다. 그래서 존재와 존재물을 구분하는 이원성이 매우 중요합니다. 이와 같은 기독교의 이원성을 깨닫지 못하면 심지어 존재물을 향유하기 위해 결코 이용해서는 안 될 하나님까지 이용하게 됩니다. 미국의 설교자 존 파이퍼는 하나님이 주시는 존재물은 선하지만 동시에 위험을 내포하고 있다고 하며 다음과 같이 말했습니다.

> 하나님(존재)이 아니면서 하나님께 끌리게 하는 모든 것(영적 존재물)은 가치가 있으면서도 불안합니다. 이것들은 우리를 하나님께 인도할 수 있지만, 우리를 유혹하여 그것들에게 이끌 수도 있습니다. 음식이나 결혼, 교회나 기적이 여기에 속할 수 있습니다. 이 모든 복은 하나님의 러브레터를 가져다줍니다. 그것들이 용서이든, 영생이든, 천국이든, 기적과 능력이든, 가족이든, 음식이든 배달부와 사랑에 빠질 것입니다. 하나님의 가장 좋은 선물은 하나님 자신입니다.[8]

파이퍼의 통찰에 의하면 존재이신 하나님 외의 그 무엇들, 곧 하나님이 주신 좋은 것들까지도 존재물이므로 그것들을 하나님보다 더 사랑하고 하나님보다 높이게 되면 도리어 하나님을 멀리하는 결과를 초래하고 만다는 것입니다. 하나님은 이스라엘 백성들에게 여러 가지 영적인 존재물들을 주셨습니다. "그들은 이스라엘 사람이라. 그들에게는 양자 됨과 영광과 언약들과 율법을 세우신 것과 예배와 약속들이 있고 조상들도 그들의 것이요 육신으로 하면 그리스도가 그들에게서 나셨으니…"(롬 9:4-5). 그런데 그들은 존재이신 하나님보다 하나님이 주신 존재물들을 더 사랑하였습니다. 특히 그중에는 율법, 곧 하나님이 말씀도 포함됩니다.

하나님이 부재한 말씀묵상의 위험

사무엘상 4장에는 이스라엘이 에벤에셀에서 블레셋과 전쟁을 하는 장면이 나옵니다. 그런데 당시 언약궤는 실로의 장막에 있었습니다. 이스라엘이 첫 번째 전쟁에서 패배하자 장로들은 패배의 원인을 분석하고 그 대책으로 실로에 있는 언약궤를 가져오기로 결의하였습니다(삼상 4:3). 실로에서 언약궤가 도착하자 이스라엘 진영은 승리를 확신했고 블레셋 진영은 두려워하며 더욱 강하게 무장하였습니다. 그런데 전쟁의 결과는 언약궤를 가진 이스라엘의 참패로 끝나고 말았습니다. 이는 하나님께서 이미 언약궤가 실로에서 에벤에셀로 옮겨지기 전 언약궤를 떠나가셨기 때문입니다. "하나님이 들으시고 분 내어 이스라엘을 크게 미워하사 사람 가운데 세우신 장막 곧 실로의 성막을 떠나시고"(시 78:59-60). 여기서 언약궤는 말씀을 상징합니다. 하지만 존재이신 하나님이 부재한 언약궤는 한낱 무력한 존재물에 불과한 것이었으므로 전쟁의 패배는 당연한 귀결이었습니다.

말씀묵상은 하나님을 존재로 만나는 일상의 규례입니다. 반면 하나님을 존재로 만나지 않는 말씀묵상은 매우 위험하며, 하나님의 말씀을 안다고 하지만 그 말씀을 존재물로 전락시키고 맙니다. 말씀을 자기를 위한 도구로 이용하여 자신의 심리적·상황적·영적 욕구를 채우는 도구로 사용하게 됩니다. 그러나 하나님을 존재로 만나는 말씀묵상은 그 앞에서 두렵고 떨리는 경외감과 함께 끌리는 매혹을 동시에 경험하게 합니다. 이것이 말씀묵상을 통해 하나님과의 사귐에 이르는 기독교 영성이 구현되는 실제입니다.

필요를 넘어 생명을 주시다

기독교 신앙의 내용은 필요의 영역과 가치의 영역으로 구분합니다. 인간의 필요를 채우는 필요사역은 본질적 사역을 위한 예비사역이라고 할 수 있습니다. 반면 가치사역은 하나님의 필요를 채우는 본질적 사역입니다. 요한복음 6장에서 예수 그리스도는 자신의 사역을 필요사역에서 가치사역으로 전환하십니다. 필요사역은 인간의 결핍을 채우는 것이 목적이나, 가치사역은 하나님이 아들을 보내신 목적인 영원한 생명의 획득을 추구하고 있습니다. 요한복음 6장에서 예수님은 오병이어의 기적을 행하십니다. 무리들은 이 표적을 보고 예수님을 임금으로 삼고자 하였습니다. 그것은 이들이 먹고 배불렀기 때문입니다. 그러나 예수님은 그들을 향해 다음과 같이 말씀하십니다.

> 예수께서 대답하여 이르시되 내가 진실로 진실로 너희에게 이르노니 너희가 나를 찾는 것은 표적을 본 까닭이 아니요 떡을 먹고 배부른 까닭이로다. 썩을 양식을 위하여 일하지 말고 영생하도록 있는 양식을 위하여 하라. 이 양식은 인자가 너희에게 주리니 인자는 아버지 하나님께서 인치신 자니라 (요 6:26-27).

무리들은 떡을 먹고 배불렀으나 표적을 보지 못했습니다. 그들이 먹고 배부른 것은 썩을 양식입니다. 이것이 필요사역의 한계입니다. 궁극적 가치사역은 보이는 필요의 너머에 있습니다. 그것은 영생하도록 있는 양식입니다. 예수 그리스도는 하늘로부터 온 산 떡이며, 생명의 떡입니다. 이 떡을 먹는 자는 결코 주리지 않으며 영원히 목마르지 않습니다. 인간이 필요를 따라 구하는 먹고 마시는 것은 썩을 양식으로, 이것은 결핍되어 다시 주리고 다시 목마르게 됩니다. 모든 인생의 필요는 채워질수록 더 주리고 더 목이 마릅니다. 그러나 예수님이 주시는 것은 다시 주리거나 목마른 인생의 필요가 아닙니다. 결코 주리지 않고 영원히 목마르지 않은 궁극적 가치인 영원한 생명을 주십니다. 이것이 그들이 보아야 할 진정한 표적입니다.

예수님이 주시는 영생은 유일하신 참 하나님과 그분이 보내신 예수 그리스도를 아는 것입니다(요 17:3). 곧 영원 안의 삼위 하나님과의 사귐으로 들어가는 것입니다(요일 1:3). 먹고 배부른 표면적 표적은 단지 예수께서 하나님의 아들인 것을 증거하려는 것이 그 목적입니다(요 20:31). 예수님이 하나님의 아들인 것을 믿는다면 그의 이름을 믿어 영원한 생명을 얻어야 합니다. 그리하여 하나님과의 사귐을 통해 성자가 성부와 함께 가졌던 영광을 보는 것입니다(요 17:24).

말씀묵상은 필요사역이 아니라 가치사역의 본질입니다. 이는 영원한 생명의 사귐이며, 하나님과 그 아들 예수 그리스도와 더불어 가지는 실제적인 사귐입니다. 한국 교회는 지금 필요사역의 절정에 와 있으면서 동시에 그 한계에 이르고 있습니다. 이제 영원히 목마르지 않을 생수를 얻는 가치사역이 절실히 요청되고 있습니다. 이 가치사역이 이루어질 때 교회는 비로소 사람이 목적이 아니라 하나님 그분이 목적이 되는 진리의 기둥으로서의 역할을 다하게 됩니다.

3. 복음과 영성

십자가의 복음, 하나님 나라의 복음을 성취하다

태초에 하나님의 존재양식은 성자께서 성부와 함께하는 모습이었습니다(요 1:1). 이는 성자께서 성부의 품속에 거하는 것입니다(요 1:18). 하나님께서 사람을 자신의 형상대로 창조하신 것은 삼위 하나님 안에 거하게 하기 위함이었습니다. 아담이 지은 죄는 하나님과 '함께함'together에서 하나님과 '분리됨'separation의 결과를 가져왔습니다(창 3:8; 사 59:2). 죄가 가져온 치명적인 결과는 하나님과 함께하는 자리에서 죄와 허물이 함께하는 자리로 전락한 것입니다(사 59:12). 하나님의 아들 예수 그리스도는 우리를 죄에서 구원하시기 위해 세상에 오셨습니다(마 1:21). 구원의 결과는 하나님이 다시 우리와 함께하시는 것입니다(마 1:23). 그러므로 하나님의 아들 예수 그리스도는 모든 인류에게 좋은 소식, 복음good news입니다. 하나님은 아담이 죄를 짓자 즉시 아들을 보내셔서 죄인을 구원하시겠다고 약속하셨습니다(창 3:15). 그리고 모든 선지자들을 통해 계속해서 그 약속을 확정하시고 확대하며 계시하셨습니다(벧전 1:10-11). 이사야 선지자는 하나님의 아들이 오는 소식을 '굿뉴스'라고 하였으며, 그가 구원을 가져오며 그로 인하여 하나님의 통치가 세상에 이루어진다고 하였습니다(사 52:7).

구원자로 오신 예수 그리스도는 공생애 중에 하나님 나라의 복음을 전하셨습니다(막 1:14-15). 그리고 십자가에 죽으시고 장사 지낸 바 되시고 삼 일 만에 부활하셨습니다. 한편 예수 그리스도의 제자들을 중심으로 한 사도들은 십자가와 부활의 복음을 전하였습니다(롬 1:4; 고전 15:1-5). 그런데 예수께서 전한 하나님 나라의 복음과 사도들이 전한 십자가와 부활의 복음은 하나로 연결점을 이룹니다. 곧 하나님과 분리된 죄인이 하나님과 연합되는 길은 그리스도의 십자가와 부활의 사건을 자신의 사건으로 믿어 그와 연합하는 데 있습니다. 그로 인해 믿게 된 자는 영원한 생명을 얻으며 하나님과의 연합에 이르게 됩니다(롬 6:4). 그러므로 십자가와 부활의 복음은 죄인을 하나님께로 인도하는 문이며, 하나님 나라의 복음을 성취하는 것입니다(벧전 3:18).

복음은 하나님과의 사귐으로 이끄는 것을 목적으로 하고 있습니다. 구체적으로 복음을 통하여 영원한 생명을 얻으며 하나님과의 영생의 사귐에 이르게 됩니다(요일 1:3). 이것은 그리스도의 보혈을 힘입어 하나님의 지성소에 이르는 것입니다(히 10:19, 12:22-24). 그러므로 기독교 신앙의 목적은 복음을 통해 영생을 얻고 하나님과 사귐의 일상을 살아가는 데 있습니다. 이것이 구원의 실제이며 구원의 진보를 이루는 핵심입니다.

하나님과 분리된 인간은 죄의 세력의 지배를 받으며 그 결과 비참한 존재가 되었습니다. 인간이 겪는 죄의 참상, 상처의 증상, 관계에서 오는 고통들의 근본 원인은 하나님과 분리된 데 있습니다. 그 해결책은 십자가와 부활의 복음을 전함으로 하나님과 분리된 관계를 하나님과 함께하는 관계로 회복시키는 데 있습니다. 그러므로 기독교 신앙은 하나님과 분리된 사람들에게 복음을 전하여 하나님과의 관계를 이어 주고, 그들을 구원의 실제인 하나님과의 사귐으로 인도하는 중매쟁이 역할을 하는 것을 목적으로 합니다(고후 11:2). 나아가서 하나님과의 관계성에 기반을 둔 다양한 영성활동을 통해 영성을 고취시키며, 하나님과의 사귐의 신앙을 정착시켜 구원의 진보를 이루는 것을 목적으로 합니다.

로마 교회 성도들은 성도로 부름 받았고, 그리스도의 소유가 되었으며, 하나님의 사랑을 입은 자였습니다(롬 1:6-7). 그런데 바울은 이들에게 복음을 전하기를 간절히 염원했습니다(롬 1:15). 이미 구원받은 무리들이지만 그들이 복음의 진리를 알기를 원한 것입니다. 이렇듯 하나님은 모든 사람이 구원을 받으며 진리를 아는 데에 이르기를 원하십니다(딤전 2:4). 교회는 신자들로 하여금 복음을 듣게 하여 영원한 생명을 얻는 것을 본질적인 사역으로 삼아야 합니다. 나아가서 영생 얻은 자를 대상으로 말씀묵상 훈련을 지도함으로써 하나님과의 사귐의 일상에 이르게 해야 합니다. 또한 하나님과의 사귐에 기반을 둔 영성활동을 지도함으로써 성도들이 성숙한 신앙에 이르도록 해야 합니다. 말씀묵상과 영성 훈련의 핵심적인 자원은 기록된 말씀, 곧 성경입니다. 성경은 성도들에게 성령으로 조명되어 교훈과 책망과 바르게 함과 의로 교육하기에 유익하며, 하나님의 사람으로 온전케 하기 때문입니다(딤후 3:16-17).

하나님과 사귐의 영성을 실현하다

기독교 신앙의 본질은 하나님과의 사귐의 영성을 실현합니다. 기독교 영성은 초월적 실재인 하나님과의 만남에 있습니다. 기독교 역사에서 풍요롭고도 다양한 영성의 흐름은 크게 세 줄기로 이어져 왔다고 할 수 있습니다.[9] 첫째는 가톨릭의 성례전적인 영성이요, 둘째는 개신교회의 성경적 영성이며, 셋째는 가톨릭과 개신교를 포함한 신비주의와 수도원 영성입니다. 종교개혁 이후 기독교 영성의 중심은 하나님의 말씀으로 자리 잡게 되었습니다. 하나님께서 성육신하신 말씀이 영성의 중심이 된 것입니다.[10] 그러므로 말씀묵상을 통한 하나님과의 사귐은 기독교 영성의 핵심이라고 할 수 있습니다.

또한 기독교 전통에서 하나님과의 만남은 긍정의 길과 부정의 길로 나누어집니다. 긍정의 길은 여러 가지 매개체를 통해서 하나님과 만나는 전통입니다. 즉, 하나님의 계시, 상징, 은유, 비유, 기록된 말씀, 성례전 등 일반계시와 특별계시를 통해 하나님을 알아갑니다. 다른 한편, 부정의 길은 어떤 매개체 없이 하나님을 만나는 것으로, 동양적인 특성을 가지면서 하나님의 초월성과 신비성을 강조합니다. 그러나 종교개혁 이후 개신교 내 영성신학의 특징은 말씀이 그 중심이 되었습니다. 성경 속에 들어 있는 무진장한 영적 보화와 진리의 샘터 속에 개신교 영성신학이 뿌리를 내리게 된 것은 진실로 위대한 전환이며 최대의 공로였습니다.[11] 그래서 종교개혁 이후 하나님과의 만남은 교회의 제도나 신비적 체험이 아니라 말씀이 중심 매개체가 되기 시작하였습니다.

한편 기독교 전통으로부터 시작해서 현대 교회에 이르기까지 다양한 말씀 운동이 있었습니다. 하지만 말씀을 통해 하나님을 만나고 사귀는 일은 그리 흔하지 않았습니다. 특히 종교개혁 이후에 말씀 사역은 풍성했으나 하나님과의 실제적인 사귐은 쉽게 찾아볼 수 없었습니다. 상당 부분 말씀에 대한 자의적인 해석과 깨달음에 그치거나 인간 중심의 적용에 그치고 말아 말씀에 대한 기갈은 더욱 심해진 것입니다.

적용을 넘어 사귐으로

한국 교회의 말씀묵상은 1970년대 중반 이후 활성화되었습니다. 이때부터 신자 개개인이 직접 말씀 앞에 나아가는 규례가 생겨난 것입니다. 그런데 이와 같은 말씀묵상의 규례는 주로 말씀을 삶에 적용하는 데 치중하였습니다. 이것은 말씀묵상의 본질을 왜곡시키는 결과를 가져왔습니다. 말씀묵상이 단순히 인간의 관심사에 대한 적용이 아니라 영원한 생명을 통해 하나님과 사귐을 가지는 영성 활동인 점을 간과한 것입니다.

말씀묵상을 통한 하나님과의 사귐은 하나님과의 직접적인 교제입니다. 하나님께서 예레미야에게 약속하신 새 언약은 더 이상 사람의 가르침이 아닌, 모든 사람이 직접 하나님을 알게 하시겠다는 약속입니다(렘 31:34). 이 새 언약은 예수 그리스도의 십자가 죽음으로 성취되었습니다(눅 22:20). 그리스도께서 성취하신 새 언약의 축복은 모든 신자가 그리스도를 통하여 하나님께 직접 나아갈 수 있게 되었다는 데 그 의의가 있습니다. 종교개혁은 이 진리를 온전히 구현하였습니다. 다시 말해 종교개혁이 가져온 최대 결실은 말씀을 통해 하나님과 신자 사이의 직접 교제가 열린 데에 있습니다. 하지만 개신교 내부에서도 천주교처럼 위계적 성직제도의 발생을 우려하지 않을 수 없게 되었습니다. 이는 신자 개개인이 직접 말씀 앞에 나아가기보다 위계적 성직제도를 통해 간접 교제를 하도록 하기 때문입니다. 기독교 신앙은 개인적이며 실존적인 것입니다. 그러므로 성직자의 궁극적인 사명은 한 영혼 한 영혼을 그리스도의 정결한 신부로 중매하는 데 있습니다. "내가 하나님의 열심으로 너희를 위하여 열심을 내노니 내가 너희를 정결한 처녀로 한 남편인 그리스도께 드리려고 중매함이로다"(고후 11:2). 신자 한 사람 한 사람이 하나님과 직접적인 교제를 하게 되도록 인도하는 것이 성직자의 본분인 것입니다.

말씀묵상은 단순한 신앙적 행위나 기교가 아니라 영성의 실제임을 기억해야 합니다. 이를 위해 복음을 계시로 깨닫는 것이 중요하며, 이 복음적 신앙이 말씀묵상의 근거가 됩니다. 즉, 십자가 복음과 장사 지낸 바 된 복음, 그리고 부활의 복음을 성령의 조명하심으로 깨달아 본래적인 인간의 생명이 죽고 영원한 생명이 실재되어야 하는 것을 전제로 합니다. 만일 그렇지 않으면 아담의 생명 안에 있는 지성, 감성, 의지로 말씀을 대하게 됩니다. 말씀묵상은 복음을 믿은 결과로 주어지는 하나님의 은혜의 선물입니다. 그러므로 복음을 계시로 깨닫지 못한 상태에서의 말씀묵상은 종교행위로 전락하며, 살아 있는 말씀이 아닌 박제된 말씀이 되고 맙니다. 그때 우리의 신앙은 책의 종교에 갇혀 버린 상태로 전락합니다.

필자는 2001년부터 약 8년간 십자가 복음을 전하는 사역을 집중적으로 해왔습니다. 그러나 십자가 복음이 영원한 생명의 실제로 이어지지 못하는 한계에 부딪히게 되었습니다. 그 후 말씀을 묵상하는 가운데 복음의 목적은 영원한 생명을 얻는 것이며, 영원한 생명의 본질은 말씀을 통한 하나님과의 사귐에 있음을 알게 되었습니다. 이것은 필자의 신앙 노정에 있어 코페르니쿠스적인 사건이었으며 패러다임의 대전환이었습니다. 이후로 매일 말씀묵상을 통해 하나님과 사귐의 복락을 누리게 되었으며, 이는 자연스럽게 복음의 증거와 말씀묵상 사역으로 이어졌습니다. 이 사역에 참여한 목회자들이나 성도들은 기존의 큐티나 말씀묵상의 한계를 넘어 영생의 실제를 맛보고 하나님과 사귐의 일상을 살아가게 되었습니다. 이를 통해 영생의 사귐으로서의 말씀묵상은 하나님을 사랑하고 진실하게 믿고자 하는 그리스도인이라면 누구나 가능한 구체성과 보편성을 가진 진리임을 확증하게 되었습니다.

이 책은 성도 개개인이 말씀묵상을 통해 영성의 실제를 구현하도록 인도하는 것에 목적을 두고 있습니다. 이는 하나님을 존재로 만나는 영생의 사귐이며, 하나님이 아들을 통해 주시고자 하셨던 영원한 생명의 삶을 누리는 것입니다. 더불어 이 땅의 목회자들과 성도들이 말씀묵상을 통해 참된 영성이 구현되고 나아가 참된 신앙의 성숙이 실현되기를 기대하는 바입니다.

2장
말씀묵상의 역사

말씀묵상의 역사를 성찰하건대, 말씀묵상의 본질은 적용이 아니라 하나님과의 사귐에 있습니다. 곧 하나님과 그 아들 예수 그리스도와 더불어 영원한 생명의 교제를 하는 것입니다. 이 책에서는 기존의 말씀묵상이 기여한 점을 긍정적으로 평가하면서, 온전한 말씀묵상으로서 영생의 교제를 제안하며, 이것을 통해 기독교 영성의 실제를 실현하고자 합니다.

말씀묵상은 성경과 기독교 역사를 아우르는 신앙의 본질입니다. 신구약 성경을 기초로 한 말씀묵상의 전통은 초대교회로부터 현대교회에 이르기까지 면면히 이어져 오고 있습니다. 특히 초대교회 이후 기독교 역사에 있어 말씀묵상 전통은 가톨릭교회에 두드러지게 나타났습니다. 그래서 최근에는 개신교에서도 가톨릭교회의 전통적인 말씀묵상을 도입하고 있는 실정입니다. 필자는 가톨릭교회의 묵상 전통을 대략적으로 살펴본 후 개신교 내 말씀묵상 전통을 중점적으로 살펴볼 것입니다. 그 내용으로 종교개혁과 청교도, 그리고 독일의 경건주의의 말씀묵상을 살펴보았으며, 한국 교회의 말씀묵상도 고려하였습니다. 이로써 말씀묵상에 관한 성경적 근거와 기독교 역사의 전체적인 배경을 조망하였습니다.

하늘에 속한 말씀의 기쁨

1. 구약성경의 말씀묵상

 언약적 교제의 존재

태초에 말씀이 하나님과 함께 존재하였습니다(요 1:1). 말씀은 육신을 입고 오기 전의 성자 하나님을 뜻합니다(요 1:14). 창세전 성부는 자기 안에 있는 생명을 아들에게 주셨습니다(요 5:26). 이는 하나님의 생명이며, 영원한 생명입니다. 성자 하나님은 영원한 생명의 사귐 가운데에서 성부 하나님과 함께 거하신 것입니다. 하나님께서 인간을 창조하신 목적은 창세전부터 이미 존재했습니다. 그것은 성부께서 성자에게 주신 생명, 곧 아들 안에 있는 영원한 생명을 주시기 위함이었습니다(딛 1:2). 이 영생을 주시기 위해 사람을 창조하신 것입니다.

하나님은 인간을 제외한 모든 피조물을 말씀으로 창조하셨습니다. 그러나 인간은 말씀이 아닌 흙과 생기로 지으시고 그 후에 말씀하셨습니다(창 2:7). 이는 하나님과 언약적 교제의 존재로 창조하셨음을 의미합니다. 곧 말씀을 통해 하나님과 사귐을 갖는 언약적 관계의 존재로 지으신 것입니다. 하나님께서 인간과 맺으신 언약covenant의 증거는 창세기 2장에 기록되어 있는, 하나님께서 인간에게 하신 최초의 말씀에 나옵니다.[12] 즉, 인간은 언약의 말씀에 복종하여 하나님과의 관계 안에 거하는 존재가 되는 것입니다. 이렇게 하나님이 인간을 창조하시고 나중에 말씀하신 것은 하나님 자신과의 관계와 사귐을 위함인 것입니다. 이는 사도 요한이 영원한 생명을 부여받은 목적을 진술하는 데에서 파악됩니다.

"태초부터 있는 생명의 말씀에 관하여는 우리가 들은 바요 눈으로 본 바요 자세히 보고 우리의 손으로 만진 바라. 이 생명이 나타내신 바 된지라. 이 영원한 생명을 우리가 보았고 증언하여 너희에게 전하노니 이는 아버지와 함께 계시다가 우리에게 나타내신 바 된 이시니라. 우리가 보고 들은 바를 너희에게도 전함은 너희로 우리와 사귐이 있게 하려 함이니 우리의 사귐은 아버지와 그의 아들 예수 그리스도와 더불어 누림이라"(요일 1:1-3).

이렇게 인간은 관계적인 존재이며, 관계의 시작은 하나님께 있습니다[13]. 즉, 인간의 궁극적 존재 의미는 영원한 생명을 통해 하나님과 사귐을 갖는 데에 있는 것입니다. 그리고 하나님과의 사귐은 말씀을 매개체로 합니다. 아담은 하나님께로부터 '만들어진 존재' being made of God 이며 하나님께로부터 태어난 '영생의 존재' being born of God 는 아닙니다. 아담은 하나님의 아들이 오셔서 영생을 주셔야 할 자로 만들어진 것입니다. 그래서 아담은 오실 그리스도의 모형입니다(롬 5:14). 그럼에도 불구하고 아담은 하나님의 형상대로 지음 받았기 때문에 말씀을 통해 하나님과 사귐을 갖는 존재가 되는 것입니다. 그러나 아담은 영원한 생명을 얻기 전 뱀의 꼬임을 받은 하와와 함께 말씀에 불순종하였습니다. 이로써 하나님과 분리되었고, 하나님과 아담과의 언약관계도 깨뜨려졌습니다. 아담은 죄인으로 전락하여 에덴동산에서 추방당하고 말았습니다(창 3:22-24). 그럼에도 불구하고 언약의 한 편 당사자이신 하나님은 여전히 신실하셔서 창세전 영생을 주시기로 한 약속을 이루어 가십니다. 그것은 하나님의 말씀을 지킴으로써가 아닌 그분의 아들을 믿음으로써 영생을 얻고 하나님과의 언약이 회복되는 길을 마련하신 것입니다. 이 약속은 바로 아담이 범죄한 직후 여자의 후손을 보내실 것이라는 말씀입니다(창 3:15). 이 약속을 가리켜 원초적인 복음이라고 부릅니다. 이것은 후에 복음으로 하나님의 의를 얻는 최초의 근거가 됩니다(롬 1:17).

이와 같이 하나님께서 타락한 인간을 구원하기 위한 목적으로 인간의 역사에 참여하신 것을 구속사적 개입이라고 말할 수 있습니다. 그러므로 구속사는 인간을 하나님과 바른 관계에 놓이게 한 하나님의 섭리의 역사를 의미합니다.[14] 엘머 마튼즈 E. A. Martens에 의하면 구속사의 관점으로 볼 때 타락한 인간에 대한 하나님의 목적은 세 가지로 구분됩니다.[15] 첫째, 죄로부터 구원입니다. 하나님께서는 애굽의 노예 된 백성을 빼내듯이 죄의 노예 된 인간을 죄로부터 구원하십니다. 둘째, 하나님의 목적은 구원받은 백성들과 자신이 함께하는 신령한 공동체를 만드는 것입니다. 이로써 구원받은 백성과 언약관계를 체결하십니다. 성경에는 "너희로 내 백성을 삼고 나는 너희 하나님이 되리니"라는 말씀이 25번에 걸쳐 나오는데, 이것은 하나님과 구원받은 백성 간의 언약 공식을 뜻합니다.[16] 셋째, 하나님의 목적은 언약관계를 맺은 백성과 지속적인 교제를 가지는 데 있습니다. 이와 같이 구속, 새로운 백성, 새로운 관계가 구속사에 나타난 하나님의 목적입니다. 또한 엘머 마튼즈는 출애굽기를 근거로 하나님의 4중 목적을 말합니다. 곧 구속, 새로운 백성, 새로운 관계에 이어 땅의 하사까지 포함하여 하나님께서 타락한 백성을 향하여 4중 목적을 가진다는 것입니다. 그리고 이것을 구원과 축복으로 대별하였습니다. 중요한 것은 타락한 인간에 대한 하나님의 구원은 구원의 사건 자체뿐 아니라, 하나님과 언약관계를 지속하는 데에 궁극적인 목적이 있다는 것입니다.

시내산 언약, 언약적 교제를 회복하다

한편 송제근 교수는 모세오경의 중심 사상을 구원과 언약의 관계로 설명하였습니다. 그는 "입애굽과 출애굽은 그 자체가 최종 목적이 아니며, 더 중요한 목적인 하나님과 이스라엘이 맺을 언약이라는 최종 목적을 위한 과정이나 수단과 같은 것이다."라고 말했습니다.[17] 이스라엘의 출애굽 구원은 시내산 언약을 목적으로 하는데, 언약의 핵심은 "내 말을 잘 듣고(쉐마), 내 언약을 지키면"(출 19:5)에 있습니다. 여기서 '말'은 행위를 포함합니다. 이에 대해 토를라이프 보만은 "'다바르'(말)는 말뿐 아니라 행위도 뜻한다… 즉, 말과 행위는 다바르의 두 상이한 의미가 아니라 행위는 다바르에 들어있는 기본 의미의 귀결이다."라고 말하고 있습니다.[18] 곧 하나님께서는 사람처럼 말만 하시는 것이 아니라, 말을 행동으로 실현할 수 있는 내적 힘을 소유하고 계신다는 것입니다. 뿐만 아니라 하나님의 '말'은 단순히 무엇을 행하는 매개체가 아니라, 하나님 자신을 의미합니다. 보만은 창세기 1장의 창조 기사를 연구한 결과 창조의 주체가 되는 창조의 말이 창조의 매개체가 아니라 하나님 자신임을 강조하고 있습니다.[19]

> 그러므로 다바르(말)에서 야훼(하나님)는 그의 본질을 알리며, 야훼(하나님)의 다바르(말)는 야훼(하나님)를 안다. 다바르(말)는 신의 부분, 유출, 혹은 그의 실제 이상이며, 또 그것은 야훼(하나님)의 현현양식, 말하자면 최고의 현현양식이다.[20]

이로 보건대, 언약의 핵심요소가 되는 하나님의 '말'을 지키는 것은 하나님을 존재로 만나는 것을 뜻합니다. 시내산 언약의 중심 사상은 이스라엘이 말씀 안에 거함으로 하나님은 이스라엘의 하나님이 되고, 이스라엘은 하나님의 백성이 되는 데 있습니다. 언약의 핵심은 언약공식으로 불리는 "나는 너희 하나님이 되고 너희는 내 백성이 되리라."에 있습니다. 이제 이스라엘 백성은 하나님의 말을 듣고 하나님의 언약을 지킴으로써 하나님의 백성으로 하나님의 돌보심을 받는 특권을 누리게 되었습니다. 그러나 말씀을 버리게 되면 하나님을 버리는 것으로, 언약백성의 특권을 상실하는 것입니다. 그리고 하나님께서는 언약백성 이스라엘이 말씀을 떠나 언약백성의 의무를 다하지 않을 때마다 선지자들을 통해 엄히 경고하셨습니다. 그것은 그들이 바벨론에 의해 멸망하기까지 계속되었습니다.

> 여호와께서 내게 이르시되 너는 이 모든 말로 유다 성읍들과 예루살렘 거리에서 선포하여 이르기를 너희는 이 언약의 말을 듣고 지키라. 내가 너희 조상들을 애굽 땅에서 인도하여 낸 날부터 오늘까지 간절히 경계하며 끊임없이 경계하기를 너희는 내 목소리를 순종하라 하였으나(렘 11:6-7).

하나님과 이스라엘, 언약관계가 깨어지다

구약성경의 배경은 하나의 풍경을 여러 가지 그림으로 묘사합니다. 그것은 하나님과 이스라엘의 언약관계가 결혼관계로 묘사되는 것입니다. "이는 너를 지으신 이가 네 남편이시라. 그의 이름은 만군의 여호와이시며 네 구속자는 이스라엘의 거룩한 이시라. 그는 온 땅의 하나님이라 일컬음을 받으실 것이라"(사 54:5). 즉, 이스라엘이 말씀 안에 거하고 언약관계를 준수할 때 하나님은 신랑이 신부를 기뻐함같이 그들을 기뻐하십니다. 그들은 하나님의 '쁄라'(결혼한 여자)이며, 하나님의 '헵시바'(나의 기쁨이 그에게 있다)가 되는 것입니다(사 62:4). 하나님과 이스라엘이 신랑과 신부의 관계로서 누리는 기쁨은, 영생의 사귐으로서 갖는 말씀묵상을 통해 하나님으로부터 경험되는 영적인 기쁨이고 달콤함이라고 할 수 있습니다(요일 1:4).

그런데 결혼관계로 비유되는 하나님과 이스라엘 사이의 관계는 파경에 이르렀습니다. 하나님의 끊임없는 경고에도 불구하고 이스라엘 백성은 언약관계를 파기하고 만 것입니다. 성경 호세아서는 하나님과 이스라엘 백성 사이에 파경을 맞은 결혼관계를 그리고 있습니다. 부부였던 호세아와 고멜은 하나님과 이스라엘 백성의 결혼관계를 상징합니다. 호세아는 '구원자'를 뜻하며, 고멜은 '완성'을 뜻합니다. 이스라엘 백성은 한 남편 되는 구원자이신 하나님 안에서 완전합니다. 그러나 고멜은 호세아를 떠나 자기가 좋아하는 다른 남편들을 찾아 나섭니다(호 2:13). 고멜은 타락하여 팔려 가게 되었고, 호세아는 값을 주고 다시 그녀를 데려옵니다(호 3:2). 고멜은 실로 음란한 아내입니다. 구약성경에서 음란은 한 남편 하나님을 떠나 '그 무엇'을 즐거워하는 삶을 통틀어 칭합니다. 이로써 언약관계는 파기되었고, 하나님과의 결혼관계는 파국을 맞이했습니다. 그들에게 심판이 임하고 저주가 임하게 되었습니다(렘 11:3). 한편 마튼즈는 이스라엘이 언약관계를 깨뜨린 함정을 예리하게 통찰하며 다음과 같이 말했습니다. "이스라엘이 언약을 파기한 것은 언약공식의 후반부 '너희는 내 백성이 되리라'는 요구에는 주의를 기울이지 않은 채 전반부 '나는 너희 하나님이 되리라'는 약속만을 맹신하였기 때문이다."[21]

구약의 믿음, 말씀을 통해 언약백성으로 사는 것이다

　구약시대에 있어 신실한 믿음의 증거는 말씀 안에 거하여 언약백성의 책임을 다하는 데 있습니다. 이는 하나님과 직접 교제가 아닌 선지자들을 통해 전해지는 하나님의 말씀을 듣고 순종하는 것입니다. 또한 구약시대의 말씀묵상은 말씀 자체에 의미가 있는 것이 아니라 하나님을 존재로 만나는 사귐에 근본적인 목적이 있습니다. 이 점에서 말씀은 단지 물리적인 실체가 아니라, 하나님과의 사귐 그 자체입니다. 즉, 말씀묵상을 통해 하나님과 동행하는 신앙이 구약시대 믿음의 요체였습니다. 그러므로 시편 1편은 구약시대 참된 신앙인의 모습을 총칭합니다. 시인은 악인과 의인의 삶을 대별하면서, 의인의 삶은 주야로 말씀을 묵상하는 자라고 말합니다. 이 시편은 신앙공동체의 삶에서 궁극적인 의미를 갖는 믿음과 복종이라는 문제를 부각시키고 있는데, 종교의 항구적 요소가 발견되는 곳은 바로 여기입니다.[22] 시인은 자기 시대의 상황으로부터 영향을 받은 문학양식을 통하여 하나의 영원한 현실을 그리고 있습니다.[23] 그래서 시편 1편에 나오는 말씀묵상의 규례는 특정한 시대, 특정한 사람에게 국한되는 것이 아니라, 모든 시대에 걸쳐 구원을 받아 언약관계가 형성된 신자의 마땅한 규례가 됩니다.

2. 신약성경의 말씀묵상

 말씀이 육신이 되어 오시다

　토마스 머튼Thomas Merton은 말씀묵상의 실제를 가리켜 '예수 그리스도 안에서 하나님과 인간의 연합이 무엇을 의미하는지를 명확히 깨닫는 것'이라고 하였습니다.²⁴ 그리스도인이 예수 안에서 하나님과 연합하는 것은 성자와 성부의 연합에 근거하고 있습니다. 요한복음은 하나님과 예수 그리스도를 아버지와 아들의 관계성으로 설명합니다.²⁵ 예수 그리스도의 성육신이 갖는 궁극적 의미는 창세전 성자와 성부 하나님이 연합하여 누렸던 영광이 세상에 드러난 데 있습니다(요 1:18). 여기서 창세전은 '영원'의 세계이며, '영원한 생명'을 통하여 성자가 성부와 함께 존재하였던 세계입니다(요 1:1; 5:26). 예수 그리스도는 창세전 하나님과 연합의 세계를 이렇게 증거합니다. "아버지여 창세전에 내가 아버지와 함께 가졌던 영화로써 지금도 아버지와 함께 나를 영화롭게 하옵소서"(요 17:5). 나아가 그는 하나님께서 그에게 주어 영생 얻은 자들이 그가 아버지와 함께 가졌던 영광에 참여하기를 기도하고 있습니다(요 17:24).

말씀이 육신이 되어 오신 성자 그리스도는 성부와의 연합 속에서 구원의 일을 성취하셨습니다. 아들이 아버지와 관계 안에서 구원의 사역을 수행하신 것입니다. 그러나 아들은 단순히 임무를 부여받은 관계가 아니라 아버지의 형상 그 자체로 보내어졌습니다(요 1:18; 빌 2:6).²⁶ 그래서 성부와 성자는 주종의 관계가 아닌 연합의 관계인 것입니다. 성자와 성부의 연합은 성자의 복종과 성부의 사랑으로 이루어집니다. 성자는 성부에게 복종하여 성부의 사랑 안에 거합니다(요 15:10). 성부의 사랑 안에 거하는 성자의 복종은, 이 땅에서 그가 십자가에 죽기까지 복종하는 것을 뜻합니다(빌 2:8). 그러나 그가 창세전부터 성부의 사랑 안에 거하고 있음을 본다면, 그의 복종은 아버지로부터 생명을 부여받았을 때부터입니다. 그래서 위르겐 몰트만Jurgan Moltman은 십자가에서 일어난 아들의 복종은 단회적인 것이 아니라 삼위일체의 신적인 삶을 형성하는

본질적 사랑의 교차 속에서 창세전부터 포괄되어 있다고 하였습니다.[27]

그러므로 성자가 복종함으로 성부의 사랑 안에 거하는 것은 영원의 존재법입니다(요 1:1, 17:5). 또한 성자의 복종과 성부의 사랑은 성자와 성부를 하나 되게 하는 존재 양식의 법도입니다(요 17:23). 복종하는 자 성자의 영광은 복종 받는 자의 존재를 받는 것으로, 이는 복종 받는 자 안에 속하는 것입니다. 아들은 아버지께 복종함으로써 아버지의 존재 안에 거하였습니다. 곧 성자가 받은 영광은 하나님의 속성이며 하나님 자신의 본질이 계시되었다는 뜻입니다.[28] 복종하는 아들에게 주신 아버지의 영광은 아버지 자신을 주신 것입니다. 이 영광은 창세전 아버지와 함께 가졌던 영광이며, 아들에게 주신 영광이었습니다(요 17:5, 24). 그 결과 아들은 아버지의 품속에 거하게 됩니다(요 1:18). 이것이 바로 영원의 존재법으로서 '아들이 아버지 안에, 아버지가 아들 안에 거함'의 실제입니다.

영생의 사귐으로 온전함에 이른다

하나님의 아들은 우리의 죄를 위하여 십자가에서 죽으시고(요 3:14), 우리를 자신의 죽음 안으로 이끄십니다(요 12:32). 그리고 아들의 죽음 안에 연합되어 그와 함께 죽은 자는 영원한 생명을 얻습니다(요 3:15). 안셀름 그륀Anselm Gruen 역시 예수 그리스도의 오심과 죽으심의 목적이 우리 죄를 용서하시는 데에만 있는 것이 아니라 영원한 생명을 베풀어 주는 데 있다고 통찰하였습니다.[29] 이 영원한 생명의 본질은 성부와 성자가 하나 된 하나님과의 사귐에 함께 참여하는 것입니다(요일 1:3). 이와 같은 영생의 사귐은 세상으로 하여금 하나님의 아들을 믿어 그들도 영원한 생명을 얻도록 하는 데 그 목적이 있습니다. 이것이 성경이 증언하는 영원한 생명을 살아내는 목적입니다. "내게 주신 영광을 내가 그들에게 주었사오니 이는 우리가 하나가 된 것 같이 그들도 하나가 되게 하려 함이니이다"(요 17:22).

영생 얻은 자의 하나 됨은 "곧 내가 그들 안에 있고 아버지께서 내 안에 계시어"(요 17:23)라는 말씀으로 실현됩니다. 즉, 아들이 영생 얻은 신자 안에 있고, 아버지가 아들 안에 거하는 것입니다. 나아가 신자가 성자 안에 거하고 성부 안에 거하는 하나 됨은 온전함을 이루는 것이 됩니다. 이러한 온전함은 성자와 성부가 복종과 사랑으로 존재하는 영원의 존재양식이므로, 신자의 하나 됨은 신자 개개인이 성자와 성부 안에 거하는 것이며(요 17:21), 동시에 성자가 우리 안에, 성부가 성자 안에 거함으로써 이루어집니다(요 17:23).

말씀묵상은 신자가 성자와 성부와 하나 됨을 이루는 온전함을 지향합니다. 이로써 예수 그리스도께서 이 땅에서 존재하셨던 존재로서의 삶을 성취하게 됩니다. 그러므로 예수 그리스도의 말씀은 성자의 존재의 표현이며 동시에 성부의 존재를 드러냅니다. 그리스도로서의 예수의 존재의 첫 표현은 그의 말씀이며, 신약성경에서 나타내고 있는 말씀의 중요성은 그것을 아무리 크게 평가해도 지나치지 않을 것입니다.[30] 특히 예수 그리스도의 말씀은 영원한 생명의 말씀으로 불리며, 그의 제자가 되는 자격은 그의 말씀을 굳게 지키는 데 있다고 되어 있습니다.[31] 그래서 요한복음 8장 31절에서는 "그러므로 예수께서 자기를 믿은 유대인들에게 이르시되 너희가 내 말에 거하면 참으로 내 제자가 되고"라고 하여 예수 그리스도의 제자 된 자격을 '말씀 안에 거하는 자'로 칭하고 있습니다.

제자는 그의 말씀 안에 거하는 자

한편 예수 그리스도께서 공생애 동안 여러 표적을 행하자 많은 사람들이 모여들었습니다(요 6:2). 그러다가 그가 영원한 생명에 관한 말씀을 전하자 많은 무리들이 예수님을 떠나갔습니다(요 6:66). 하지만 베드로는 영원한 생명의 말씀이 주께 있음을 고백하며 예수님을 떠나지 않았습니다(요 6:68). 이것은 예수 그리스도를 믿는 참된 신앙의 표지가 됩니다. 단순히 땅의 표적을 경험하는 것으로는 온전한 신앙에 이르지 못합니다. 예수 그리스도께서 행하신 표적은 그가 하나님의 아들인 것을 알게 하는 것이며, 궁극적으로는 그를 믿어 영원한 생명을 얻게 하는 데 그 의미가 있습니다(요 20:30-31). 기독교 신앙의 본질은 예수 그리스도를 믿어 영원한 생명을 얻는 것입니다. 그리고 영생의 본질은 하나님과 사귐 안에 거하는 것이며 그것은 말씀묵상을 통해 실제가 됩니다. 예수 그리스도는 자신의 말이 곧 영이요 생명이라고 하셨습니다(요 6:63). 그의 말씀 안에 거하는 것은 그의 존재 안에 거하는 것이라고 하십니다. 결론적으로 말씀묵상은 예수 그리스도의 생명 안에 거하는 것으로, 이는 참된 영성의 증거이며 제자도입니다. 예수 그리스도의 진정한 제자는 그의 말씀 안에 거하는 자로서 이것은 영원한 진리입니다(요 8:32).

3. 초대교회의 말씀묵상

이 책에서 뜻하는 초대교회는 사도시대로부터 콘스탄티누스 황제가 기독교를 공인한 교부시대까지를 일컫습니다. 초대교회는 사도들에 의해 시작되었습니다. 사도는 예수 그리스도에 의해 '보내심을 받은 자'입니다. '사도'의 헬라어 '아포스톨로스' apostolos는 동사 '아포스텔로'(apostello, 보내다)에서 나온 말입니다.³² 사도들은 또한 메신저를 뜻하는 '안겔로스' angelos로 불리거나(눅 7:24, 9:52), 전령이란 뜻의 헬라어 '케룩스' kerux라고도 불렸습니다(딤전 2:7; 딤후 1:11).³³ 사도들을 보낸 주체는 예수 그리스도이십니다. 예수께서는 자신의 정체성을 "아버지께로부터 보내심을 받은 자"라고 하였습니다(요 3:34, 4:34, 8:26, 9:4, 17:3). 아버지께로부터 보냄 받은 그리스도는 보내신 이의 뜻을 행합니다(요 6:38). 그 뜻은 아들을 보고 믿는 자마다 영원한 생명을 얻는 것입니다(요 6:40). 이 점에서 예수 그리스도는 최초의 사도요, 원사도라고 할 수 있습니다. 그는 아버지께서 그에게 주신 사람들에게 영생을 줌으로써 하나님께서 보내신 자, 사도적 사명을 완수하였습니다(요 17:2). 그는 아버지께서 하라고 주신 이 일을 이루어 아버지를 영화롭게 하였습니다(요 17:4).

사도, 보내신 이의 일을 하는 자이다

그리고 그는 아버지께서 자기에서 주신 이들, 곧 영생 얻은 이들을 다시 사도로 보냅니다. "아버지께서 나를 세상에 보내신 것 같이 나도 그들을 세상에 보내었고"(요 17:18). "예수께서 또 이르시되 너희에게 평강이 있을지어다. 아버지께서 나를 보내신 것 같이 나도 너희를 보내노라"(요 20:21). 그러므로 예수 그리스도에 의해 보냄 받은 사도들은 성부께서 성자를 보내신 원사도의 사명에 근거하고 있습니다. 보냄을 받은 자인 사도는 자기의 일이 아닌 보내신 이의 뜻을 행합니다. 이 점에서 사도는 대사의 성격을 지니고 있습니다.³⁴ 자신의 것으로 자신을 위해 일하지 않고, 오직 보내신 이의 이름으로 보내신 이의 뜻을 행하는 것입니다. 그것은 원사도 그리스도께서 수행하셨던 영생 얻게 하는 일을 그대로 하는 것입니다. 바울은 자신의 사도직을 가리켜 그리스도 예수 안에 있는 생명의 약속대로 되었다고 말합니다(딤후 1:1). 이것은 창세 전 그리스도 안에서 주시기로 한 은혜, 곧 복음으로써 영생 얻게 하는 일을 위해 보내심을 받았다는 뜻입니다(딤후 1:9-10). 그는 영생 얻게 하는 복음을 위하여 선포자와 사도와 교사로 세움을 받은 것입니다(딤후 1:11).

한편 사도행전에서 정의되는 사도는 열두 제자를 말합니다(행 1:25). 제자 중 가룟유다가 예수님을 배반하고 자살하자 사도들은 그를 이어서 맛디아를 사도로 삼습니다(행 1:26). 사도들은 승천하신 예수께서 명하신 대로 예루살렘의 다락방에 거하여 예수께서 약속하신 대로 성령세례를 받습니다(행 1:8; 2:2-3). 존 스토트John Stott는 성령세례를 언약백성 모두에게 주시는 성령의 선물이라고 강조합니다. "모든 믿는 자에게 새 언약의 중보이시며 그 복의 수여자인 주 예수님은 그분의 언약에 들어오는 모든 자에게 죄사함과 성령의 선물을 둘 다 주신다."[35] 바울 사도는 세례는 그리스도의 사건에 연합됨을 표상한다고 말합니다(롬 6:4-5). 그리스도의 죽으심과 부활하심에 연합하는 것은 예수 그리스도를 통하여 성령 안에서 하나님과 연합된 교제 안으로 들어가는 것입니다(엡 2:18, 3:12). 예수께서는 장차 성령이 임하게 되면, 제자들이 삼위 하나님 안에 거할 것이라고 말씀하셨습니다. "그 날에는 내가 아버지 안에, 너희가 내 안에, 내가 너희 안에 있는 것을 너희가 알리라"(요 14:20). 성령은 진리의 영이며, 말씀을 증거합니다(요 16:13). 성령은 임의대로 말하지 않으며 아들의 것을 증거합니다(요 16:14). 사도들은 성령세례를 받고, 성령의 이끌림을 받아 말씀을 통해 하나님 안에 거하며, 하나님이 말씀하시는 것을 그대로 전하는 사명을 수행하는 자입니다.

초대교회, 사도적 전승에 따른 영생의 공동체

사도들이 주도한 초대교회는 말씀이 기초를 이루었습니다. 이들은 사도의 가르침을 받아 모이기를 힘쓰고 기도하는 일에 힘썼습니다. "그들이 사도의 가르침을 받아 서로 교제하고 떡을 떼며 오로지 기도하기를 힘쓰니라"(행 2:42). 이런 점에서 초대교회는 말씀을 통한 영성 훈련과 말씀에 근거한 영성생활이 잘 이루어진 교회라고 할 수 있습니다.[36] 사도들의 사역은 오직 말씀에 기초하여 이루어졌습니다. 초대교회를 대표하는 베드로는 예수께서 공생애 시절에 인격적 관계 속에서 구두로 주시는 말씀을 통해서 신앙을 고백하였습니다(마 16:15-16). 그러나 예수께서 구원을 성취하신 후에는 '기록된 말씀'이 일하는 것을 보았습니다. 그래서 그의 서신서에서는 말씀이 영혼을 거듭나게 하고(벧전 1:23), 말씀이 영적인 성숙을 가져온다는 점을 강조하고 있습니다(벧전 2:2). 그의 사도직은 어떤 영적 체험이 아니라, 철저히 기록된 말씀에 근거하고 있습니다. 베드로는 예수님의 공생애 시절에 인격적 관계 안에서 구두로 말씀으로 들었지만, 이제는 기록된 말씀을 강조하고 있습니다. 그는 예수 그리스도의 생전에 자신도 변화산 사건의 현장에 있었다고 말합니다(벧후 1:17-18). 그런데 이보다 더 확실한 예언은 하나님의 사람들이 성령의 감동으로 기록한 말씀이라고 합니다(벧후 1:19-21). 어떤 기적이나 체험도 기록된 말씀보다 우선하지 않는다는 것입니다.

초대교회는 사도들을 중심으로 한 말씀 중심의 영생의 공동체였습니다. 하나님의 아들을 믿는 자는 그 안에 영원한 생명, 하나님의 생명이 거하는 자입니다(요일 5:13). 성령세례는 그리스도와 연합하는 은혜를 경험하게 합니다. 아담 안에서 죽은 영이 그리스도의 부활에 연합됨으로써 산 영이 되었습니다. 이는 믿는 자 안에서 새롭게 된 영이며, 그 속에 하나님의 생명이 내주하게 됩니다(겔 36:26). 즉, 하나님의 생명은 새롭게 된 영을 거처로 삼습니다(겔 36:27). 그리고 믿는 자 안에 내주하는 하나님의 생명은 말씀을 통해 영위됩니다. 그래서 초대교회 신자들은 하나님의 말씀으로 사는 것이 일상의 규례가 되었습니다. 말씀으로 사는 것이 '날마다의 일상'이 된 것입니다. 그들은 사도의 가르침을 받아 서로 교제하고 떡을 떼며 기도하기를 힘썼는데, 날마다 마음을 같이하여 성전에 모이기를 힘썼습니다(행 2:46).

기독교 공인, 영생의 거주지를 상실하다

진 에드워드 J. Edwards는 하나님의 생명을 가진 초대교회 성도들의 거주지를 알려면 우리 내면의 영적 본능에 귀를 기울이라고 하였습니다.37 초대교회 성도들은 말씀 공동체로서 서로 교제하고 의존하며 살았습니다. "서로를 향한 배려와 사랑이 충만하였다. 놀라운 영적 경험도 있었다. 날마다 그런 삶이 계속되었다. 각 신자의 삶 속에, 그리고 모든 신자들 가운데 내주하시는 주님을 언제라도 느낄 수 있었다."38 그들은 말씀을 중심으로 한 교제 공동체를 통해서 그리스도를 경험하는 삶을 살았습니다.39 초대교회 신앙공동체는 주일에 한 번 모여 예배드리는 지금의 우리와는 달랐습니다. 이런 점에서 현대 교회는 말씀 공동체로서의 영적 거주지를 상실하고 말았습니다. 진 에드워드는 콘스탄티누스 황제가 모든 것을 바꾸어 놓았다고 말합니다. 콘스탄티누스가 황제에 오를 무렵 로마제국 내의 그리스도인은 5%에 채 미치지 못했습니다. 그러나 그가 죽을 무렵에는 거의 모든 사람들이 기독교인이 되었습니다. 아울러 로마제국은 신자들이 모일 수 있는 건물인 교회당을 지어 주었습니다. 이로써 매일 말씀과 기도로 신앙하는 초대교회 공동체의 생명력은 퇴색되고, 영적 생명의 거주지도 사라지게 된 것입니다.[40]

기독교의 역사적 사건에는 명암이 교차합니다. 콘스탄티누스의 기독교 공인은 기독교 교회사에 긍정적인 면도 없지 않으나, 영생의 거주지가 사라졌다는 점에서 부정적 결과를 가져왔습니다. 콘스탄티누스는 기독교를 공인하기는 하였으나 기독교를 국교로 삼지는 않았습니다.[41] 시오노 나나미는 『로마인 이야기』에서 기독교 공인이 콘스탄티누스의 지배적 동기에서 비롯되었음을 지적합니다.[42] 콘스탄티누스는 로마인들로 하여금 통치나 지배의 권리를 인간이 아니라 신이 주는 것으로 인식하도록 하고자 기독교를 공인하였다는 것입니다. 그는 자신의 지배적 목적을 달성하기 위해 기독교인을 양산하고 이를 위해 교회에 각종 혜택을 주었습니다. 또한 성직자 제도를 세워 그들에게 세금을 면제해 주고 교회에서 그들에게 일체의 생활비를 지원하였습니다.[43] 무엇보다 그는 자신이 태양신을 섬기듯 기독교 예배를 일요일에 한 번 제의형식으로 드리게 하였는데, 이로써 신자는 매일 하나님께 나아가는 영생의 삶을 상실하게 되었습니다. 이렇게 누구든지 쉽게 기독교를 믿을 수 있도록 조치한 결과 기독교인은 기하급수적으로 늘어났습니다. 최초의 교회사를 쓴 가이사랴의 주교 유세비우스는 당시 기독교 개종자의 대부분은 신앙심이 아니라 이익이 게재되었기 때문에 개종했다고 말했습니다.[44]

콘스탄티누스의 파격적 배려로 소수의 종교였던 기독교는 단기간에 다수의 종교로 변했고 다수의 기독교인이 양산되었으나 영생의 거주지는 사라졌고 영생을 누리는 참 그리스도인은 여전히 소수에 불과했습니다.

말씀으로 사는 신앙, 초대교회의 본질을 회복하다

하나님의 생명을 가진 그리스도인은 매일 말씀으로 살아야 합니다. 영생을 가진 것과 영생으로 사는 것은 별개의 문제입니다. 중요한 것은 영원한 생명을 살아내는 데에 있습니다. 바울은 성령으로 그리스도와 연합하는 것은 영원한 생명 가운데 행하는 것이라고 증거합니다. "새 생명 가운데서 행하게 하려 함이라"(롬 6:4). 이는 매일 말씀을 묵상하며 말씀을 통해 삼위 하나님과 교제하는 것이 규례가 되는 것을 말합니다. 진리의 영은 신자들을 성부와 성자로 더불어 교제하는 자리로 이끕니다(요 14:17, 26; 16:13). 그러므로 신자가 성령을 따라 사는 것은 영원한 생명으로 성부와 성자와 더불어 지속적인 교제를 하는 것을 말합니다. 사람들은 '영'과 '성령'이란 말을 들을 때마다 능력, 귀신축출, 환상, 예언, 기적 등과 연관시킵니다. 또는 외적으로 나타나는 성공적인 삶을 운운하기도 합니다. 하지만 주님과의 교제에 비교하면 그런 것들은 모두 피상적인 것에 불과합니다. '영에 의한 삶'이란 예수 그리스도처럼 하나님 아버지와 지속적인 교제를 나누는 삶을 의미하기 때문입니다.[45]

교회의 역사는 초대교회의 신앙을 통해 늘 새로움을 추구하였습니다. 교회가 타락하고 신앙이 변질될 때마다 신자들은 초대교회의 신앙으로 돌아가자고 외쳤습니다. 그것은 하나님의 말씀이 살아 움직이게 하는 성령의 역사를 대망하는 것입니다. 특히 17세기 나타난 슈페너의

경건주의 운동은 말씀으로 살아가는 삶이 일상이 되는 초대교회 공동체로의 회복을 추구하였습니다.[46]

4. 동방교회의 영성과 말씀묵상

동방교회의 영성은 3세기에서 5세기에 걸쳐 수도원이 정착되면서 성 안토니와 성 파코미우스, 성 바질 등에 의해 형성되었습니다.[47] 그리고 희랍 교부들을 중심으로 발전되고 심화되었습니다. 희랍 교부들은 인간의 삶의 목표를 하나님과의 연합에 두고, 그것을 '신성화'deification, theosis로 보았습니다. 이들은 '신성화'라는 단어를 라틴 교부들보다 더 광범위하게 사용하였습니다.[48] 여기서 신성화란 범신론적인 동일시가 아니라, 베드로후서 1장 4절에 나오는 신적인 생명의 나눔입니다. "우리는 그 영광과 능력에 힘입어 귀중하고 가장 훌륭한 약속을 받았습니다… 하나님의 본성을 나누어 받게 되었습니다."(공동번역)[49]

신적인 생명의 참여는 인간을 하나님의 삼위격의 삶, 곧 성부와 성자와 성령 사이를 흐르며 또한 하나님의 본성의 표현인 사랑의 끊임없는 순환과 넘쳐흐름의 삶 안으로 이끌고 갑니다. 여기에 인간의 참되고도 영원한 지복이 있습니다. 하나님과의 연합은 복음에 의해 알려진 '왕국'의 완전한 성취요, 모든 율법과 예언서들이 요약하고 있는 그 자비와 사랑의 궁극적인 완성입니다. 오직 삼위 하나님과의 연합 속에서만 인간은 그의 온 마음과 영혼과 뜻을 다하여 하나님을 사랑할 수 있고, 이웃을 내 몸같이 사랑할 수 있습니다. 하나님과 인간의 연합은 중재자 없이는 성취될 수 없는데, 그 중재자는 바로 육신을 입으신 말씀,

우리 주 예수 그리스도이십니다. "나는 길이요… 나를 거치지 않고서는 아무도 아버지께 갈 수 없다"(요 14:6, 공동번역).

하나님과 연합되는 신비적 영성

동방교회는 주로 삼위 하나님과의 연합을 기초로 신비주의를 추구하였습니다. 서방교회가 성례전으로 부르는 것을 신비라고 부릅니다.[50] 하지만 동방교회는 신비가 하나의 이론이나 법적 제도가 되는 것을 원치 않으며, 신비가 신비 자체로 남아 있기를 원했습니다.[51] 궁극적인 것은 오직 하나님 자신입니다. 동방교회는 '성전보다 더 큰 이'가 있는데, 그분은 거룩한 신비보다 더 큰 분으로 존재한다고 보았습니다.[52] 곧, 아무리 성스러운 제도라고 할지라도, 그것이 인간의 제도인 한, 하나님께서는 그것에 의존하지 않으신다는 것을 강조한 것입니다. 그들은 모든 시대의 그리스도인들에게 하나님의 말씀을 지키는 일은 거룩한 신비들에 접근하는 어떤 시도보다 더 중요하다는 것을 상기시키고 있습니다.[53] 이와 같이 동방교회의 영성에서 그 핵심은 삼위 하나님과의 연합과 사귐입니다. 그러나 이들은 실제에 있어 신비주의와 금욕주의를 강조하였고, 기도를 구원의 필수적인 요소로 내세웠습니다.[54]

기독교 전통에서 잘 알려진 '예수의 기도'는 우리가 예수님께 바친 기도로, '하느님의 아들, 예수 그리스도여! 나를 불쌍히 여기소서!'라고 표현됩니다.[55] 이 기도문은 지금도 그리스 정교회의 영성수련 방법인 '헤시키아'(Hesychia, 마음의 항구한 고요)의 기도로 계승되고 있습니다.[56] 그러나 수도자들을 중심으로 시편의 짧은 구절이나 성경구절을 낮은 목소리로 되풀이해서 읊는 말씀묵상이 권장되었습니다.[57] 특히 이러한 묵상은 식사 때는 물론 노동 시간에도 서로 이야기하는 대신 각자 성경의 어떤 구절을 묵상하는 것으로 수행되었습니다.[58] 이러한 성경 암송이나 성경 낭송이 어떤 수도자들에게는 기계적인 습관에 지나지 않을 수도 있지만, 그럼에도 불구하고 주님의 말씀에 친숙하도록 해주는 데 기여했습니다. 동방교회 교부들의 하나님과 연합되는 영성은 시대를 거치면서 이미 쇠락하였으며, 그들의 영성은 제도와 규율 준수의 차원으로 고착되기에 이르렀습니다. 진정한 영성은 말씀에 기초하며 그 말씀이 성령의 역사를 통해 살아 있는, 하나님의 살아 계신 현존이 되어야 합니다(히 4:12). 그때에 규칙 준수를 초월한 넘치는 은총, 뜨거운 체험, 영감의 충만에 이르게 됩니다.

5. 가톨릭교회의 영성과 말씀묵상

소달리티(sodalities)로서의 수도원 영성

4세기 들어 서방교회는 복음 전파와 교회 확장에 있어 두 가지 구조가 출현하게 되었습니다. 이 둘은 주교 관구 구조와 수도원 구조였는데 전자를 모달리티 modalities, 후자를 소달리티 sodalities 라고 부릅니다.[59] 서방교회의 영성은 교구 교회로서의 모달리티보다 수도원을 중심으로 한 소달리티에 의해 강조되었습니다. 랄프 윈터 Ralph D. Winter 는 소달리티로서의 수도원 영성은 모달리티로서의 교구의 기독교 운동으로 흘러들어가는 새로운 에너지와 생동감의 근원지와 진정한 초점이었다고 말합니다.[60] 이로써 두 구조는 서로 조화를 이루며 중세 초기 기독교 운동의 의미심장한 특징이 되었으며, 오늘날까지도 로마의 가장 위대한 조직

적인 장점이 되고 있습니다.⁶¹

 베네딕도 수도원으로부터

수도원 운동이 본격적으로 발전한 것은 투르의 마르틴Martin of Tours, 제롬 그리고 요한 카시안John Cassian에 의해서였습니다. 이들에 의해 시작된 수도원 운동은 베네딕도 수도원과 켈트 수도원에 와서 더욱 체계화되었습니다.⁶² 성 베네딕도St. Benedictus는 절대 고독의 독거와 묵상, 금식, 절식 등의 생활과 내적 투쟁의 3년을 겪고 수도 생활을 30년 동안 하면서 529년에는 이탈리아 몬테카시노에 수도원을 세웠습니다.⁶³ 베네딕도가 수도원 운동에 끼친 가장 큰 공헌은 그의 '수도원 규칙'the Rule에 있습니다. 그는 가이사랴의 바실과 요한 카시안으로부터 영향을 받았고, 수도승과 수도원장으로서의 경험을 통하여 '수도원 규칙'을 만들었습니다.⁶⁴ 베네딕도 수도원 생활은 침묵과 부지런한 노동이 결합되었고, 묵상은 매일의 노동, 기도 독경, 예배가 포함되어 있으며, 수도자는 규율적인 기도, 명상, 노동의 의무를 실천하도록 장려되었습니다.⁶⁵ 그런데 베네딕도 자신은 규칙서의 절대성을 고집하지 않고 오히려 초보자의 규칙에 불과하다고 말하면서 수도 생활에 더욱 매진하려는 사람들을 위해 성경과 교부 문헌을 읽을 것을 권장하였습니다.⁶⁶

베네딕도의 영향력은 12세기 들어와서 1회 십자군 전쟁 직후부터 급격히 쇠퇴하게 됩니다. 그의 수도원 규칙은 클레르보의 베르나르Bernard of Clairvaux에 의해 말씀 중심의 묵상으로 대체됩니다. 베르나르는 묵상을 위하여 시토 수도회를 창립하였습니다. 수사들은 대부분의 시간을 묵상으로 보냈고, 식사 및 공동의 예배시간에만 모였습니다. 성경에 조예가 깊은 그의 명상들은 예수님을 통하여 중재된 하나님의 사랑에 초점을 두고 있습니다.[67] 이후 서방교회 수도원 운동은 아시시의 프란시스에 의해 주도된 탁발수도원 운동으로 이어집니다.[68] 이들은 단순히 수도원에 살기만 한 것이 아니라 사람들 속으로 들어가 복음을 전하고 선행을 실천하였습니다. 프란시스 자신은 성흔, 곧 그리스도의 상처를 경험하는 경지에 이르기까지 십자가의 그리스도와 동일화되는 경험을 하였습니다. 빈곤과 단순성의 생활이 그들의 실천 기조가 되었습니다.[69] 이 시기에 도미니칸 수도회가 설립되었는데, 이들은 주로 설교를 통해 수도원 밖의 사람들을 섬기는 일을 하였습니다. 서방교회의 영성과 묵상은 후에 종교개혁 직후 성 이냐시오의 예수회 운동으로 꽃을 피우게 됩니다.

김경재 교수는 동방교회와 서방교회의 영성이 수도원을 중심으로 형성된 데에는 사회 정치적 이유, 사회 경제적 이유, 사회 전반의 도덕적 타락, 그리고 종교적·신학적 이유가 있다고 말합니다.[70] 그중 가장 중요한 이유는 종교적·신학적 이유인데 그것은 정통 교회가 조직, 기구, 신학을 체계화할수록 영적으로는 경직되고 권위주의적이 되고 중앙집권적이 되고 논리와 신학체계 속에 갇혀진 형태만 남은 종교기구가 되기 때문입니다.[71] 서방교회 수도원 운동의 공헌은 많았으나 말씀이 역사하는 신앙의 회복이 절실하였습니다. 그것은 16세기 말씀이 회복되는 종교개혁으로 결실을 맺게 됩니다.

렉시오 디비나

렉시오 디비나 Lectio Divina는 라틴어 'lectio'(독서)와 'divina'(신적인)가 합쳐져 이루어진 용어입니다. 이는 영적 독서, 성경 독서, 성독聖

讀, 신적 독서, 거룩한 독서로 다양하게 번역되어 사용되고 있습니다.[72] 렉시오 디비나는 초대교회 시대부터 말씀을 통해 하나님 안에 머물게 하는 영성훈련 방법으로, 6세기경 베네딕도 수도회에서 영적 독서를 'Lectio Divina'로 부르기 시작한 데에서 기원하였습니다.[73] 렉시오 디비나는 점진적인 네 단계 – 성경말씀을 읽고[Letio] 이에 대한 묵상[Meditatio]으로부터 자발적인 기도[Oratio] 그리고 사랑 안에서 하나님의 현존에 대한 관상[Contemplatio]에 이르기까지 – 를 통해 이루어집니다.[74] 십자가의 성 요한[St. John of the Cross]은 누가복음 11장 9절 말씀을 바꿔 렉시오 디비나의 네 단계를 간략하게 보여 줍니다.

> 읽기를 구하시오,
> 그러면 묵상을 얻게 될 것입니다.
> 기도로 두드리시오,
> 그러면 관상이 열릴 것입니다.[75]

렉시오 디비나의 1단계는 말씀 읽기[Lectio]입니다. 이는 평범한 독서가 아니라 영감 받은 말씀에 귀를 기울이고 말씀하시는 분을 경청하는 것입니다.[76] 성경 읽기는 우리가 말씀을 읽는 것을 넘어 하나님으로부터 듣는 것입니다. 이렇게 성경말씀을 '들을' 때 우리는 우리 안에서 말씀하시는 유일한 분을 받아들이고 단어 자체가 전달하고자 하는 것 너머를 듣는 것입니다. 렉시오 디비나의 2단계는 말씀묵상[Meditatio]입니다. '묵상하다'의 라틴어 '메디타리'[meditari]는 하나님의 말씀을 내면으로 받아들인다는 뜻인 그리스어 '멜라탄'[meletan]에서 왔으며, 이것은 다시 어떤 것을 반쯤 소리 내어 중얼거림을 뜻하는 히브리어 '하갑'hagab 에서 왔습니다.[77] 성령의 조명 아래에서 말씀을 되새김질하고 거룩한 상상력을 통하여 묵상의 절정에 이르면 하나님은 현재의 하나님, 곧 내 마음 안에 영원히 살아계시는 분으로 계시됩니다.[78] 이로써 하나님의 사랑이 우리 마음에 와 닿게 되는데 이때 3단계인 기도로 이끌리게 됩니다.

렉시오 디비나의 3단계는 기도Oratio입니다. 여기서 기도는 우리의 활동을 대신하여 하나님께서 활동하시는 길을 준비하면서, 우리의 마음을 끊임없이 그분께 열고, 성령의 처분에 우리 자신을 맡기는 적극적인 노력입니다.[79] 1, 2 단계에서 경험하는 말씀에 대한 지적 추리와 사고가 점점 줄어들고, 마음은 단순하게 솟아나는 사랑과 열망으로 가득 차며, 이것은 우리를 하나님과 친밀한 내적 대화로 이끕니다. 우리 자신의 비참함과 무가치함을 깨닫고 우리 마음이 하나님만을 갈망하며, 그분의 자비와 긍휼을 청하게 됩니다. 성전에서 기도하는 세리처럼 '오, 주여 나를 불쌍히 여기소서!'를 청합니다(눅 18:13). 그때 우리는 하나님과 은밀한 만남 가운데로 들어갑니다.[80] 나아가 하나님의 빛이 비추어지고, 거짓 자아가 만들어 낸 환상에서 깨어나고, 하나님의 형상인 참 자아에 우리를 두게 됩니다. 하나님의 큰 은총 앞에 우리의 지향과 노력이 진실하면, 하나님의 사랑이 우리 안에서 경험되며 하나님은 우리 삶의 중심이 되어 가고, 우리는 온전히 내어주고 온전히 받아들이려는 갈망을 체험하기 시작합니다. 말씀을 읽음으로 시작된 렉시오 디비나는 묵상과 기도를 거쳐 직접 하나님을 경험하는 단계에 이르게 됩니다. 여기에서는 성경 뒤에 계시는 분과의 달콤한 침묵의 교제를 즐기게 되는데, 이것이 렉시오 디비나의 마지막 단계인 '관상'Contemplatio입니다.[81] 관상의 단계는 독서와 묵상과 기도 등 인간의 능동적 행위와 차원이 다르게 하나님 자신에 의해서 주도됩니다. 전적으로 하나님이 오시고 일하시는 것이 중심이 되는 순간입니다.

아빌라의 성 테레사 St. Teresa 는 '영혼의 성'에서 우리의 기도가 깊어질수록 묵상(능동적 기도)에서 하나님의 은혜로 내적 평온을 이루는 고요한 기도(수동적 기도) 상태로 가게 된다고 말했는데,[82] 이것이 관상으로 들어가는 문입니다. 관상은 이상한 세계로 이끌며, 그곳에서는 자연스러운 모든 것들이 뒤집혀 있는 것 같이 보입니다. 그곳에서는 새로운 언어(침묵)와 새로운 존재방식('무엇을 함'이 아니라 '있음')을 배우는데, 하나님의 부재(우리의 감각으로는)가 그의 현존 '이고' 그분의 침묵(우리의 일상 인식으로는)이 그분의 언어 '이다' 라는 것을 배웁니다.[83] 이것은 무지로 들어가는 것이고, 우리의 안전을 위하여 집착했던 익숙한 것들을 떠나보내는 것입니다. 또한 '비참하고 불쌍하고 가난하고 눈멀고 벌거벗은'(계 3:17) 존재(은총이 우리를 드러내지만, 우리가 본질적으로 받아들이기는커녕 인정하기조차 두려운 것)를 발견할 때 모든 희망과 기쁨의 가능성이 있음을 발견하는 것입니다.[84] 이렇게 하나님 안에서 발견되는 우리의 참 자아만이 하나님의 무한한 사랑의 대상이 됩니다. 이때 우리의 비참한 자아는 소멸되고, 예수님의 영 안에서 예수님 자신이 기도하게 됩니다. 우리의 기도는 그치고 예수님의 기도 안에 거하는 것입니다. 토마스 머튼은 관상의 단계를 이렇게 말합니다.

최고의 기도 방법은 기도를 그만두는 것입니다! 당신이 그것을 알든 모르든, 당신 안에서 기도하시는 분이 기도하게 하십시오. 이것은 은총의 힘으로 우리가 그리스도라는 ... 우리의 참된 내적 정체성에 대한 깊은 깨달음을 의미합니다. 우리와 하나님의 관계는 성령 안에서 누리는 성부와 그리스도의 관계입니다.[85]

나아가 관상은 물리적 은둔생활에 의존하지 않고 마음의 은둔생활에 의존합니다. 즉, 세상의 현실 속에서 활동적인 역할을 제거하는 것이 아니라, 예수께서 약속하셨듯이 하나님의 '집'이 되는 것입니다. 우리가 사는 삶의 형태가 무엇이든지 하나님의 부르심 앞에서 모든 일을 해야 합니다. 왜냐하면 관상은 우리가 사는 세상에 관심을 덜 갖게 하는 것이 아니라 더 갖도록 하기 때문입니다.[86] 마이스터 에크하르트Meister. Eckhart는 "하나님은 언제나 집에 계신다. 밖에 나가서 돌아다니는 것은 우리들이다."라고 유머러스하게 말했습니다.[87] 관상은 언제 어디서나 우리와 함께 계시는 하나님과의 일치를 경험하는 영적 실재입니다.

한국 교회에서는 1980년대 이후 렉시오 디비나에 대한 서적과 논문들이 점차 등장하고 있습니다.[88] 렉시오 디비나가 개신교와 직접적으로 연결을 가지게 된 것은 종교개혁자 칼빈과 청교도 목사였던 리처드 백스터Richard Baxter에 의해서였습니다. 청교도들은 렉시오 디비나를 새롭게 개선해서 자신들의 훈련 방법으로 사용하였습니다.[89] 종교개혁자들은 성경과 함께 하나님으로부터 말씀을 듣는 렉시오 디비나를 중요하게 생각했고, 리처드 백스터가 주장했던 성경 묵상도 베네딕도 규칙서에서 인용한 것이었습니다. 박노권 교수는 한국 교회에 소개된 큐티의 근원을 청교도들이 새롭게 전수한 렉시오 디비나로 보고 있습니다.[90]

그에 의하면 큐티는 렉시오 디비나와 비슷한 단계를 이야기하지만 하나님의 진리의 말씀을 깨닫고 그 깨달은 바를 어떻게 실천에 옮길 것인가 하는 적용에 전반적으로 무게를 둡니다. 그러나 본래의 렉시오 디비나는 하나님과의 만남과 사귐에 역점을 두고 있습니다.[91]

이냐시오 로욜라의 영성 수련

이냐시오 로욜라Ignatius de Loyola에 의해 창설된 예수회의 영성수련은 오늘날에도 가톨릭교회에서 피정의 수행 방법이 되고 있습니다. 가톨릭교회의 수도자는 매년 만 8일간의 피정을 하지만, 생애 한두 번은 한 달 동안의 큰 피정을 합니다. 이 한 달 동안의 큰 피정은 로욜라의 성 이냐시오가 엮은 영성수련에 준한 수행입니다.[92] 로욜라는 1522년 고향을 떠나 그리스도를 따르게 되는데, 페스트가 유행하여 만레사의 동굴에 1년 동안 머물게 되었습니다.[93] 만레사 동굴에서 그의 생활은 고행과 기도의 연속이었으며 심한 유혹에 대한 항전이었습니다. 그러나 그는 묵상 중에 하나님과 대화하기를 배워 가며 쓸쓸함과 외로움, 그리고 슬픔과 기쁨, 혹은 불안과 평화를 번갈아서 깊이 체험하였습니다.[94] 그와 같은 영신수련을 통해 마침내 모든 불안과 의심에서 해방되어 하나님의 평화를 체험하였습니다. 그는 자신의 체험을 다른 영혼들과 나누기 위해, 영신수련의 기본 원리와 요점을 기술하였습니다. 그 후 파리 대학의 수명의 동지들이 그의 지도하에 영신수련을 수행하였고, 그들은 하나님의 사랑과 그분에게 봉사하고자 하는 마음으로 불타게 되어 후에 예수회를 창립하게 되었습니다.[95] 그 후 모든 예수회 성인은 물론 성 프란치스꼬 살레시오, 성녀 예수의 데레사 등 많은 성인 성녀와 목자들이 이 문을 거쳐서 나오게 되었습니다.[96] 역대 교황들은 그의 영신수련을 가장 모범적인 영성훈련으로 인가하였으며, 현대에 이르기까지 우수한 묵상 방법으로 평가되고 있습니다.

상상력을 통한 영성수련

이냐시오 로욜라의 묵상은 오감을 사용하여 상상력을 동원합니다. 묵상을 위한 상상화는 허구적인 의미가 아니라 명상과 상상의 세계에서 활동한다는 것을 뜻합니다.[97] 예를 들어, 첫째 주간 끝에 피정자가 시행하게 되어 있는 묵상으로서 지옥에 떨어진 영혼들이 고함치는 소리를 듣고 유황 냄새를 맡아 보며 더럽고 부패한 썩은 냄새를 맡도록 합니다. 그리고 눈물이나 슬픔, 양심을 좀먹는 벌레와 같이 소름끼치는 쓴 맛을 보고, 영혼들을 태우는 불꽃을 만져보도록 합니다.[98] 묵상을 위한 수련은 4주간, 30일을 단위로 합니다. 첫째 주간의 묵상은 인간의 기본적이고 공통적인 인생관에 대해, 둘째 주간은 그리스도의 나라를 주제로, 셋째 주간과 넷째 주간은 예수님의 고난과 부활을 묵상합니다.[99] 이냐시오 로욜라의 묵상에 있어 말씀묵상은 관상과 기도를 통해서 이루어지며, 주로 셋째 주간과 넷째 주간에 집중합니다.[100]

그의 말씀묵상의 실례를 들어 보면 다음과 같습니다. 영신수련 셋째 주간 둘째 날 묵상을 예로 들어 봅니다.[101] 이것은 최후만찬에서 겟세마네 동산까지 행하신 사역에 대한 것입니다. 먼저 준비기도를 합니다. 준비기도는 나의 모든 의향과 행동과 노력이 오로지 하나님의 영광과 그에게 봉사함을 위하여서만 마련되도록 하나님께 은총을 구하는 것입니다.[102] 첫째 길잡이는 내용입니다. 그리스도께서 최후의 만찬이

거행되었던 시온산으로부터 열한 사도와 같이 요사팟 골짜기로 내려오셔서, 그중 여덟은 골짜기 남쪽에 두시고, 다른 셋은 동산 쪽에 머무르게 하신 후, 당신은 조금 나아가서 기도하실 때, 핏방울과 같은 땀을 흘리셨고, 세 번이나 성부께 기도하셨고, 또 세 번이나 세 제자들을 잠에서 깨우신 내용입니다. 그리고 예수님을 잡으러 왔던 자들이 그의 음성을 듣자 쓰러졌고, 유다는 그에게 입맞추었고, 베드로는 말고의 귀를 쳤고, 그리스도께서는 그 귀를 낫게 하셨습니다. 그리고 주께서 죄수처럼 잡히시자 그들은 그를 골짜기로 끌고 내려가서 다시 언덕을 올라서 안나스의 집으로 압송하였습니다. 둘째 길잡이로 장소를 상상합니다. 즉, 여기서 시온산에서부터 요사팟 골짜기, 그리고 동산에까지 이르는 길이 넓은 것인가 먼 것인가, 또는 그 모양이 어떠한 것인지 생각합니다. 셋째 길잡이는 묵상자 자신의 청할 일입니다. 묵상자는 그리스도께서 수난 당하실 때 자신이 요청해야 할 것을 구합니다. 즉, 아픔으로 가득 찬 그리스도와 함께 아파하고, 근심하시는 그리스도와 함께 근심하고, 그리스도께서 묵상자 자신의 죄 때문에 받으신 많은 고난에 대하여 눈물을 흘리고 슬퍼합니다. 한편 이냐시오 로욜라의 묵상은 다음과 같은 여섯 가지 요점으로 진행합니다.[103]

1) 첫째 요점 : 등장인물들을 살펴보면서 자신을 반성함으로써 다소의 신익을 얻는다. 예수 그리스도의 생애에 집중한다.

2) 둘째 요점 : 주님의 말씀과 등장인물들의 말을 들어볼 것이며, 또 같은 모양으로 거기서 성과를 거둘 것이다.

3) 셋째 요점 : 등장인물들의 행동을 관찰하고 그들로부터 영적 유익을 취

할 것이다.

4) 넷째 요점 : 묵상 제목에 따라서, 우리 주 그리스도께서 인간으로서 고통을 받으시고, 또 받고자 하시는 것을 묵상할 것이니, 여기서부터 나를 아파하고 슬퍼하고 통곡하도록 격동시키기 위해 크게 노력해야 할 것이며, 이 다음의 다른 모든 요점에 있어서도 그와 같이 노력해야 할 것이다.

5) 다섯째 요점 : 어떻게 신성의 존재가 자기를 숨기시는지 묵상할 것이다. 즉, 어떻게 자기 원수를 멸망시킬 수 있으면서도 그와 같이 하지 않으시고 지극히 거룩하신 인성이 그렇게 혹독하게 고통을 받는 것을 버려 두시는지 생각할 것이다.

6) 여섯째 요점 : 어떻게 그가 나의 죄를 위하여 이 모든 고통을 받으시는지를 생각하고, 또 나를 위하여 무엇을 해야 하며 무엇을 참아야 할지 묵상할 것이다. 마지막으로 주의 기도를 외울 것이다.

이냐시오 로욜라의 묵상은 가톨릭교회의 확고하고 강력한 묵상 전통으로서 개신교에 많은 시사점을 주고 있습니다. 평생의 신앙생활에서 한 달을 묵상에 바치도록 하는 거룩한 집중과 헌신을 가능하게 하는 수련 원칙이라는 점에서 귀감이 됩니다. 현대 사회는 분주함이 미덕처럼 보입니다. 잠잠히 주님을 묵상하는 일은 특별한 신앙인들의 몫으로 돌리고 맙니다. 묵상은 영적 성숙을 넘어 기독교의 핵심가치인 하나님과 사귐이라는 점에서 그리스도인 역시 일생에 한두 번 하나님께만 투혼하는 장기간의 거룩한 훈련이 요청됩니다.

그러나 이냐시오 로욜라의 묵상은 상상력을 통한 감정 발흥을 촉발한다는 점에서 비판의 여지를 갖습니다. 그의 묵상은 오랜 전통에도 불구하고 마음이 뜨거울수록 더 강렬해진다고 믿는 이른바 '정신적 발산'과 '열심'을 얻기 위한 정신훈련으로 간주되고 있습니다.[104] 또한 그의 묵상은 복음의 관점에서도 한계점을 지닙니다. 곧 상상을 통해 예수 그리스도의 생애를 직접 목격하는 체험을 하고 예수 그리스도에게서 영향을 받아 감동이 일어나면서 예수 그리스도와의 관계, 믿음과 소망과 사랑 등을 깊게 형성해 가게 합니다.[105] 그런데 예수 그리스도의 공생애는 그 자체로 의미가 있기보다 구원의 사건인 십자가와 부활을 목적으로 합니다. 그리스도께서 십자가에서 죽으신 것은 희생의 본이 아닌 영원한 생명을 주시기 위함입니다(요 3:15). 나아가 믿는 자로 하여금 영원한 생명을 통해 하나님과 교제하도록 하기 위함인 것입니다(요일 1:3). 기독교 신앙에서 말씀묵상을 포함한 모든 신앙 행위는 하나님과의 만남과 교제를 목적으로 하며, 이는 그리스도의 구속의 사건이 복음으로 계시될 때 실현됩니다. 이냐시오 로욜라의 묵상처럼 그리스도의 생애를 단순히 체험하고, 그로 인해 감동을 받아 그리스도의 삶을 재현하는 것은 복음적 관점에서 볼 때 제한적 은총이라고 할 수 있습니다.

6. 개신교의 말씀묵상

종교개혁자와 말씀묵상

종교개혁의 최대 공로는 말씀 중심의 신앙이 자리 잡게 된 데 있습니다. 종교개혁 이후 개신교의 영성신학의 특징은 말씀 중심이 되었고, 말씀 중심의 영성훈련이란 성경 중심이라는 뜻으로 받아들여졌습니다. 성경 속의 무진장한 영적 보화와 진리의 샘터 속에 개신교 영성신학의 뿌리가 내린 것은 진실로 위대한 전환이며 최대의 공로라고 보아야 옳을 것입니다.[106] 마르틴 루터와 존 칼빈은 말씀을 중심으로 한 종교개혁의 중심에 서 있다고 할 수 있습니다.

마르틴 루터, 말씀에 붙잡혀 영적 암흑기를 광명으로 밝히다

마르틴 루터는 어거스틴파의 수도사로서 16세기 종교개혁의 선구자였습니다. 그는 칼빈보다는 이성적 저작물이 적었으며, 오히려 독일 수도원 전통의 아들이었습니다.[107] 믿음을 통해 은혜로 말미암아 구원에 이른다는 개개인의 체험에 관한 그의 개념은 독일 도미니칸 중에서도 신비주의 전통에 속합니다.[108] 그는 도미니칸 신비주의자 에크하르트와 타울러의 저작을 애독하였습니다.[109] 그러나 시간이 경과되면서 시편 등 성경연구를 통해 사상의 변화를 가져오게 됩니다. 루터는 성경과 어거스틴의 저작들 외에 그 어떤 책도 그에게 하나님과 그리스도에 대해서와 인간의 상황에 대해 가르쳐 준 책이 없다고 고백하였습니다.[110] 그 결과 신비주의에서 벗어나 반신비주의적 입장을 취하게 됩니다.[111] 루터 당시 성경은 학문적인 지식의 목적을 위해서 읽혀졌으며, 해석의 권한은 교회가 독점하고 있었습니다. 즉, 성경 자체가 하나님의 말씀으로 받아들여지지 않았던 것입니다.

루터는 성경을 묵상하고 동시에 그 말씀의 의미를 조명하고 그리고 나서 그 말씀이 가지고 있는 영적 의미를 감지할 수 있어야 한다고 하였습니다.[112] 루터의 종교개혁 작업에서 성경의 사용은 언제나 핵심적인 자원이었습니다. 한마디로 루터에게 있어 성경은 그의 모든 생애의 핵심 주제였으며, 그는 그 당시 사회와의 연관 속에서 성경을 연구하였습니다. 루터에게 성경은 돌이킬 수 없고 영원히 타당한 진리인, 하나님의 계시를 담은 책이었습니다.[113] 루터는 모든 성경이 그리스도 한 분을 지시하고 있다는 점을 의심하지 않았습니다.[114] 그리스도는 성경의 중심에 서 있으며, 그리스도는 하나님의 화육된 말씀입니다. 그러므로 성경은 그 자체가 해석자입니다. 알트하우스는 루터의 성경해석 방법론을 다음과 같이 요약합니다. "1) 성경의 중심은 그리스도이다. 2) 성경은 스스로 해석한다. 3) 성경은 성경으로 해석되어야 한다."[115]

그런데 루터의 말씀묵상과 성경 연구는 말씀을 일방적으로 듣고 연구하는 것으로 그치지 않았습니다. 그가 묵상하고 연구한 말씀은 당시 부패한 교회와 교권의 실체를 파헤쳤으며, 그는 당시 교회의 부패와 교권 남용의 문제들을 공공연히 토론에 붙였습니다.[116] 이렇게 루터의 개혁사상은 꾸준한 말씀묵상과 말씀연구에 기초를 두고 있었습니다. 이로써 성경의 해석 권한을 독점한 로마 가톨릭교회와 대립하게 되고, 결국 말씀을 기초로 한 종교개혁 시대를 열어 간 것입니다. 말씀을 기초로 한 묵상의 삶에서 루터만큼 열렬한 사람은 없었습니다. 그는 진실로 말씀을 사랑하는 경건의 사람이었습니다. 그는 시편 19편 10절, "금 곧 많은 정금보다 더 사모할 것이며 꿀과 송이꿀보다 더 달도다."라는 말씀을 다음과 같이 묵상하였습니다.

말씀을 사모하는 자에게 말씀은 금보다 귀하며 꿀보다 달다. 이 말씀은 완전하고, 확실하고, 정직하고, 순결하고, 영혼을 소성케 하고, 지혜롭게 하고, 마음을 기쁘게 한다. 이것은 이전에 불쾌하게 했던 모든 것을 유쾌하게 하시는 성령의 경이로운 일이다. 사람들이 부와 쾌락보다 더 열심히 찾는 것이 어디 있는가? 그러나 이제는 하나님의 법에 대한 사랑이 부와 쾌락에 대한 사랑보다 더 크다… 하나님의 법은 우리가 사모하는 어떤 것보다 더 귀하게 되고 어떤 쾌락보다 더 즐거운 것이 된다.[117]

현대 신심, 토마스 아 켐피스의 '그리스도를 본받아'

하나님께 붙잡혀 말씀을 사랑하고 말씀에 헌신한 한 사람을 통해 영적 암흑기가 영적 광명기로 바꾸어졌습니다. 하나님은 루터에 의해 시작된 종교개혁을 완성할 자로 말씀에 붙잡힌 또 한 사람을 예비하고 있었습니다. 그는 바로 존 칼빈 John Calvin 이었습니다. 칼빈이 영적 각성과 교회 개혁에 대한 소명을 갖게 된 것은 1533년이었습니다.[118] 그는 1536년 바젤에서 『기독교 강요』 초판을 출판하였는데,[119] 이 책은 많은 반향을 불러왔습니다. 그 후 1541년 제네바에서 본격적인 개혁활동에 들어가, 1559년 평생의 소원인 제네바 학당을 개관하였습니다. 칼빈의 개혁정신의 배후에는 현대 신심(Devotio Moderna, 데보티오 모데르나)[120]의 영향이 자리 잡고 있었습니다. 현대 신심의 창시자는 그루트 Geert Groote 이며, 대표적인 인물로 토마스 아 켐피스 Thomas a Kempis 가 있습니다.[121] 현대 신심은 14세기말 네덜란드에서 시작된 경건주의 운동으로, 북부 프랑스, 독일, 스페인과 이탈리아까지 파급되었습니다.[122] 현대 신심은 하나님과의 깊은 인격적 관계에 영성의 기초를 두었고, 그리스도의 생애와 수난에 대한 끊임없는 묵상을 강조하였으며, 교회의 전통적인 신앙의식들로부터 자양분을 얻었습니다.[123] 현대 신심 운동가들은 신비주의가 아닌 말씀묵상을 구심점으로 삼았으며, 신비주의자들이 쓴 저서들을 무시하였고, 보수주의적 경건을 추구하였습니다. 이들이

남긴 가장 고귀한 열매는 중세의 다른 어느 저서보다 널리 보급된 토마스 아 켐피스의 『그리스도를 본받아』라는 책이었습니다.[124] 그런데 이 책은 종교개혁 이후 루터의 영향 아래 교회 생활과는 거리가 멀게 취급되어 왔습니다. 반면 칼빈은 이 책의 내용들을 그리스도인의 중요한 덕목으로 삼았습니다.[125]

존 칼빈, 말씀은 두 가지 지식을 통해 하나님께로 인도한다

칼빈은 신앙의 핵심을 하나님에 관한 지식과 우리들 자신에 관한 지식으로 규정하였습니다. "우리의 지혜, 즉 참되고 건전한 지혜는 거의 대부분 하나님에 대한 지식과 우리 자신에 대한 지식으로 구성되어 있다."[126] 그런데 이것을 아는 유일한 길은 기록된 말씀을 통해서라고 했습니다. 말씀을 통해 우리 자신의 비참성을 보고, 나아가 하나님 아버지의 사랑을 받아들이는 것이 신앙의 핵심이라고 말한 것입니다.

> 율법은 하나의 거울이다. 우리가 거울을 통해서 우리 얼굴에 있는 흉터와 점을 보듯이, 우리는 율법을 통하여 우리 자신의 죄와 저주를 분별해 내고 명상한다. 바로 이와 같은 기록된 법(말씀)은 우리의 기억을 일깨우며 우리 안에서 자연법이 우리에게 충분히 가르쳐 주는 데 실패한 내용들을 정선하여 가르쳐 주는 것이다. 그러면 그 법으로부터 우리는 무엇을 해야 하는가? 하나님께서 창조주이시며, 우리의 주요 아버지이심을 배워야 한다. 우리의 영광, 존귀, 사랑은 오직 그분의 덕택에 불과한 것이다. 그런데 우리들 가운에 어느 누구도 이런 의무를 완수하지 않고 있기 때문에 우리는 모두 저주, 심판, 영원한 죽음을 받아야 한다.[127]

칼빈에 의하면 말씀묵상은 우리 자신에 관한 지식을 가져다줍니다. 즉, 자신이 저지른 죄악을 발견하게 하고(롬 3:20), 죄를 지을 수밖에 없는 자신의 비참성을 알게 합니다(롬 7:24). 나아가 그런 죄인이 그리스도의 보혈로 자신의 죄가 용서받은 것(히 9:12)과 그리스도의 죽음으로 비참한 죄인이 죽었음을 아는 것입니다(고후 5:14). 이렇게 그리스도는 자신의 죽음을 통해 죄인을 용납하고 의롭게 하여 궁극적으로 하나님께로 나아가게 합니다. 칼빈은 그리스도를 통하여 하나님과 관계를 갖게 되는 것을 믿음의 본질로 강조하였습니다.[128]

> 우리는 하나님께 우리를 인도해 달라고 요청해야 한다. 그 요청에는 진정한 회개가 동반되어야 한다. 우리는 그리스도 안에 나타난 하나님의 관대하심에 호소해야 한다. 아버지께 이르는 유일한 길이며 우리의 안내자이신 그리스도께서 우리를 영원한 복락으로 인도하실 것이다.[129]

칼빈은 이렇게 하나님의 말씀이 우리를 지도하실 때, 참 신앙을 가질 수 있다고 하였습니다.[130] 그러므로 신자들에게 첫 번째로 요구되는 것은 여호와의 율법을 즐거워하는 것입니다.[131] 말씀을 묵상하는 자는 기쁜 마음으로 말씀을 묵상하고, 말씀의 가르침을 받으며, 말씀 안에서 성장함을 최고의 가치와 즐거움으로 여기는 자입니다. 시편 1편 기자가 이야기하는 끊임없는 말씀묵상은 말씀에 대한 사랑에서 나옵니다.[132] 하나님을 사랑하고 말씀을 사랑하는 자만이 말씀을 지속적으로 묵상하고 연구하는 일에 헌신할 수 있는 것입니다.

청교도, 정시묵상과 수시묵상을 행하다

　유럽에서 종교개혁의 기운이 왕성할 때 영국에서는 국교회에 반발하여 순수한 신앙을 지키기 위한 청교도가 태동되었습니다. 청교도Puritan란 명칭은 1560년대 초기에 만들어졌는데, 이 말은 엘리자베스 여왕의 라오디게아적이고 타협적인 영국 국교회에 대한 신앙적 동기에서 나온 불만이라는 기본적인 암시 외에 까다롭고, 비판적이고, 자만하고 위선적이라는 것을 암시하는 야유와 비방의 표현이었습니다.[133] 청교도주의는 1524년 윌리엄 틴데일William Tyndale에게서 최초의 모습을 보였는데, 청교도주의의 두 가지 특징이 그에게서 보이기 시작하였습니다.[134] 첫째, 그는 일반인들도 성경을 읽을 수 있어야 한다는 불타는 소원을 갖고 있었으며, 둘째, 전통과 권위의 상징인 왕을 떠나 진리를 앞세운 것이었습니다.[135]

　청교도신앙은 하나님과 교제함이 그 중심을 이루고 있으며, 이것을 위해서는 성경이 가장 중요하였습니다. 청교도들은 말씀묵상을 통해 자기의 심령을 탐색하고 도전하고 죄를 미워하고 의를 사랑하는 감정을 분발시키고, 하나님의 약속들로 자신을 격려하고자 하였습니다.[136] 청교도에게 있어 묵상의 훈련은 하나님을 사랑하는 일에 끊임없이 열심을 내고 사모하도록 하기 위함이었습니다.[137] 이들은 두 종류의 묵상, 곧 수시묵상occasional meditation과 정시묵상set meditation을 실천하였습니다.[138] 전자는 일상의 삶을 영위하면서 수시로 가지는 묵상이고, 후자는 별도의 시간을 내어 보다 집중된 상태에서 수행되는 묵상이었습니다. 중요한 것은 날마다 시간을 정해 놓고 하는 정시묵상인데, 이는 사람들로부터 분리되어 정해진 시간에 은밀한 골방에 들어가 또는 홀로 걸으

면서 갖는 묵상을 말합니다.¹³⁹ 청교도들이 강조한 묵상의 유익을 열거해 보면 다음과 같습니다.¹⁴⁰

- 묵상은 삼위 하나님께 초점을 맞추도록 도움을 줌으로써, 삼위 하나님의 성품을 따라 지성적으로, 영적으로, 심미적으로 하나님을 사랑하고 즐거워하도록 이끈다(요일 4:8).
- 묵상은 경건한 진리에 대한 지식을 증진시키는 데 도움을 준다. 묵상은 '진리의 얼굴에서 수건을 제거한다'(잠 4:2).
- 묵상은 '지혜의 유모'인데, 그 이유는 지혜의 근본인 하나님에 대한 경외를 자라게 하기 때문이다(잠 1:8).
- 묵상은 우리의 온갖 영적 환난 속에서 약속의 하나님을, 우리의 온갖 외적 시련 속에서 섭리의 하나님을 신뢰하도록 도움을 줌으로써 우리의 믿음을 확대시킨다.
- 묵상은 회개와 삶의 개혁을 일으킨다(시 119:59; 겔 36:31).
- 묵상은 기억의 절친한 친구이다.
- 묵상은 우리 자신의 집보다 하나님의 집을 더 좋아하도록 만든다.
- 묵상은 영혼의 천에 성경을 수놓는다.
- 묵상은 믿음 안에서 인내하도록 도움을 준다.
- 묵상은 고통 속에 있을 때 구원을 제공한다(사 49:15-17; 히 12:5).
- 묵상은 하나님께서 자기 아들을 통해 우리에게 베푸신 온갖 복에 대해 더욱 감사하게 만든다.
- 묵상은 하나님을 영화롭게 한다(시 49:3).

청교도에게 있어 묵상의 유익을 정리하면 토마스 브룩스가 다음과 같이 말한 것과 같습니다.

> 묵상은 여러분의 영혼의 음식이다. 또 묵상은 영적 진리들을 소화시키는 진정한 위(胃)이자 참된 열(熱)이다… 가장 훌륭하고 가장 멋지고 가장 지혜롭고 가장 강한 그리스도인으로 판명될 수 있는 자는 가장 잘 읽는 자가 아니라 가장 잘 묵상하는 자이다.[141]

존 오웬, 말씀묵상의 본질은 하나님과의 인격적인 만남이다

존 오웬John Owen은 청교도 지도자이며 신학자요 목회자였습니다. 그의 신학에는 '말씀'과 '성령'이 불가분의 요소로 등장하고 있습니다.[142] 오웬에게 있어 진리의 말씀을 아는 것과 진리의 능력을 아는 것 사이에는 현격한 차이가 있습니다. 후자, 곧 진리의 능력을 아는 것은 성령의 역사가 있을 때만 가능합니다.[143] 그는 말씀과 성령을 동시에 강조하였습니다. 이로써 퀘이커 교도들과 같이 말씀의 규칙을 무시한 열광주의자들과 성령의 역사를 인정하지 않았던 소시니언들과 같은 합리주의자들을 모두 경계하였습니다.[144] 그런데 이렇게 말씀의 진리가 성령을 통해 역사하는 것은 말씀 안에서 하나님과 교제하는 규칙적인 말씀묵상을 실천할 때 가능합니다. 성령께서는 말씀묵상이라는 은혜의 수단을 통해서 효과적으로 일하십니다. 하지만 이러한 은혜의 수단, 즉 신앙의 규례들은 그 자체에 목적이 있는 것이 아니라, 이에 참여하는 자로 하여금 하나님과 관계를 갖게 하는 수단으로서 주어진 것입니다. 하나님과의 인격적인 만남을 제공해 주지 못하는 말씀묵상 규례는 의미가 없다는 것입니다. 그래서 말씀묵상의 규례는 하나님과 실제적인 만남이 이루어질 때 진정한 의미가 있습니다.

오웬은 '말씀과의 교제'를 강조하면서 단지 가끔씩 갖는 교제로는 너무 약하다고 지적하였습니다. 말씀의 교제, 즉 말씀 안에서 하나님과 교제하되 그것이 지속적으로 이루어져서 우리 안에 하나의 교제의 틀frame이 형성되도록 해야 한다고 하였습니다.¹⁴⁵ 오웬은 말씀묵상을 지속적으로 하는 사람의 최대 유익은 참 목자의 음성을 구분해 내는 것이라고 하였습니다.¹⁴⁶ 다시 말해서 말씀 안에서 주님과 지속적인 교제를 하는 사람은 진리와 비진리를 분별해 낼 수 있는 최고의 능력을 획득하게 된다는 것입니다. 하나님의 언약백성으로서 신자는 하나님이 기르시는 백성이며, 목자 되신 하나님의 손이 돌보시는 양입니다(시 95:7). 목자이신 하나님은 신자를 말씀으로 인도하시며, 양과 같은 신자는 그분이 '오늘' 말씀하시는 음성에 귀를 기울입니다(시 95:7). 매일의 말씀묵상은 하나님을 나의 하나님으로 고백하는 참된 신앙고백을 하게 합니다.

경건주의의 말씀묵상

경건주의Der Pietismus란 가톨릭교회와 개신교 간의 치열한 교권쟁탈 종교전쟁이던 30년 전쟁 이후, 17세기 후반부터 시작되어 18세기에 그 전성기를 이루었던 유럽 대륙에서의 개신교 종교갱신 운동을 말합니다.¹⁴⁷ 이 운동은 영국의 청교도주의와 같이 종교개혁 이후 가장 의미 있던 중요한 운동의 하나로 평가되고 있습니다.¹⁴⁸ 1555년은 종교개혁 시대가 끝나고 개신교 정통주의가 시작된 해입니다. 이 해에 아우구스부르크에서 제국회의가 열려 가톨릭교회와 개신교 루터파 교회에게 동

등한 권리가 주어졌습니다.[149] 그때부터 교리와 신조가 활발히 작성되기 시작하였습니다.

한편 독일 내 개신교 정통주의는 비록 성경을 기본으로 삼았으나, 경직되고 엄격하고, 지적 순응을 요구하는 고정된 교리적 해석체계를 취하게 되었습니다. 루터가 가르친 하나님과 신자 사이의 생동적 관계는 주로 교리 전체를 수용하는 데 필요한 신념으로 대치되었습니다. 그 결과 루터가 주창한 만인제사장으로서의 평신도의 역할은 매우 수동적이 되고 말았습니다. 하나님과의 직접적이고 생동적인 관계는 잃어버린 채 교리를 순전하다고 믿고 확신하는 것, 설교자의 강론을 경청하는 것, 성례전이나 교회 의식에 참가하는 것 등이 기독교인으로서 생활의 전부가 되었습니다. 물론 그 가운데에서도 진실하고 내적인 신앙생활을 하는 개인들도 있었겠지만, 일반적인 경향은 외적이고 교의적이고 형식적이었습니다. 이른바 '죽은 정통'이었던 것입니다.[150]

요한 아른트, 인간의 지복(至福)은 하나님과의 연합이다

신앙의 위기는 언제나 신앙의 갱신을 요청합니다. 당시 정통주의는 종교개혁자들이 보여 주었던 창조적이고 생명력 있는 신앙이 퇴락하고 형식적인 교리주의로 전락하게 되었습니다. 이와 같은 신앙 배경이 경건주의 운동을 낳게 되었습니다. 경건주의 운동은 요한 아른트Johann Arndt의 『진정한 기독교』에서 영향을 받은 필립 슈페너Philip Spener를 중심으로 일어났습니다.

아른트는 개신교 전통을 중심으로 하며 초대, 중세의 넓은 맥락에 접하면서 그 신비적, 수도원적 영성의 추구를 표방하였습니다. 특히 그는 루터의 개혁사상인 복음주의 전통에 서서 참된 회개와 십자가의 삶을 강조하였습니다.[151] 아른트는 사람의 최고의 복과 목표는 하나님과의 연합이라고 하였습니다.[152] 하나님과 연합의 근거는 그리스도 안에 거하는 것이며, 이를 위해서는 먼저 세상과 자기 자신에 대해 죽어야 한다고 했습니다(고후 5:14).[153] 우리를 대신하여 죽으신 그리스도와 함께 죽으면, 그리스도 안에서 살게 되며 영원한 생명으로 거듭납니다.[154] 영원한 생명을 가진 자는 하나님과의 사귐 안에서 하나님과 연합을 이룹니다(요일 1:3). 구체적으로 말씀과 묵상을 통해 하나님과의 연합이 이루어지는 것입니다. 하나님의 입으로부터 나오는 말씀은 하나님과 신자를 연합하게 합니다. "너희가 애굽에서 나올 때에 내가 너희와 언약한 말과 나의 영이 계속하여 너희 가운데에 머물러 있나니 너희는 두려워하지 말지어다"(학 2:5-6).

중보자 예수 그리스도께서 말씀으로 오신 것은 죄로 인해 하나님과 분리되었던 영혼과 마음을 다시 하나님과 연합하게 하고 하나로 묶는 것에 그 목적이 있습니다.[155] 묵상 또한 하나님과 하나 되게 하고 성령으로 충만하게 하는 연합의 길입니다. 묵상하는 자는 묵상을 통하여 하나님의 위엄을 사랑하며, 사랑의 능력을 통하여 그것에 연합되고 매인 바 됩니다.[156] 하나님과 연합 안에 거하는 것은 창조의 목적이며, 타락한 인간이 구원받은 목적입니다(마 1:23). 인간은 그리스도 안에서 하나님과 연합할 때 완전해지고 거룩해집니다(요 17:23). 이는 창세전 영원의 세계에 참여하는 것이므로 영원으로 잇대어지는 것입니다(요 17:5, 24).

그러므로 사랑하는 영혼아, 그대의 심령이 하나님의 처소가 되도록 자신을 예비하라(시 132:4-5). 그리고 이생에서 하나님과 연합하라. 참된 중생을 통하여 영혼이 몸을 떠나기 전에 없어질 이 세상에서 하나님과 연합한 자는 없어지지 않을 그 세상에서도 영원토록 하나님과 연합한 채로 거하게 되리니, 이는 하나님께서 택하신 자들과 성도 안에 거하시고 영원한 복과 보이지 않는 빛과 영광으로 그들을 충만케 하시기로 작정하셨음이라. 한마디로 하나님과 연합한 영혼은 그 몸을 떠나도 영원토록 하나님과 연합한 채로 남아 있으리라.[157]

필립 슈페너의 개혁, 초대교회 영생의 공동체로 돌아가다

슈페너는 아른트의 『진정한 기독교』에서 자극을 받아 경건주의의 기틀을 세웠습니다. 그는 1675년 발간한 책, 『경건한 소원』Pia Desideria에서 신자에게 경건생활을 고취시키기 위한 계획을 발표하였습니다.[158] 그가 제안한 개혁의 방편은 성경을 읽는 것과 서로 돌보고 돕기 위한 다양한 회중의 모임(교회 안의 작은 교회, ecclesiolae in ecclesia)을 조직하는 것이었습니다.[159] 그는 '성경을 읽고 묵상하는 작은 모임'이 신앙의 개혁과 교회의 갱신을 가능하게 한다고 믿었습니다. 중요한 것은 성경에 대한 설교나 신학이 아니라 먼저 신자들이 성경을 직접 읽는 것이었습니다. 슈페너는 이것이 바로 루터가 성경을 신자들에게 회복시킨 이유라고 생각하였습니다.

이러한 성경 읽기는 영적 모임을 통해 권장되고 육성될 수 있습니다. 그는 경건한 소모임이 바로 초대교회의 사도적 교회 모임을 재도입하는 것이라고 굳게 믿었습니다.[160] 그러나 경건한 소모임은 개신교 내에서 '분리주의자들'separatists이라는 비난을 받았습니다. 왜냐하면 이들은 교회의 예배 이외에 별도로 모여 성경과 영적 감화를 주는 신앙서적들을 읽고 연구하며, 영적인 노래들을 부르고 성경의 내용들을 묵상하였기 때문입니다. 그럼에도 불구하고 이들 경건한 소모임은 수많은 글들을 남겨 '교회 안의 작은 교회'로서 많은 사람들에게 종교적인 영향을 주었습니다.[161]

슈페너의 『경건한 소원』은 3부로 구성되어 있습니다. 그것은 교회의 상태를 진단하는 것, 영광스러운 교회를 예견하는 것, 그리고 교회개혁을 위해 처방하는 것으로 되어 있습니다. 그는 종교개혁 후 100년도 채 안되어 교회가 타락한 것은 참되고 살아 있는 믿음이 없어서라고 보았습니다. 또한 그는 정치 지도자의 결점으로 권력 남용을 들었고, 시민들의 결점으로 죄를 심각하게 생각하지 않는 것을 들었습니다. 특히 그는 성직자들의 결점을 강하게 지적하였는데, 성직자들 스스로 참되고 살아 있는 믿음을 알지 못하는 것이 교회 타락의 핵심 원인이라고 하였습니다. 그러나 그는 교회의 회복에 대한 소망을 저버리지 않았습니다. 그래서 2부에서는 초대교회의 상태를 지상교회가 회복해야 할 모범으로 제안합니다. 그리고 3부에서는 회복의 방안으로 '교회 내의 올바른 상태 회복'을 위한 여섯 가지 실천사항을 제시합니다. 그중 첫째가 하나님의 말씀을 풍성하게 하자는 것으로, 하나님의 말씀이 곧 교회 갱신의 핵심이라고 하였습니다. 그는 "하나님의 말씀을 등한히 여기는 데에서 참되고 진정한 신앙의 타락이 비롯된다."는 에라스무스 사르세리우스의 탄식에 영향을 받았습니다.[162] 하나님의 말씀은 교회 갱신을 위한 다른 5가지 사항을 모두 꿰뚫고 있는 기본 원리이기도 합니다.[163]

경건주의는 무엇보다도 하나님의 말씀에 중심을 두고 있는 갱신운동입니다. 물론 당시 정통주의 신앙 역시 말씀이 그 중심이었습니다. 어느 때보다 말씀이 풍성하였고 설교가 왕성하였고 교리와 신학 논쟁이 계속되었습니다. 그런데 슈페너가 갱신의 힘으로 제시한 말씀은 정통주의 신앙에서 말하는 것과 달리 '살아 움직이는 말씀'이었습니다. 슈페너는 그것을 성령이 역사하는 말씀이라고 하였습니다. "하나님의 말씀은 성령이 역사하시는 곳에서 점화됩니다."[164] 성령의 역사는 기록된 말씀과 분리되지 않습니다(요 14:16). 그러므로 슈페너는 말씀과 성령이 함께 역사하는 갱신운동을 강조했습니다. 또한 슈페너는 자신을 신비주의자라고 비난하는 주장에 반박하면서, 신비주의는 예수 그리스도를 증거하는 하나님의 말씀 없이 직접 하나님께 나아가려는 시도라고 정의하며 그것을 거부하였습니다.[165] 그에게 있어 참된 말씀은 성령이 더불어 역사하는 말씀입니다. 그리고 그 말씀은 살아 움직이는 말씀이라고 하였습니다.

경건주의 운동, 근대 기독교 영성의 초석이다

슈페너의 경건주의는 개신교 갱신운동 가운데 훗날까지 오랫동안 영향을 끼친 신앙운동입니다. 그는 말년에 니콜라스 진젠도르프 Nikolaus Zinzendorf가 세례 받을 때 대부가 되었으며, 이로써 모라비아 교회의 창시자가 되었던 이 사람과 개인적 관계를 맺었습니다.[166] 또한 진젠도르프와 존 웨슬리 John Wesley 사이에 관계가 맺어졌는데, 웨슬리는 감리교의 창시자로서 그리스도인의 완전에 관한 슈페너의 견해를 보다 발전시킨 인물이었습니다.[167] 또한 근대 선교운동은 아우구스트 헤르만 프랑케가 중심이었던 할레 경건주의에서 시작되었습니다.

경건주의는 영국과 미국에서 1730년대에 그리고 독일에서 1700년대 말에 시작된 각성운동의 발생에 크게 영향을 끼쳤습니다. 각성운동이라는 이러한 큰 흐름 안에서 오늘날까지 활동하고 있는 수많은 선교단체들과 성서공회들이 생겨난 것입니다.[168] 1738년 시작된 웨슬리의 감리교운동, 1734년에 시작된 조나단 에드워드의 각성운동에 직접적인 영향을 미쳤으며, 그에 이어지는 영어권 복음주의는 경건주의의 배경 없이는 제대로 이해할 수 없습니다.[169] 이로 보건대 독일 경건주의 운동은 근대 선교, 모라비안 운동, 웨슬리의 감리교운동, 미국의 대각성운동, 나아가 근대 자유주의의 슐라이어마허에게까지 영향을 끼치게 됩니다.[170]

한편 경건주의는 교회사와 신학사에서 많은 오해를 받아 오기도 하였습니다. 윌리스톤 워커Williston Walker는 경건주의에 대해 긍정적인 평가를 하면서도, 당시의 경건주의가 세상에 대해 과도하게 금욕적 태도를 취한 것, 경건주의자가 아닌 사람은 비신앙적이라는 식으로 편협하게 판단한 것, 신앙의 지적 요소를 무시한 것 등을 부정적 요소로 평가하고 있습니다.[171] 특히 20세기 들어 많은 신학자들은 '경건주의'라는 말을 바람직하지 못한 신학적 경향들을 공격하는 모욕적인 말로 사용하였습니다. 20세기 신학용어로서의 경건주의는 감정주의, 신비주의, 주관주의, 금욕주의, 정적주의, 신인협력주의, 천년왕국주의, 도덕주의, 율법주의, 분리주의, 개인주의 및 내세지향주의 등과 같이 부정적 의미로 취급되고 있습니다.[172]

경건주의가 비난의 표적이 된 것은 과격한 경건주의의 탓으로 봅니다. 칼 바르트는 경건주의가 교회, 신학, 신앙에서 객관적 요소를 등진 채 개인주의와 주관주의로 치우쳤고, 그것이 19세기 자유주의자들의 출현을 가져왔다는 점에서 혐오스럽게 대하였습니다.[173] 사실 바르트의 경건주의 비판은 변질된 '과격한 경건주의'를 겨냥한 것입니다. 과격하고 급진적인 경건주의자들은 제도권 교회를 무시하고 거기로부터 분리하고 이탈하여 신비주의, 열광주의, 환상과 영감 그리고 자의적 예언에 쉽게 빠져들었습니다.[174]

또한 경건주의의 영향을 받은 19세기 후반의 각성운동이 신자의 사회적 책임을 등한시하고, 신앙을 개인의 내면성으로 국한하는 현실 도피적 성향을 띠었다는 점에서 비판을 받습니다. 그러나 이것은 변질된 경건주의이며, 초기 경건주의가 추구한 신앙의 목표는 내면의 변화와 더불어 실천과 삶의 변화, 교회와 사회의 변화 등 현실 참여적이었습니다.[175]

한편, 경건주의 운동은 초기 한국 교회의 신앙 형성에도 영향을 끼쳤습니다. 19세기말 한국에 온 초기 선교사들은 대부분 경건주의에 기초한 복음주의의 운동권에서 온 사람들입니다. 민경배 교수는 한국에서 개신교가 성공한 직접적인 동기와, 한국 개신교의 초기 신앙 형태에 있어 이중적인 근거가 된 것이 경건주의와 복음주의라고 하였습니다.[176]

> 이 경건주의는 서구의 기독교 문명에서 과학이나 정치, 그리고 문화적 우월성이라는 생리를 제거하고, 또 다른 한편 종교적 열정도 제거해서 다만 순수한 복음의 삶만을 중추로 삼는 신앙이다. 그래서 세속과 종교의 분리를 당연하게 보거나, 아니면 세속에 무관하게 되는 생태를 가진다. 이런 의미에서 이것은 기독교 역사의 긴 전통에서 혈연을 끊는 듯한 획기적 전환을 가져온 것이다… 우리나라에 들어오게 되었던 최초의 선교사들의 배경이 바로 이것

이었다… 부흥회적 형태의, 감리교적 생태의 선교사들이라 할 수 있었다. 이 말은 긍정적인 공헌을 말하는 데도 할 수 있는 말이지만, 동시에 부정적인 면을 언급하는 데도 꼭 같이 불가피한 근거가 된다는 내력을 가지게 된다. 신학의 빈곤, 교회론의 약화, 사회 참여 부재의 영혼 구제, 정치 무관의 정숙주의, 합리성의 결여, 그리고 이원적인 신앙의 전제가 그것이다.[177]

민 교수는 경건주의와 복음주의의 부정적 측면, 즉 신학이 결여된 생활과 체험의 단순한 복음이라는 것이 원래 한국인의 종교성인 신비주의적인 정서에 호소하여 개신교가 성공했다는 점을 지적하고 있습니다. 이에 반해 지형은 목사는 한국 교회에 대한 경건주의의 긍정적인 영향으로 소그룹 성경공부와 삶의 변화, 그리고 선교의 열정을 들고 있습니다.[178]

한편으로 20세기 후반 들어 유럽에서는 경건주의 연구가 활발하게 이루어졌습니다. 이것이 미국으로 밀려들어왔고, 경건주의의 부정적 의미와 더불어 긍정적 평가들이 여러 신학자들을 통해 나타나고 있습니다.[179] 우리가 역사적 경건주의에 다시 주목하는 것은 당시의 경건주의를 그대로 반복하는 데 의미가 있는 것이 아니라, 그 시대에 그것이 가졌던 긍정적인 의미를 우리 시대에 창조적으로 재해석하고 발전시키는 데 있습니다. 필자는 경건주의가 태동된 상황이 지금 한국 교회의 상황과 유사한 점을 주목합니다. 더불어 경건주의가 추구했던 신앙의 목표, 즉 신자 개인이 말씀묵상을 통해 내면의 변화를 이루고, 세상의 현실 가운데에서 신앙적 책임을 다하는 실천적 영성은 경건주의가 우리에게 물려준 소중한 영적 유산이라고 할 수 있습니다.

7. 한국 교회의 말씀묵상

렉시오 디비나를 반영한 종교개혁자들의 영적 독서spiritual reading는 청교도 운동, 경건주의 운동에 이어 개신교 전반에 말씀 중심의 영성을 구축하게 되었습니다. 한국의 개신교는 선교 100년의 짧은 역사에도 불구하고 '경이적 성장'을 하였습니다. 그런데 한국 개신교의 성공은 초기 선교사들이 전파한 신앙이 샤머니즘, 불교, 유교, 한恨의 복합적 심성으로 형성된 한국의 전통적인 신비주의적 정서와 상통하였음을 부인할 수 없습니다. 한국 교회에 유입된 경건주의는 초기 경건주의 정신이 변질된 채 신앙과 세속의 분리를 당연히 보거나 세속과 무관한 신앙 태도가 주류를 이루었습니다. 또한 함께 유입된 복음주의는 초기 선교사들의 신앙 양태로, 신학이나 교회론이 빈약한 채 부흥회적 형태의 신앙을 띠었습니다. 한편 성경말씀은 초기 부흥운동의 견인차 역할을 하였는데, 1980년에 접어들어 교회의 정기적인 프로그램에서 성경공부가 50.1%에 달하였습니다.[180] 뿐만 아니라 교회마다 각종 제자훈련, 크로스웨이 및 베델 성경공부, 나아가 말씀묵상 운동이 활발히 전개되고 있습니다.

한편 한국 교회의 말씀묵상은 큐티QT로 개념화되어 있습니다. 큐티는 영국 캠브리지 대학에서 후퍼Hooper와 토튼Thorton을 비롯한 몇몇 학생이 시작했던 경건훈련 운동으로 그들은 세속화된 사회에서 거룩함을 유지하기 위해 하루 중 얼마를 성경 읽기와 기도로 보낼 것을 정하였습니다. 그들은 이것을 '경건의 시간'Quiet Time이라고 불렀습니다. 그들은 큐티를 통해 평생 하나님과 동행하며 하나님의 사역을 힘있게 감당해

나갔습니다. 후에 이들의 큐티를 여러 사람들이 사용하기 시작하였고 영적 능력이 나타나게 되었습니다. 이를 계기로 많은 선교사, 설교자, 사역자들이 영성을 위해 큐티를 실천하게 된 것입니다.[181] 한국 교회에서 큐티로 표현되는 말씀묵상은 성서유니온과 두란노서원, 그리고 예수전도단에 의해 뿌리내리게 되었습니다.

성서유니온의 말씀묵상

성서유니온 Scripture Union 은 영국에서 어린이 전도로 시작하여, 현재 전 세계 130여 개 나라에서 어린이와 청소년 그리고 그의 가정에 복음을 알게 하며, 성경 묵상 교재인 「매일 성경」을 보급하여 말씀과 기도로 하나님을 만나도록 돕는 목적을 가지고 설립된 선교단체입니다.[182] 한국 성서유니온은 1970년대 한국 교회가 강력한 성령의 역사를 체험하면서도 성경말씀을 통해 날마다 하나님과 교제를 갖는 인격적 경건의 기반을 갖지 못한 영적 공백 spiritual gap 이 있어서 그것을 채우는 사명으로 사역을 시작하였습니다.[183]

한국의 성서유니온에서 발행하는 큐티집 「매일성경」의 발행 부수는 대략 20만 부를 넘어서고 있으며, 하나님을 바르게 아는 묵상을 선도하고 있습니다.[184] 즉, 말씀을 통해 하나님의 성품과 경륜을 바로 알고 믿는 신본주의 신앙이 형성되도록 도우며, 나아가 말씀을 순종하고 실천하는 것을 역점으로 합니다. 이를 위해 전국적으로 묵상그룹을 인도하는 소그룹 인도자들을 세워 영적이고 신학적인 필요를 제공하고 있습니다.

성서유니온의 말씀묵상은 성경 읽기, 본문의 내용 대의 파악, 삼위 하나님에 대한 발견, 내게 주시는 교훈 등 4단계로 이루어집니다. 묵상의 목표는 하나님과의 친밀한 교제와 하나님의 주권에 대한 순종이며, 이것은 일시적인 신앙훈련의 초보과정을 넘어 평생 지속되어야 할 영적 여정spiritual journey으로 강조합니다. 성서유니온이 지향하는 말씀묵상은 관찰과 해석 단계에서 공히 적용을 이끌어 낼 것을 강조합니다. 이는 하나님의 말씀을 들은 자가 마땅히 드려야 할 응답response이며 순종이며 실천이기 때문입니다. 또한 말씀을 적용하는 과제는 성령의 감동에 의존합니다. 무엇보다 인위적인 적용은 하나님의 말씀을 실천적으로 왜곡할 수 있기 때문입니다. 그러므로 묵상이란 간소한 성경공부의 차원이 아니라 성령 안에서 하나님의 음성을 듣는 영적 수행이 되어야 함을 강조합니다. 따라서 바르고 깊이 있는 묵상을 추구하는 묵상사역자는 경건하고 학식 있는 성경 해석과 공동체 또는 관계망의 영적 돌봄을 지속적으로 제공받아야 합니다.

성서유니온의 말씀묵상은 신앙 전통의 맥락에서는 개혁주의 신앙에 기초합니다. 율법적이고 도식적인 큐티나 개인적인 적용에 머물지 않고, 하나님께서 구원자이면서 동시에 창조주 되심을 알아 가는 신앙의 성장을 추구합니다. 성경을 묵상함으로써 하나님의 뜻을 분별하고 삶 속에서 하나님의 인도를 받는 사람이 되게 하는 것을 목적으로 합니다. 나아가 성경의 언어가 자신의 언어가 됨으로써 성경적인 정신구조와 세계관이 체득된 말씀의 사역자를 낳기를 기대합니다. 이 같은 성경말씀의 묵상은 개인적 경건에서 출발하여 성경교사, 강해설교자, 크리스천 문인, 사상가들의 배출을 기대할 수 있게 합니다.[185]

 **두란노서원의 큐티운동**

두란노서원의 큐티는 설립자 하용조 목사의 영적 체험으로 시작되었습니다. 그가 영국에 머무를 때 복음주의자들이 새벽기도 대신 큐티를 하는 것을 보게 되었습니다. 그 후 큐티는 두란노서원을 통해 1985년부터 큐티집 「생명의 양식」을 발간하였고, 1987년 11월 현재의 이름인 「생명의 삶」으로 바뀌어 매월 발간하고 있습니다. 「생명의 삶」을 통한 말씀묵상은 대형교회의 배경과 문서선교의 기반을 통해 급속히 확장되었는데, 현재 큐티집 「생명의 삶」은 매월 21만 부(영문 living life 2만부 포함)를 발행하고 있습니다. 두란노서원의 큐티운동은 천만 그리스도인들이 말씀묵상을 통해서 개인의 경건을 준행하는 목표로 추진되며, 이와 병행하여 소그룹 모임을 통해 더 풍성한 말씀의 은혜를 누리는 데 주안점을 두고 있습니다.

두란노서원의 큐티는 기도, 찬양, 정독, 묵상, 적용, 나눔 등 5가지 단계로 이루어집니다.[186] 큐티를 시작하는 기도는 성령님께서 나에게 하시는 말씀을 듣고 깨닫는 것을 내용으로 합니다. 둘째 단계로 찬양은 마음의 문을 여는 요소입니다. 셋째 단계로 정독은 기도하는 마음으로 말씀을 읽는 것이며, 말씀 앞에 머물러 하나님의 현존과 하나님의 사랑을 느끼는 것입니다. 이때 성령은 각 개인에게 해야 할 일과 하나님의 계획을 알려 주신다고 합니다. 넷째 단계인 묵상은 깨달은 말씀이 자신의 내면으로 퍼져나가는 과정입니다. 이 과정에서 어떤 말씀이 내게 직접 주시는 말씀인지, 그것이 나만의 개인적 상황과 관련되는 말씀인지를 살피게 됩니다. 다섯째 단계로서 적용은 깨달은 말씀을 순종하기 위해 '내가 어떻게 변해야 하는가' 하는 방법을 찾는 과정입니다. 적용은 개인적Personal이어야 하고, 실제적Practical이어야 하고, 실천 가능Possible해야 합니다.

특히 두란노서원의 큐티는 다른 어떤 요소보다 적용을 강조합니다. 즉, 하나님과 친밀한 교제를 통하여 말씀을 개인의 삶에서 적용하는 것에 큐티의 초점을 맞추고 있습니다. 하 목사는 큐티의 적용이 큐티의 백미임을 강조하며 다음과 같이 말했습니다. "적용 없는 큐티는 열매 없는 나무와 같습니다… 묵상한 말씀을 당신의 성격에 적용하십시오. 오늘 하루의 삶에 적용하십시오. 인간관계에 적용하십시오. 내 삶의 목표에 적용하십시오."[187] 마지막 여섯 번째 단계는 나눔입니다. 큐티의 나눔은 개인적인 영역과 공동체 영역에서 이루어집니다. 개인적인 영역에서는 큐티하는 마음으로 하루를 사는 것, 말씀으로 변화된 삶, 받은 은혜를 나누는 것, 그리고 사역자가 되는 것입니다. 공동체 내에서의 나눔은 자신이 큐티한 것을 다른 사람과 더불어 나누는 것입니다. 나눔의 내용은 새롭게 깨달은 것과 변화된 삶의 부분입니다.

한편, 하 목사는 큐티의 지상주의를 경계합니다. 즉, 하나님과의 생동감이 사라진 가운데 수행되는 큐티는 기계적이 될 수 있다고 하면서 프로그램을 계속하는 것보다 하나님과의 관계를 더 중시합니다.[188] 두란노서원의 말씀묵상은 개인의 경건이 실제 생활에 반영되는 데 선한 유익을 끼치고 있습니다. 다만 큐티에 있어 실생활의 적용을 강조하는 점에서 말씀의 상황화를 야기할 수 있다는 점이 지적됩니다. 즉, 말씀을 통해 하나님을 존재로 만나는 깊은 사귐이 배제될 우려가 있다는 점에서 성찰의 여지가 있는 것입니다.

 예수전도단의 말씀묵상

예수전도단Youth With A Mission은 예수 그리스도께 헌신된 모든 세대들을 일으켜 온 열방에 복음을 효과적으로 전할 수 있도록 훈련시키며, 파송하는 것을 목적으로 하는 국제적이며 초교파적인 선교단체입니다.[189] 예수전도단의 사역은 훈련, 구제, 전도 및 선교로 구성되어 있으며, 모든 사역에 있어 성경을 절대적 기준으로 받아들입니다. 특히 하나님의 말씀은 모든 사역의 중심축에 자리 잡고 있습니다.

예수전도단의 말씀묵상은 준비, 듣기, 만남, 응답의 네 단계로 이루어집니다.[190] 준비단계는 그리스도의 초대를 받은 손님으로서 잔칫상에 그와 함께 있다는 것을 기억하고, 묵상의 방해물을 내려놓거나, 죄를 자백하고, 하나님의 임재 안으로 들어갈 준비를 합니다. 예수전도단의 묵상사역자인 서승동 목사는 준비의 단계에서 중요한 것으로 영혼을 정결하게 하는 회개를 듭니다.[191] 더불어 예수께서 새벽 미명에 사역했던 장소를 떠났듯이 자기가 머물던 자리에서 물러나 머물 곳을 만들어야 한다고 말합니다.[192] 둘째, 듣기 단계는 하나님의 음성을 개인적으로 듣는 것입니다. 한국예수전도단 설립자인 오대원에 의하면 묵상의 목적은 새로운 지식이나 사상을 얻는 것이 아니라, 하나님께서 무슨 말씀을 하시는지 듣는 것입니다. 셋째, 만남의 단계는 말씀을 사건으로 관찰하여 하나님과의 인격적인 교제로 나아갑니다. 여기서 관찰과 묵상이 연이어 일어나는데, 관찰이 사건 현장에 대한 인격적 반응이었다면 그 사건 속에 계시는 하나님과 인격적인 교제를 나누는 것을 묵상으로의 전환이라고 볼 수 있습니다.[193] 관찰과 묵상의 구체적인 실례는 성경 본문 속에서 하나님과 그 사건을 가지고 대화하는 방식을 취합니다.

하나님과의 만남은 궁극적으로 하나님의 얼굴을 구하는 것이며, 묵상하는 자는 하나님이 원하시는 방법으로 나타나기를 구합니다. 즉, 하나님께서 말씀 속에서 자신을 드러내시고, 묵상하는 자는 하나님을 만나는 것입니다. 넷째, 응답의 단계는 묵상을 완성하는 단계로서 하나님이 말씀해 주셨음을 감사하고, 묵상하는 자는 생각나는 대로 기도를 드립니다. 이때 묵상한 말씀으로 기도하는 것을 경험하게 되고, 그것이 능력이 됩니다.

한편 예수전도단의 말씀묵상은 하나님의 음성 듣기와 병행하여 수행됩니다. 예수전도단의 창설자인 로랜 커닝햄은 하나님의 음성을 듣는 것을 매우 강조합니다. 그는 성경에 기록된 말씀을 초월하여 하나님께서 직접 말씀하신다고 말합니다. 구약성경에서 하나님께서 모세나 욥에게 직접 말씀하셨듯이, 신약성경에서도 사도 요한에게 직접 말씀하셨듯이, 오늘 우리에게도 하나님께서 직접 말씀하신다는 것입니다.[194] 그런데 그가 주장하는 하나님의 직접계시는 신학적으로 논란을 불러 일으킵니다. 이와 관련하여 현대 개신교의 보편적인 신앙지침인 웨스트민스터 신앙고백서는 제1조에 성경이 아닌, 직접계시가 중단되었음을 선언합니다.

> … 주님은 여러 시대에, 그리고 여러 방식으로 자신을 계시하시고, 자기의 교회에 자신의 뜻을 선포하시기를 기뻐하셨으며… 그런데 하나님께서는 자기 백성에게 자신의 뜻을 직접 계시해 주시던 과거의 방식들을 이제는 중단하셨다.[195]

이러한 신앙고백을 통해 볼 때 커닝햄이 강조하는 하나님의 음성 듣기는 기독교의 역사성과 진리성에서 일탈한 개인적인 영적 체험의 영역으로 간주되고 있습니다.

이 세 가지 외에도 한국 교회 전체에 발행되는 큐티지가 30여 종이 될 만큼 한국 교회는 큐티를 통한 말씀묵상 운동이 갈수록 확장되는 추세에 있습니다. 한국 교회의 말씀묵상 사역은 교회의 내적 성숙과 성도들의 영적 필요를 채우는 데 현저한 기여를 해 왔습니다. 무엇보다 평신도가 하나님의 말씀을 직접 읽고 묵상하고 적용함으로써 개인의 경건과 공동체의 경건에 기여한 바가 매우 크다고 할 수 있습니다. 하지만 성찰의 여지도 뚜렷합니다. 그 가운데 가장 중요한 것은 말씀묵상이 하나님을 실제적으로 만나는 영성으로 승화되지 못한 점입니다. 곧 말씀묵상을 통해 하나님을 존재로 만나지 못하게 되면 구약의 이스라엘 백성처럼 말씀이 개인적 경건의 도구에 그칠 뿐이라는 사실입니다.

말씀묵상의 본질은 적용이 아니라 하나님과의 사귐에 있습니다. 곧 하나님과 그 아들 예수 그리스도와 더불어 가지는 영원한 생명의 교제인 것입니다. 필자는 한국 교회에서 말씀묵상이 기여한 점을 긍정적으로 평가하면서, 온전한 말씀묵상으로서 영생의 교제를 제안하며, 이것을 통해 기독교 영성의 실제를 실현하고자 합니다.

the Joy of the Word from Heaven

3장
말씀묵상의 요소

말씀묵상은 구원을 현재에서 누리게 하는 은혜의 방편입니다. 매일의 말씀묵상은 구원의 중심 사건인 십자가를 경험하게 합니다. 말씀은 하나님의 빛이 되어 우리의 숨은 죄악과 그로 인한 존재의 비참함을 드러냅니다. 그리하여 십자가의 구속의 은혜를 힘입게 하는데, 이로써 십자가 사건이 현재의 사건이 되게 합니다. 존 오웬은 하나님과 교제에 있어 하나님이 십자가에서 이루신 구속의 사건을 경험하는 것이 우리 영혼이 경험하는 가장 달콤한 은혜라고 하였습니다.

3장. 말씀묵상의 요소

신구약성경은 복음이며 복음의 목적은 영원한 생명을 드러내는 데 있습니다(딤후 1:10). 그리고 영원한 생명의 본질은 하나님과의 사귐에 있습니다. 말씀묵상은 하나님과 사귐으로 실천되는 영성의 실제입니다. 곧 말씀을 통해 하나님과 영원한 생명의 교제에 참여하는 것입니다. 그런데 말씀묵상을 통해 하나님과 교제하는 것은 신학적 배경이 취약한 일반 신자들에게는 제한적인 영역으로 간주되고 있습니다. 본 장에서는 하나님과 사귐에 이르는 말씀묵상의 요소를 성경과 신학적 연구, 필자의 사상과 사역 경험을 아우르면서 살펴보았습니다. 이것을 통해 하나님과의 영원한 생명의 사귐을 파악하게 됩니다.

1. 그리스도 중심성

예수 그리스도는 구약성경을 가리켜 자신을 증거한다고 말씀하셨습니다. "너희가 성경에서 영생을 얻는 줄 생각하고 성경을 연구하거니와 이 성경이 곧 내게 대하여 증언하는 것이니라"(요 5:39). 또한 예수 그리스도는 신약성경의 증거를 구약성경의 완성이라고 말씀하십니다. "내가 율법이나 선지자를 폐하러 온 줄로 생각하지 말라. 폐하러 온 것이 아니요 완전하게 하려 함이라"(마 5:17). 이와 같이 신구약성경의 본질은 그리스도를 증거하는 데 있습니다. 바로 이 점에서 말씀을 묵상하는 자가 가장 중시해야 할 요소는 바로 그리스도 중심성입니다. 이는 모든 성경이 그리스도를 증거한다는 점과 그 목적이 하나님의 구원사를 성취하는 것으로 파악할 수 있습니다. "또 어려서부터 성경을 알았나니 성경은 능히 너로 하여금 그리스도 예수 안에 있는 믿음으로 말미암아 구원에 이르는 지혜가 있게 하느니라"(딤후 3:15).

그리스도의 모형론적 해석

신약성경은 그리스도에 대한 직접증거로서 그리스도의 구속 사건이 성취된 것을 내용으로 하고 있습니다. 이에 반해 구약성경은 그리스도에 대한 간접적인 증거이며, 그 해석은 모형론적 해석과 그리스도 중심 해석으로 나누어집니다. 그래서 신약성경의 기자들은 예수 그리스도를 통한 구원을 구약성경의 성취로 보았습니다.

그리스도의 모형론적 해석이란 구약성경의 인물이나 사건이 그리스도를 예표한다는 것입니다. 모세는 하나님께서 자기와 같은 선지자를 보내실 것을 미리 증거하였습니다. "네 하나님 여호와께서 너희 가운데 네 형제 중에서 너를 위하여 나와 같은 선지자 하나를 일으키시리니 너희는 그의 말을 들을지니라"(신 18:15). 그리고 신약시대 베드로는 이 말씀이 그리스도의 사건으로 성취되었음을 선포합니다. "또 주께서 너희를 위하여 예정하신 그리스도 곧 예수를 보내시리니 하나님이 영원 전부터 거룩한 선지자들의 입을 통하여 말씀하신 바 만물을 회복하실 때까지는 하늘이 마땅히 그를 받아 두리라. 모세가 말하되 주 하나님이 너희를 위하여 너희 형제 가운데서 나 같은 선지자 하나를 세울 것이니 너희가 무엇이든지 그의 모든 말을 들을 것이라. 누구든지 그 선지자의 말을 듣지 아니하는 자는 백성 중에서 멸망 받으리라 하였고"(행 3:20-23).

또한 구약성경에 나오는 특정한 사건은 오실 그리스도에 대한 예표가 됩니다. 그중 하나가 예수 그리스도의 탄생에 대한 것입니다. "이 모든 일이 된 것은 주께서 선지자로 하신 말씀을 이루려 하심이니 이르시되 보라 처녀가 잉태하여 아들을 낳을 것이요 그의 이름은 임마누엘이라 하리라 하셨으니 이를 번역한즉 하나님이 우리와 함께 계시다 함이라"(마 1:22-23).

마태복음에서는 이사야 선지자가 예언한 말씀이 성취되었음을 진술하고 있습니다. 한편 이사야 선지자는 처녀의 몸에서 아들이 태어날 것을 다음과 같이 증거하였습니다. "그러므로 주께서 친히 징조를 너희에게 주실 것이라. 보라 처녀가 잉태하여 아들을 낳을 것이요 그의 이름을 임마누엘이라 하리라"(사 7:14). 이 말씀은 기원전 8세기경 남유다의 아하스 왕이 북이스라엘과 아람의 침공을 받았을 때 임한 하나님의 말씀입니다. 하나님은 전쟁의 위기를 만난 아하스 왕에게 징조를 구하라고 명령하셨습니다(사 7:11). 그런데 아하스는 징조를 구하지 않았습니다. 그리하여 사람을 괴롭히고 하나님을 괴롭힌 것입니다(사 7:13). 이에 주께서 친히 징조를 주시는데, 그 징조는 처녀가 잉태하여 아들을 낳는 것입니다. 그리고 그의 이름을 임마누엘이라 할 것인데, 그 아이가 선악을 알

때가 되면 유다를 침공한 두 왕의 땅이 황폐한다는 것입니다(사 7:16).

이 말씀의 직접적인 의미는 이사야 선지자의 아내가 아들을 낳을 것이고 그 아들이 장성할 때에 유다를 침공한 두 나라가 멸망한다는 것입니다. 본래 처녀를 뜻하는 히브리어는 '베틀라'인데, 여기서 처녀로 번역된 히브리어는 '알마'로서 주로 결혼한 젊은 여자를 묘사합니다. 그러므로 이사야가 예언한 말씀은 두 나라가 멸망함으로써 이미 성취되었습니다(B.C. 735-715). 그런데 신약성경 기자는 이 사건을 그리스도의 탄생으로 재해석하고 있습니다. 물론 전후 문맥도 고려하지 않은 채 모형론적 해석을 하고 있습니다. 이러한 경향은 신약성경 기자들이 자유롭게 사용하는 구약 인용 방식이기도 합니다. 그러나 이러한 방식은 구약성경이 그리스도를 증거하는 모형임을 반영하고 있습니다.

그리스도 중심의 해석

또한 구약성경은 그리스도 중심으로 해석됩니다. 구약성경의 대부분의 진술은 그리스도를 직접 예표하지 않습니다. 다만 이스라엘을 통한 구원사의 과정을 전체적으로 묘사하고 있습니다. 그럼에도 불구하고 구약성경은 그리스도를 증거하는데 이는 그리스도께서 완성하신 구원의 관점에서 구약성경을 해석하는 것입니다. 이를 가리켜 바울 사도는, 구약성경은 그리스도 안에서 그 수건이 벗겨진다고 하였습니다. "그러나 그들의 마음이 완고하여 오늘까지도 구약을 읽을 때에 그 수건이 벗겨지지 아니하고 있으니 그 수건은 그리스도 안에서 없어질 것이라"(고후 3:14). 이 말씀은 구약성경은 그 자체로는 미완의 그림자와 같다는 것을 의미합니다. 신약의 계시와 신약 내의 그리스도의 계시가 이

미완의 그림을 완성시키며, 이제 우리는 구약의 모든 부분들을 이 완성된 그림에 비추어서 볼 수 있어야 합니다.[196]

바울은 하나님께서 아브라함에게 주신 복을 그리스도 중심으로 해석합니다. 그것은 그리스도께서 성취한 구원의 관점에서 아브라함의 복을 해석한 것입니다. 그에 따르면 하나님께서 아브라함에게 약속하신 복은 그리스도가 성취한 복음입니다. "또 하나님이 이방을 믿음으로 말미암아 의로 정하실 것을 성경이 미리 알고 먼저 아브라함에게 복음을 전하되 모든 이방인이 너로 말미암아 복을 받으리라 하였느니라"(갈 3:8). 그것은 예수 그리스도를 믿음으로 말미암아 하나님의 아들들이 되는 복입니다. "너희가 다 믿음으로 말미암아 그리스도 예수 안에서 하나님의 아들이 되었으니"(갈 3:26).

이외에도 구약성경에 나타난 하나님의 이름과 성품, 그리고 활동하심은 신약성경에서는 그리스도를 중심으로 해석합니다. 시편 23편 1절 "여호와는 나의 목자시니 내가 부족함이 없으리로다."라는 말씀에서 목자 되신 여호와는 선한 목자 되신 그리스도가 됩니다(요 10:11). 그리고 시편 27편 1절 "여호와는 나의 빛이요 나의 구원이시니"라는 말씀에서 빛 되신 여호와는 세상의 빛으로 오신 그리스도로 해석합니다(요 8:12).

구약성경에 나오는 믿음의 사람들 역시 그리스도 중심으로 해석합니다. 랍비들의 성경 해석에 있어서 미드라쉬 방식은 구약성경의 문자나 인물들에 대하여 자의적인 의미를 부여하고 거기로부터 역사적 교훈을 이끌어 냅니다. 그리하여 그들의 삶과 신앙을 본받도록 가르칩니다. 이것은 마치 오늘날 '인물별 성경 연구' 형태와 같습니다. 그런데 이 같은 가르침은 그리스도 중심의 해석에서 벗어난 것으로 진부한 방식입니다. 이에 대해 오리게네스는 "유다인들이 이해하는 성경의 문자가 사람을 죽이고, 성경을 그리스도 중심으로 해석하는 영(정신)은 사람을 살린다."(고후 3:6)라고 하였습니다.[197] 히브리서 11장에 나오는 믿음의 선진들은 그들이 믿고 예표한 예수 그리스도를 증거하였습니다. 따라서 우리는 구약의 특정한 인물이 아니라 그들이 가리키고 있는 예수 그리스도만을 본받고 따라야 합니다(롬 8:29). 예수께서도 아벨(마 23:35)부터 시작하여 아브라함(요 8:56, 58), 다윗(막 12:35-37), 엘리야(눅 4:25-26), 요나 이야기(마 12:39-41)를 말씀하실 때에 단순히 그들의 삶을 통해 교훈을 받으라는 미드라쉬 방식을 따르지 않으셨습니다. 오히려 그들의 삶이 그리스도에 대한 증언의 의미가 있기 때문에 말씀하신 것입니다.[198]

모든 성경은 그리스도를 증거하며, 그 해석은 그리스도가 중심이 되어야 합니다. 그것은 그리스도 모형론적 해석과 그리스도 중심의 해석입니다. 물론 이외에도 종말론적 해석, 영적 해석, 구원론 해석 등의 방식이 있습니다. 그러나 말씀묵상의 본질이 그리스도를 통해 하나님을 만나는 데 있기 때문에 말씀묵상을 위한 성경 해석은 그리스도 중심성이 그 핵심입니다.

그리스도, 계시의 중심이다

한편 칼 바르트에 의하면 하나님의 말씀에는 세 종류가 있습니다. 그것은 선포되는 말씀으로서 '설교', 기록되어진 말씀으로서 '성경', 그리고 계시되어진 말씀 혹은 성육신 된 말씀으로서 '예수 그리스도'가 있습니다.[199] 설교는 인간의 말을 통해 지금 일어나는 하나님의 현재적 계시입니다. 그리고 성경은 단지 인간의 기록이 아니라 하나님이 그 안에서 말하시는 '하나님의 말씀'입니다. 그것은 단지 옛날의 기록이 아니라 하나님께서 그 안에서 지금 말씀하시는 '현재적 사건'입니다. 또한 예수 그리스도는 하나님의 계시되어진 말씀 혹은 성육신 된 말씀입니다. 그러므로 예수 그리스도 안에서 계시된 혹은 성육신 된 말씀이 성경과 설교의 궁극적 근거가 됩니다. 말씀묵상이 그리스도를 중심으로 실천되어야 함은 그리스도가 계시의 중심이기 때문입니다.

2. 십자가 중심성

종교와 이데올로기는 각각 자체의 가시적인 상징을 가지고 있습니다. 이 상징은 그 종교나 이데올로기의 중심 사상을 드러내 보여 주는 것입니다. 십자가는 기독교 신앙의 상징sign이자 기독교 교회의 상징이며, 예수 그리스도 안에 있는 계시의 상징입니다.[200] 예수 그리스도께서는 자신의 십자가 죽음을 가리켜 하나님의 영광을 드러내는 죽음이라고 말씀하셨습니다(요 12:28). 종교개혁자 마르틴 루터는 십자가 신학을 거짓된 신학인 영광의 신학과 대조하였습니다. '오직 믿음'sola fide, '오직 하나님의 영광'soli deo gloria을 위한 종교개혁의 전 투쟁은 단지 십자가의 바른 해석을 위한 투쟁이었던 것입니다. 종교개혁 정신에 따르면, 십자가를 바르게 이해하는 사람은 성경을 바르게 이해하는 자이며, 예수 그리스도를 바르게 이해하는 자입니다.[201]

십자가, 영생을 주시다

예수 그리스도는 십자가에서 죽으셨습니다. 율법은 하나님께서 저주한 자를 나무에 달려 죽게 하였습니다(신 21:23). 율법에 의하면, 그리스도는 하나님의 저주를 받아 죽은 것입니다. 그런데 사실은 모든 사람이 율법에 의하여 하나님께 저주를 받아 죽어야 하는 존재입니다(갈 3:10). 예수 그리스도께서 율법이 저주한 십자가에서 죽으신 것은 모든 사람을 대신하여 저주를 받아 죽으신 것입니다(고후 5:14; 갈 3:13). 이로써 그를 믿는 자를 율법의 저주에서 구원하신 것입니다. 십자가는 구원의 사건이며, 우리의 구원이 성취되는 결정적인 구속행위입니다.[202]

말씀묵상은 영원한 생명을 통한 하나님과의 사귐입니다. 이것은 사도 요한이 정의한 대로, 유일하신 참 하나님과 그가 보내신 자 예수 그리스도를 아는 것입니다(요 17:3). 영원한 생명은 그리스도의 십자가를 통해서 주어집니다. "모세가 광야에서 뱀을 든 것 같이 인자도 들려야 하리니 이는 그를 믿는 자마다 영생을 얻게 하려 하심이니라"(요 3:14-15). 또한 예수 그리스도는 자신이 들리게 될 때 모든 사람을 자신에게로 이끌겠다고 하셨습니다(요 12:32). 그러므로 그리스도와 연합하여 십자가에서 그와 함께 죽은 자는 영생을 얻는 구원을 얻습니다. 요한신학에 있어 영원한 생명이란 예수 그리스도에 의해 매개된 구원과 동의어입니다.[203] 구원은 과거의 사건으로 고착되는 것이 아니라 두렵고 떨림으로 영생의 삶을 살아가는 현재의 과정입니다(빌 2:12).

말씀묵상, 하나님의 관심사 구속의 역사에 초점을 맞추다

말씀묵상은 구원을 현재에서 누리게 하는 은혜의 방편입니다. 특히 매일의 말씀묵상은 구원의 중심 사건인 십자가를 경험하게 합니다. 말씀은 하나님의 빛이 되어 우리의 숨은 죄악과 그로 인한 존재의 비참함을 드러냅니다. 그리하여 십자가의 구속의 은혜를 힘입게 하는데, 이로써 십자가 사건이 현재의 사건이 되게 합니다. 존 오웬은 하나님과의 교제에 있어 하나님께서 십자가에서 이루신 구속의 사건을 경험하는 것이 우리 영혼에서 경험하는 가장 달콤한 은혜라고 하며 다음과 같이 말했습니다.

> 만일 그리스도가 내 영혼의 언약관계에 있는 하나님이라는 사실로 인해 내 영혼이 감각이나 달콤함을 경험하지 못한다면 그리스도가 하나님이라고 논쟁하는 것이 내게 무엇이 나을 것이 있겠는가? 만일 나의 불신앙으로 인해 하나님의 진노가 내 위에 임하고, 내 존재가 그리스도 안에 있는 하나님의 의가 되었음을 경험하지 않는다면, 그리고 내가 하나님 앞에 섰을 때 나의 죄가 그리스도에게 전가되고 그분의 의가 내게 전가되었다는 탁월함을 발견하지 못한다면, 그리스도의 속죄로 하나님을 만족시켰다는 진리를 입증해 내는 것이 대체 무슨 유익이 있다는 말인가?… 만일 우리가 하나님 앞에서와 그분과 교제함에 있어서 이와 같은 진리들의 필요성과 탁월함을 계속적으로 맛보지 못한다면, 성경적 교리를 부인하는 이들 앞에서 우리가 가진 위대한 복음의 진리가 더 나은 것이라고 생각하지 말자.[204]

오웬은 하나님과 교제하는 말씀묵상은 십자가의 중심에 서야 함을 강조하였습니다. 즉, 말씀묵상을 통해서 얻는 감각, 달콤함, 능력은 묵상하는 자의 관심사를 충족시키는 데 있지 않으며, 그리스도의 신성, 만족을 통한 속죄, 의의 전가, 불가항력적 은혜 등 구속의 은혜로부터 온다는 것입니다. 이 점에서 말씀묵상의 핵심은 인간의 관심사에 초점을 맞추는 것이 아니라, 하나님께서 행하신 일에 초점을 맞추는 데 있습니다. 곧 한 인간의 삶 속에 어떤 일이 일어나는가 하는 것보다 '구속의 역사'historia salutis 속에서 하나님께서 은혜로 어떤 놀라운 일을 이루셨는가 하는 것이 관심의 대상이 되는 것입니다.[205]

오늘날 말씀묵상에 있어서 보편적으로 강조되는 것은 말씀의 적용입니다. 말씀의 적용은 구체적인 삶의 현실 속에서 하나님의 뜻을 실천하려는 선한 의도를 가지고 있습니다. 곧 예수 그리스도의 성육신적인 삶을 살아 내는 올바른 지침으로서의 의미를 가집니다. 그러나 말씀의 적용이 묵상하는 개인의 삶에 지나치게 초점을 맞추고 있게 되면 말씀을 왜곡하는 오류를 범하게 됩니다. 하나님과의 만남과 사귐의 목적에서 이탈하게 되는 것입니다. 하나님과의 절절한 대면과 사귐은 말씀을 통해 자신의 비참성을 깨닫고 하나님의 구속의 역사를 현재의 사건으로 경험하는 것입니다. 그런데 적용의 차원에 머무르면 말씀을 통해 자신의 죄악이 드러나지도 않고, 또한 존재의 비참성도 드러나지 않으며 따라서 하나님의 구속의 사건은 극히 피상적인 사건이 되고 맙니다.

십자가 중심성, 하늘의 기쁨이 임하다

만일 말씀을 통해 자신의 죄악을 보지 않은 채 개인적 삶의 적용에 치우치면 결국 하나님 중심의 신앙을 벗어나 자기중심적인 신앙으로 도치될 우려가 있습니다. 말씀묵상이 십자가의 중심성을 상실하면, 하나님의 말씀은 인간의 지성, 감정, 의지에 의해 좌우되는 자의식의 말씀으로 전락하고 마는 것입니다. 그리하여 말씀은 인간의 필요와 욕구 또는 인간의 소원과 목적을 이루는 수단이 되고 맙니다.

역대하 18장에 나오는 북이스라엘의 아합 왕은 말씀의 목적을 인간적 관심사에 둔 왕이었습니다. 그는 남유다의 여호사밧 왕과 연합하여 길르앗 라못을 공격하고자 합니다. 이때 왕궁 선지자들은 아합의 관심사, 즉 전쟁에서 승리할 것을 예언해 주었습니다. 하지만 미가야 선지자는 그가 전쟁에서 죽을 것이라고 예언합니다. 말씀 앞의 유혹은 아합 왕처럼 말씀을 통해 자신의 요구, 관심사를 응답받고자 하는 것에 있습니다. 인간은 언제나 자신의 일에 관심을 가집니다. 그러나 하나님은 하나님 자신의 일에 관심을 가지십니다. 인간의 일은 땅의 일이며, 하나님의 일은 인간이 할 수 없는 일, 사망에서 생명으로, 죄의 부패와 오염에서 정결함으로, 생명과 진리, 구원과 거룩, 하나님의 나라가 임하게 하는 일입니다. 그리고 그 중심은 십자가에 있습니다. 십자가는 하나님과의 사귐으로 인도하는 유일한 관문이며(히 10:19), 그 사귐을 통해 하나님으로부터 오는 영적 기쁨을 맛보는 핵심 요소입니다.

3. 말씀의 형태와 의미

말씀의 삼중적 형태

말씀묵상은 기록된 말씀, 곧 성경을 그 대상으로 합니다. 칼 바르트는 하나님의 말씀을 선포된 말씀, 기록된 말씀, 계시된 말씀 등 삼중적 형태로 보았습니다. 선포된 말씀은 하나님께 복종하는 인간에게 위탁된 말씀으로 현실에서 선포되는 말씀입니다.[206] 기록된 말씀은 예언자와 사도들에 의해 문서로 기록된 말씀으로써 예수 그리스도에 관한 말씀과 증언, 선포와 설교입니다. 성경의 기록자들은 '하나님이 우리와 함께 계시다'는 임마누엘을 갈망했고 대망했고 희망했으며, 드디어 예수 그리스도 안에서 그것을 보았고 들었고 손으로 만져 본 것을 증언하였습니다.207 모든 성경은 하나님의 감동으로 하나님의 사람에 의해 기록되었습니다. "모든 성경은 하나님의 감동으로 된 것으로 교훈과 책망과 바르게 함과 의로 교육하기에 유익하니"(딤후 3:16). "예언은 언제든지 사람의 뜻으로 낸 것이 아니요 오직 성령의 감동하심을 받은 사람들이 하나님께 받아 말한 것임이라"(벧후 1:21). 기록된 말씀은 하나님께서 예언자들과 사도들에게 성령으로 영감을 주어 자신의 행위와 그 뜻을 해석하게 하신 말씀입니다. 그래서 기록된 말씀은 과거에 알려진 계시라고 할 수 있습니다. 그리고 그 계시의 목적은 죄인의 구속을 통하여 자기가 영광을 받으시기 위하여 그분의 뜻과 구원의 길을 인간에게 알리시는 데 있습니다.208 성경이 하나님의 말씀이라는 명제는 신자의 신앙고백이며, 성경적인 인간의 말에서 하나님의 말씀하심을 듣는 신앙의 명제입니다.

계시된 말씀은 기록된 말씀이 하나님의 말씀이 되는 것으로 과거에 일어난 계시를 증언하고 현재의 계시를 증언하며 미래의 계시를 약속합니다.209 바르트가 말한 삼중적 형태로서의 하나님의 말씀은 그것을 계시로 이해하든 성경으로 이해하든 선포로서 이해하든 분리되지 않으며 하나의 동일한 말씀입니다. 그에 의하면 성경은 이미 계시가 확정된 하나님의 말씀입니다. 여기서 계시는 한 시점에서 끝나지 않으며 성령의 감동을 통해 현재에도 계시됩니다.

한편 구약성경에서 '하나님의 말씀'을 뜻하는 히브리어 '다바르'는 힘 혹은 행위를 뜻합니다.210 곧 하나님의 말씀은 존재로서 활동하시는 실체입니다. 그런데 기록된 말씀은 성령의 조명을 통해 현재의 말씀이 됩니다(요 16:13; 요일 2:27). 기록된 말씀이 성령으로 조명되면, 말씀은 하나님 자신이 되어 존재로서의 말씀이 되는 것입니다(살전 2:13; 벧전 1:23). 이로써 말씀은 다시 삼중적 형태를 띠게 됩니다.

하나님의 현현(God-manifest)으로서의 말씀

한편 폴 틸리히는 말씀을 여섯 가지 형태로 분류했습니다.[211]

첫째, 말씀은 존재의 근거 자체 안에 있는 신적 자기 현현의 원리입니다. "태초에 말씀(로고스)이 계시니라. 이 말씀이 하나님과 함께 계셨으니 이 말씀은 곧 하나님이시니라"(요 1:1). 사도 요한은 말씀이 태초(영원)의 존재의 근거이며 그 안에 있는 하나님의 현현이라고 선포하였습니다. 여기서 존재의 근거는 모든 형식이 그 안에서 사라지는 심연일 뿐만 아니라 또한 모든 형식이 그로부터 나오는 근원을 의미합니다. 곧 존재의 근거는 로고스적인 성격을 가집니다.

둘째, 말씀은 창조의 매개체입니다. "태초에 하나님이 천지를 창조하시니라"(창 1:1). 말씀을 통한 창조는 신플라톤주의가 제시한 유출의 과정과 달리 창조의 자유와 피조물의 자유, 이 모두를 상징적으로 지시하고 있습니다. 따라서 존재의 근거가 나타나는 현현은 영적인 것이지 기계적인 것이 아닙니다. 천지를 창조하신 하나님의 말씀(히, 다바르)은 신의 부분, 유출, 혹은 그 실제 이상이며 그것은 하나님의 현현 양식인 것입니다.[212]

셋째, 말씀은 계시의 역사에 나타난 신적인 삶의 현현을 의미합니다. 곧 말씀은 계시의 상관관계 안에 있는 모든 사람들이 받아들이는 말입니다. 구약성경은 주로 이스라엘 백성이(신 6:4-6), 신약성경은 영적

이스라엘 백성된 모든 신자가 역사 속에서 나타난 신적 행동을 하나님의 말씀으로 받아들입니다(딤후 3:16-17). 비록 말씀의 매개체가 인간이라고 할지라도 하나님이 상관하는 사람들에게 전달되며, 그 말씀은 사람들이 받아들일 수 있도록 로고스적인(합리적인) 성격을 가집니다.

넷째, 말씀은 그리스도로서의 예수의 이름입니다. "말씀이 육신이 되어 우리 가운데 거하시매 우리가 그의 영광을 보니 아버지의 독생자의 영광이요 은혜와 진리가 충만하더라"(요 1:14). 말씀은 그리스도의 존재이며, 그의 말과 행동은 그의 존재에 대한 표현입니다.

다섯째, 말씀은 궁극적 계시의 문서와 그의 특별한 준비인 성경의 형태를 가지고 있습니다. "예언은 언제든지 사람의 뜻으로 낸 것이 아니요 오직 성령의 감동하심을 받은 사람들이 하나님께 받아 말한 것임이라"(벧후 1:21). 그렇다고 모든 성경이 하나님의 말씀이라고 일컬어진다면 거의 피할 수 없는 신학적 혼란에 부딪히게 됩니다. 축자영감설, 성경무오론, 성경 본문에 대한 맹목적 적용이라는 결과를 낳게 되는 것입니다. 성경은 다음과 같은 두 가지 의미에서 하나님의 말씀입니다. 먼저 성경은 궁극적인 계시의 문서입니다. 다음으로 성경은 궁극적인 계시에 참여하고 있는 문서입니다.

여섯째, 말씀은 설교와 교육을 통해서 선포된 교회의 메시지입니다. 그런데 교회의 메시지(설교) 안에 신적인 현현이 없다면 그것은 인간의 말에 불과합니다. 인간의 말들은 말씀이 될 수도 있고 되지 않을 수도 있습니다. 말씀은 전하는 자와 듣는 자의 상호 연관 속에 있는 양쪽 모두에게 의존합니다. 그리고 설교자든 청중이든 누구라도 인간의 말이 말씀이 되게 하는 '배열'을 구성하지 못합니다. 그래서 신학적으로 옳은 말을 하고 있어도 단지 인간의 말을 할 수 있고, 그의 명제가 신학적으로 옳지 못할지라도 말씀을 말할 수 있습니다. 인간의 말이 하나님의 말씀이 되는 것은 계시적인 배열을 주도하는 성령에 의해서 이루어집니다. 성령은 설교자가 약하고 두려워하고 심히 떠는 경외심을 가질 때 역사합니다(고전 2:3-4). 그리고 말씀을 듣는 자가 말씀 앞에 겸비하며(사 66:2), 그 말씀을 믿음으로 받아들일 때 역사합니다(살전 2:13). 이와 같은 다양한 말씀의 형태는 '하나님의 현현'God manifest이라는 하나의 의미 속에서 모두 결합될 수 있습니다.213

하나님의 말씀은 말씀묵상의 핵심적 요소입니다. 바르트에 의하면 말씀묵상의 대상으로서 하나님의 말씀은 계시가 확정된 기록된 말씀입니다. 즉, 기록된 말씀이 묵상을 통해 선포된 말씀이 되는 것이며, 선포된 말씀이 성령으로 조명되어 현재에 계시된 말씀이 됩니다. 이 말씀은 존재로서의 말씀, 곧 하나님 자신을 계시하는 말씀입니다. 궁극적으로 하나님의 말씀의 본성은 하나님 자신의 존재인 것입니다(요 1:1).

또한 틸리히에 따르면 말씀은 '하나님의 현현'입니다. 그래서 말씀묵상은 단순히 말씀 자체를 대상으로 하지 않으며, 말씀을 통해서 하나님의 '나타나심'(현현) 앞에 서는 것이며, 이때 말씀은 하나님의 존재 자체가 됩니다. 여기서 하나님의 존재로서의 말씀은 살아 있고 운동력 있는 하나님의 실재입니다(히 4:12). 이 말씀은 혼과 영과 관절과 골수를 쪼개며 마음의 생각과 뜻을 감찰합니다(히 4:13). 그러므로 살아 있는 말씀은 하나님의 현존이며, 동시에 활동하시는 말씀입니다. 그래서 하나님께서 자신의 목적을 위해 일하시는 것입니다. 이 점에서 하나님의 말씀은 다른 종교의 경전처럼 정적인 고정체가 아니라 살아계신 하나님 자신입니다. 하나님의 말씀은 공중의 소리가 아니며, 그 말씀에 담겨 있는 하나님의 목적을 반드시 이루게 됩니다(사 55:11).

심판의 말씀, 하나님의 보좌로 이끌다

살아 있고 운동력 있는 말씀은 혼과 영을 찌르고, 육체의 현존(관절과 골수)을 가릅니다. 이는 하나님의 말씀이 혼과 영, 그리고 육체의 내밀한 곳까지 찌를 수 있다는 것을 의미합니다. 곧 혼과 영을 찌름과 관절과 골수 분리의 쌍개념은 이어지는 내용을 수사학적으로 설명합니다.[214] 여기서 혼과 영, 관절과 골수는 삶과 실존의 본래적인 자리가 아니라 단순히 마음을 뜻합니다. 그래서 하나님의 말씀은 우리의 마음과 생각과 뜻을 감찰하는 것입니다. '감찰하다'의 헬라어 '크리티코스' κριτικος는 '심판하다'라는 의미를 가집니다.[215] 그러므로 히브리서 4장 12절의 말씀은 마음의 의도와 생각을 심판하는 하나님의 말씀이 됩니다.[216]

하나님의 말씀 앞에서 심판을 피할 자는 아무도 없습니다. 하나님의 말씀은 우리의 존재와 삶, 그리고 모든 행위에 대해 심판을 청구합니다. 그래서 하나님의 말씀은 신자를 두렵게 하고 떨게 합니다. 곧 하나님의 말씀은 거룩하신 하나님을 체험하는 것입니다. 그것은 하나님의 현존 앞에서 느끼는 두렵고 떨리는 체험, 피조물을 태워 버리고 멸절시키는 권능으로서의 체험, 인간의 허무·무력·죄성의 체험, 그리고 인간은 절대자 앞에서 한줌의 흙이요 재에 불과하다는 체험인 것입니다. 그런데 이렇게 심판의 말씀 앞에서 두려워하고 떠는 자에게 대제사장 그리스도께서 함께해 주십니다(히 4:14). 그분은 죄가 없으시나 모든 일에 우리와 똑같이 시험을 받으신 자이십니다. 그분은 하나님의 말씀 앞에서 적나라하게 드러난 우리의 죄악과 연약함을 잘 알고 계십니다(히 4:15). 우리가 붙들 것은 죄악되고 연약한 우리 자신이 아니라, 대제사장 그리스도뿐입니다(히 4:14). 그때 그를 통하여 하나님의 보좌 앞에 담대하게 나아갑니다. 그곳에서 우리는 때를 따라 돕는 은혜를 받습니다(히 4:16).

루터는 베드로전서 주석(벧전 1:23-25)에서 "그 말씀은 하나님의 능력이다. 그렇다. 말씀은 하나님 자신이다."라고 말했습니다.[217] 말씀묵상은 하나님의 현존 앞에 서는 실제이며(행 10:33; 히 4:12; 벧전 1:23-25), 하나님의 심판 앞에 서는 것입니다. 하나님의 공의로운 심판을 인정하고 받아들이는 자는 오직 긍휼을 구합니다. 그때 하나님은 무한한 사랑으로 그를 용납하시며, 용납 받은 그는 담대함으로 은혜의 보좌로 나아가게 됩니다(히 4:16). 이와 같이 말씀묵상은 계시되어 기록된 말씀이 성령의 조명을 통해 살아 있는 존재로서의 말씀이 됩니다. 계시와 기록, 존재로서의 말씀은 삼중적인 형태의 말씀으로서 살아 있는 하나님을 만나는 영적 실재입니다. 말씀묵상을 통해 우리가 궁극적으로 도달해야 할 자리는 하나님의 은혜의 보좌입니다.

4. 말씀과 해석

말씀묵상은 성경 연구와 성경 해석의 영역을 내포합니다. 성경 연구는 성경을 사료로 하여 그 안에 직접적으로 또는 암시적으로 언급된 역사적 사항들을 연구하거나 성경 문서의 성립과 관련된 인물들 및 시대적 사정들을 규명하는 작업이라고 할 수 있습니다. 반면 성경 해석은 성경의 본문을 어떤 의미 있는 내용이 담겨 있는 그릇으로 취급하여 그 속에서부터 그것이 전달하고자 하는 본래의 의미를 끌어내는 작업이라고 할 수 있습니다.[218] 종교개혁 이전에는 기록된 말씀을 현재의 말씀으로 해석하는 권리가 교회로 한정되었습니다. 그러나 종교개혁은 성경의 해석 권한이 교회로 한정된 것이 잘못이었음을 밝혀 내고, 모든 그리스도인이 만인제사장으로서 개인적으로 성경을 연구하며 해석할 특권을 가지고 있다는 사실을 밝히 드러냈습니다. 그 근거는 다음과 같습니다. 첫째, 성경의 근거입니다(요 5:39; 갈 1:8-9). 둘째, 하나님은 모든 사람으로 하여금 그 자신의 믿음과 행위에 대해 책임을 지게 하신다는 사실입니다. 셋째, 성경은 주로 교회 내의 직분자에게만 주어진 것이 아니라 교회를 구성하는 모든 사람들에게도 주어진 또 하나의 사실이라는 것입니다.[219]

루터의 종교개혁이 기여한 만인제사장직은 개인적으로 말씀을 묵상하고 연구하고 해석하여 하나님과 직접교제에 이르게 된 데 참된 의미가 있습니다. 그렇다고 해서 성경 해석의 자유를 방종과 혼동해서는 안 됩니다. 성경은 보편적 성경 해석의 원리에 의해, 그리고 성령의 감동으로 기록된 책이므로 성령의 조명에 의해 해석되어야 하는 것입니다. 존 칼빈은 종교개혁자들 중 가장 위대한 성경의 해석가로 인정받습니다. 그는 말씀 해석에 있어 가장 주의할 것은 성경 저자로 하여금 그가 말하는 것을 말하게 하고 우리가 생각하는 것을 그가 말하게 하지 말아야 한다고 말하였습니다.[220]

 ### 해석의 구조

하나님은 최초의 성경 기록자(성경 저자)에게 말씀하셨습니다. 하나님은 말씀의 '원천'Source이시며, 최초의 성경 기록자는 말씀의 '수신자'입니다Receptor. 하나님의 말씀이 성령의 감동을 통해 수신자에게 전달되면 '메시지'Message가 됩니다. 이것은 'S1 → M1 → R1'의 구도로 설정할 수 있습니다. 'S1'은 말씀의 원천이며, 'R1'은 최초의 기록자이며, 'M1'은 기록된 말씀의 내용인 것입니다. 그리고 우리는 기록된 말씀인 'M1'을 가지고 있습니다. 그런데 우리가 기록된 말씀을 대하면 그 말씀은 'S2'라고 할 수 있습니다. 그리고 기록된 말씀을 성령의 조명으로 깨닫게 되면, 우리는 말씀을 받은 자로서 'R2'가 됩니다. 그때 말씀은 우리에게 메시지가 되는데, 이것을 가리켜 'M2'(현재의 말씀)라고 할 수 있습니다. 그래서 우리가 기록된 말을 성령의 조명을 통해서 받으면 'S2 → M2 → R2'의 구도가 됩니다.

그런데 만일 성경이 기록된 최초의 구도에서 'M1'Message만 가져오게 되면 말씀의 근원인 'S1'과 최초의 수신자인 'R1'은 제외되고 맙니다. 그렇게 되면 기록된 말씀을 성령으로 조명 받아 깨닫는 'S2 → M2 → R2'의 구도는 무의미해지고, 임의대로 해석하는 'M1'이 오늘 우리가 받는 하나님의 말씀, 곧 'M2'가 되고 마는 것입니다. 이것은 성령으로 기록된 성경의 본래 의미를 상실한 것이며, 메시지만을 가져와 그것을 오용하고 남용하는 결과를 낳게 됩니다.

 ### 주의 종의 집이 영원히 복을 받게 하옵소서?(삼하 7:29)

이제 그 몇 가지 사례를 살펴보겠습니다. 첫째, 사무엘하 7장 29

절 "주의 종의 집이 영원히 복을 받게 하옵소서."라는 말씀을 봅니다. 여기에서 말씀의 원천(S1)이신 하나님은 다윗의 계보를 통해서 구원자로서 하나님의 아들이 오실 것을 말씀하셨습니다. 그리고 말씀의 최초 수신자(R1) 다윗은 오실 그리스도를 미리 알고 믿은 선지자입니다(행 2:30-31). 그러므로 여기서 그가 말한 복은 결코 현세적 복이 아닙니다. 그런데 말씀의 원천과 최초 수신자를 모두 무시하고, 메시지 자체만을 가져오면 현세적인 복으로 간주되고 맙니다. 그래서 가정이나 사업장에서 현세적인 복을 구하면서 이 말씀을 걸어두곤 합니다.

네 시작은 미약하였으나 네 나중은 심히 창대하리라?(욥 8:7)

또한 욥기 8장 7절 "네 시작은 미약하였으나 네 나중은 심히 창대하리라."라는 말씀을 살펴봅니다. 이 말씀은 의로운 욥이 고난당할 때 그의 친구 빌닷이 욥에게 충고하는 말입니다. 여기서 말씀의 원천(S1)은 하나님이 아니라 보상신앙을 주장하고 있는 빌닷입니다. 하나님은 후에 그의 말이 옳지 못하다고 판정하셨습니다(욥 42:7). 그리고 이 말의 최초 수신자(R1)는 고난 중에 있는 욥입니다. 그런데 만일 말씀의 원천이나 최초 수신자와 상관없이 "시작은 미약하나 나중은 창대하다."는 메시지(M1)가 좋다고 하여 인용하면 무지한 소치가 아닐 수 없습니다. 하나님께서 하신 말씀도 아니고 더욱이 하나님이 옳지 못하다고 하신 인간의 말을 보란 듯이 사업장에 걸어놓고 현세적인 형통을 구하는 어리석은 행태가 되고 맙니다.

3장. 말씀묵상의 요소

믿음은 바라는 것들의 실상이요 보지 못하는 것들의 증거니?(히 11:1)

그리고 자주 왜곡되는 말씀으로 히브리서 11장 1절 "믿음은 바라는 것들의 실상이요 보이지 않는 것들의 증거니."라는 말씀이 있습니다. 이 말씀은 구약시대 믿음의 선조들이 오실 그리스도를 마치 보는 것처럼 믿어 의롭게 되었다는 구속사적 언약에 대한 말씀입니다. 그러나 많은 사람들은 여기 나오는 '바라는 것'을 자기가 원하는 현세적 소원으로 대체하여 그것을 위하여 맹신하는 말씀으로 오용하고 있습니다. 자기가 원하는 것을 바라고 꿈을 꾸고 말로 시인하면 이루어진다는 주술적 구호로 생각하는 것입니다.

너는 내게 부르짖으라… 크고 은밀한 일을 보이리라?

또한 예레미야 33장 1~3절 말씀도 해석의 원리를 벗어나 자주 오용되는 구절입니다. "예레미야가 아직 시위대 뜰에 갇혀 있을 때에 여호와의 말씀이 그에게 두 번째로 임하니라. 이르시되 일을 행하시는 여호와, 그것을 만들며 성취하시는 여호와, 그의 이름을 여호와라 하는 이가 이와 같이 이르시도다. 너는 내게 부르짖으라. 내가 네게 응답하겠고 네가 알지 못하는 크고 은밀한 일을 네게 보이리라." 이 말씀은 하나님께서 시위대 뜰에 갇힌 예레미야에게 두 번째 하신 말씀입니다. 첫 번째 하신 말씀은 멸망이 임박한 이스라엘의 땅을 사라는 것입니다 (렘 32:1-14). 하나님께서 그에게 고향 아나돗의 밭을 사라고 하신 것은 이스라엘이 바벨론 포로가 된 후 다시 돌아오게 하실 것이라는 보증입니다(렘 32:15, 44). 그리고 여전히 시위대 뜰에 갇혀 있는 예레미야에게 두 번째 말씀이 임합니다. 하나님께서는 먼저 일을 행하시고 그것을 성취하시는 자신의 이름과 성품을 드러내십니다(2절). 그리고 예레미야로 하여금 부르짖으라고 명하십니다. 그리하면 하나님께서 예레미야가 알지 못하는 크고 은밀한 일을 보이시겠다고 하십니다.

모든 성경은 성령의 감동하심을 받은 사람들이 하나님께 받아 말한 것입니다(벧후 1:21). 여기서 해석의 원리는 말씀의 원천(S1)으로서 하나님과 말씀을 받은 최초 수신자로서 예레미야(R1)에게 있습니다. 만일 이것을 배제하고 인간의 뜻에 의하여 사사롭게 풀게 되면 이 구절은 기도 응답의 전용어구가 되고 맙니다. 즉, 무엇이나 원하는 대로 부르짖으면 그것이 무엇이든지 크고 은밀하게 응답을 해 주신다는 말씀으로 오용되는 것입니다. 하나님께서 예레미야에게 약속하신 말씀, 곧 '크고 은밀한 일'은 누구에게나 무엇이든지 해 주시겠다는 말씀이 결코 아닙니다. 이 말씀은 시위대 뜰에 갇힌 예레미야에게 하신 말씀이며, 예레미야 33장 전체의 맥락에서 해석됩니다. 그것은 다름 아닌 이스라엘에 대한 심판과 구원에 대한 말씀입니다.

하나님께서 예레미야를 통해 이스라엘에게 명하신 심판, 곧 이스라엘이 바벨론에 의해 멸망당할 것이라는 말씀은 돌이킬 수 없는 말씀입니다. 설령 이스라엘이 바벨론에게 대항하여도 그것은 무위로 돌아가고 예루살렘 성은 시체로 채워질 것입니다(5절). 하나님은 그 성을 향해 얼굴을 가리실 것입니다. 그럼에도 불구하고 하나님은 이 성읍을 치료하실 것이며, 백성들의 죄악을 사하시고 평화와 번영을 누리게 해 주실 것입니다(6-8절). 하나님이 회복시키시면 황폐하여 사람도 없고 주민도 없고 짐승도 없던 유다 성읍들과 예루살렘 거리에 즐거워하는 소리, 신랑의 소리, 신부의 소리와 및 하나님께 감사하는 소리가 들릴 것입니다(10-11절).

그러면 하나님께서 예레미야에게 보여 주신 크고 은밀한 일은 과연 무엇입니까? 그것은 예레미야 33장 31~34절에서 이미 약속하신 새 언약의 성취가 이루어진다는 말씀입니다. 이 새 언약은 하나님께서 이스라엘 집과 유다 집에 대하여 일러준 말인데, 그것이 성취될 날이 이른다는 것입니다(렘 33:14). 그리고 그 성취는 하나님의 정하신 날 다윗에게서 나오는 공의로운 가지를 통해서입니다(15절). 곧 장차 오실 하나님의 아들을 통하여 새 언약이 성취된다는 것입니다. 이것이 바로 하나님이 예레미야에게 약속하신 크고 은밀한 일입니다. "그 날 그때에 내가 다윗에게서 한 공의로운 가지가 나게 하리니 그가 이 땅에 정의와 공의를 실행할 것이라. 그 날에 유다가 구원을 받겠고 예루살렘이 안전히 살 것이며 이 성은 여호와는 우리의 의라는 이름을 얻으리라"(렘 33:15-16). 그러므로 예레미야가 보았던 크고 은밀한 일은 장차 오셔서 구원을 완성하실 다윗의 후손 예수 그리스도에 대한 비전입니다. 이는 그리스도의 영으로 말미암아 선지자들에게 계시된 하나님의 아들입니다(롬 1:2; 벧전 1:10-11). 이제 이 일은 성취되었습니다. 그러므로 예수 그리스도를 믿어 구원에 이른 자에게는 더 이상 크고 은밀한 일이 없습니다. 크고 은밀한 일은 예수 그리스도의 구원이기 때문입니다(골 1:27). 하나님의 아들의 죽음을 믿어 영생을 얻는 자는 이미 크고 은밀한 일이 성취된 자인 것입니다. 그런데 본 구절(렘 33:1~3)에 대한 해석의 원리를 배제하고 인간의 뜻으로 사사롭게 풀면 얼마든지 기도 응답의 전용구로 오용되는 것입니다.

"말씀을 도둑질하는 자를 치리라"
이처럼 말씀묵상에 있어 해석의 원리는 매우 중요한 요소입니다.

해석의 원리를 배제하면 말씀은 언제든지 개인의 희망과 신념을 강화하는 성취를 위한 주문呪文으로 오용될 수밖에 없습니다. 또한 자기 신념을 설득하는 증거자료로 사용하게 되기도 합니다. 만일 말씀을 묵상하면서 말씀의 원천과 말씀의 의도, 최초 기록자를 무시하고 자기 마음에 드는 말씀만을 붙잡는 것은 전형적으로 말씀을 왜곡하는 것입니다. 예레미야 선지자는 이것을 가리켜 말씀을 도둑질하는 죄악으로 규정하면서 하나님의 무서운 심판을 경고합니다. "여호와의 말씀이라. 그러므로 보라 서로 내 말을 도둑질하는 선지자들을 내가 치리라. 여호와의 말씀이니라. 보라 그들이 혀를 놀려 여호와가 말씀하셨다 하는 선지자들을 내가 치리라"(렘 23:30-31). 하나님은 말씀을 임의로 붙잡는 자가 아니라 말씀 앞에서 통회하며 두렵고 떠는 자를 돌보아 주십니다(사 66:2).

5. 말씀과 상황

 과거적 상황과 영원한 진리 사이에서

말씀묵상은 하나님의 말씀을 묵상하는 자의 상황에 받아들이는 형태를 취합니다. 그러므로 말씀묵상은 '영원한 진리'로서 성경과 영원한 진리가 받아들여지는 '시간적 상황'이라는 두 요소를 결합시킵니다. 그러나 말씀묵상은 실제로 인간에 의해 수행되는 제한성과 불완전성으로 말미암아 진리와 상황 사이에서 완전한 결합이라는 이상을 충족시키지 못합니다. 즉, 진리의 요구와 상황의 요구를 동시에 충족시키지 못하는 한계성으로 인해 난관에 부딪히게 됩니다. 그로 인해 진리의 요소를 희생시킬 수 있으며, 또는 상황의 요구에 귀를 기울이지 못하는 모호한 결과를 초래하게 됩니다.

　근본주의 신앙은 하나님의 말씀을 과거의 상황으로부터 말하기 때문에 현재의 상황과 접촉할 수 없는 한계를 드러냅니다.[221] 즉, 유한하고 일시적인 성경시대의 상황을 무한한 것으로 또는 영원히 타당한 것으로 고양시킵니다. 그 결과 말씀을 대하는 경외심과 정직성을 파괴하고, 지성적인 신자들의 양심을 분열시키며, 이들이 희미하게 의식하고 있는 진리의 요소를 강제로 억압함으로써 광신적 신자를 양산하는 경향을 가지게 됩니다. 이와 같은 근본주의 신앙의 태도는 한국 교회에도 적잖은 영향력을 끼치고 있으며, 말씀묵상에 있어 말씀을 왜곡하는 오류를 범하고 있습니다.

두려워하지 말라 내가 너와 함께 하리라?(사 41:10)

　예컨대, 이사야 41장 10절 말씀은 근본주의 신앙을 가진 이들이 자주 오해하는 말씀입니다. "두려워하지 말라. 내가 너와 함께함이라. 놀라지 말라. 나는 네 하나님이 됨이라. 내가 너를 굳세게 하리라. 참으로 너를 도와주리라. 참으로 나의 의로운 오른손으로 너를 붙들리라." 이 말씀은 하나님께서 이사야 선지자를 통해 주신 말씀으로, 하나님의 공의로운 심판을 받아들여 바벨론 포로로 사로잡혀간 이스라엘 백성들에게 주신 약속의 말씀입니다. 하나님은 죄를 범하여 심판을 받아 바벨론 포로가 된 백성들에게 소망을 말씀하십니다. 하나님은 언약에 신실하셔서 흩어진 이스라엘 백성들을 모으실 것이며 심판의 과정에도 함께 하실 것이기에 그로 인해 낙심하지 말고 심판의 과정을 견디라는 말씀을 하고 계십니다. 그런데 이 말씀을 근본주의 신앙의 입장에서 과거적 상황으로 받아들이면, 신자가 처한 어떤 상태이든지 하나님이 그와 함께하시며 그를 도우신다는 위로의 말씀으로 받아들이게 됩니다. 극단적으로는 불안에 처하거나 위험에 처했을 때 자기 암시로 사용하는 것으로 오용되기까지 합니다. 이러한 태도는 하나님의 말씀을 임의적이고 실용적으로 이용하는 결과를 낳아 맹목적 신앙을 부추기게 됩니다.

　말씀묵상에서 적용되는 상황은 '상태로서의 상황'이 아니라 '해석된 상황'입니다. 만일 말씀을 '상태로서의 상황'으로 받아들이게 되면 성경에 나오는 모든 사건, 기적, 은사들을 자기 상황에 자의적으로 적용하려고 시도하게 됩니다. 예컨대, 예수님께서 귀신을 쫓아냈으면 우리도 쫓아내야 하고, 베드로가 믿음으로 물 위를 걸었으면 우리도 믿음으로 걸어야 하고, 초대교회에서 방언을 했으면 우리도 방언을 해야 한다는 식입니다. 심지어 이것을 가리켜 '말씀이 역사한다', '말씀을 적용한다', '말씀을 붙든다'라고 억지 주장을 하며 급기야 믿음이 좋은 것으로 여기기도 합니다.

과거적 상황이 아닌 해석된 상황으로

　말씀묵상에 있어 말씀을 받아들이는 상황은 과거적 상황이 아니라 '새로운 상황'이며, 상태로서의 상황이 아니라 '해석된 상황'입니다. 영원한 진리를 받아들이는 상황은 개인이나 집단의 심리학적인 또는 사회학적인 상태를 의미하지 않으며 실존에 대한 창조적 해석인 것입니다.[222] 여기서 말하는 '실존에 대한 창조적 해석'은 하나님에 의해 해석된 실존적 상황입니다. 상기한 이사야 41장 10절 말씀을 해석된 상황으로 받아들이면, 이 말씀을 받는 자는 하나님의 공의의 심판을 받아들인 자입니다. 하나님의 말씀을 떠나 언약을 깨뜨리고 살던 자에게 하나님은 징계하시고 채찍질하십니다. 이때 이것을 공의로운 하나님의 심판으로 알고 받아들일 때 하나님이 함께하시며 위로하시며 새롭게 하신다는 것입니다.

이렇게 하나님의 말씀이 해석된 상황과 결합할 때 그 말씀은 새로운 상황, 곧 살아 있고 운동력 있는 말씀이 되어 현재의 진리가 됩니다. 이는 우리 영혼을 뒤흔들어 심판하는 말씀이며(히 4:12-13), 하나님의 사람으로 변화시키는 힘을 지니고 있는 말씀입니다(딤후 3:16-17). 이처럼 하나님의 말씀은 심리적이고 현실적인 '보이는 상황'에 결코 해답을 주지 않습니다. 그러므로 말씀을 자기 상황에 맹목적으로 적용시키려는 것은 무모하고 마성적 행태라고 할 수 있습니다.

성경의 진리가 응답하는 상황은 하나님의 말씀으로 해석된 상황입니다. 다시 말해, 하나님은 말씀 앞에서 '내가 누구인가', '나의 상황은 무엇인가'를 고민하고 깨닫는 자에게 말씀하시며 그를 만나 주시며 그에게 응답하십니다. 그래서 말씀을 듣는 것은 우리의 구체적인 현실(상황)에 대하여 무엇을 말하고 있는가를 듣는 것이며, 우리의 삶과 영혼에 관하여 무엇이 진리인가를 듣는 것입니다.[223] 그렇지 않은 자에게 말씀은 임의적인 상황에 무조건적으로 적용하는 도구가 되는데, 이것은 말씀에 대한 무지이며, 나아가 말씀하시는 하나님을 멸시하는 행위가 아닐 수 없습니다.

 "이것이 말씀이다"라고 하지 말라

예컨대, 인간의 악과 고통에 대한 하나님의 말씀을 생각할 수 있습니다. 성경은 악과 고통의 원인을 그의 하나님을 버림과 그 속에 하나님을 경외함이 없기 때문이라고 증거합니다(렘 2:19). 그러므로 생수의 근원 되시는 하나님을 버리고 스스로 웅덩이를 파는 자(렘 2:13)는 악과 고통을 겪는 것이 당연합니다. 그런데 만일 어떤 사람이 악과 고통의 상황을 맞닥뜨려 하나님께 죄를 회개하되 단지 고통을 제거해 달라거나 위로해 달라고 구한다면 이는 해석된 상황이 아닌 상태로서의 상황에 적용하는 말씀이 됩니다. 그것은 말씀을 상황의 처방책으로 생각하는 것이며, 이렇게 말씀을 묵상하는 자는 무지 속에 갇혀 말씀을 오용하는 오만한 자가 되고 맙니다. 예레미야 시대의 많은 선지자와 백성들처럼 "이것이 말씀이다."라고 하면서 말씀을 망령되이 사용하였습니다(렘 23:36). 이들은 말씀이 드러내는 해석된 상황으로서의 심판은 받아들이지 않고, 단지 말씀을 통해 당장의 고통을 위로받고 그 고통이 해결되기만을 구한 것입니다.

이와 반대로 어떤 사람이 악과 고통의 상황을 말씀의 빛 아래에서 하나님의 심판으로 깨닫는다면, 그는 창조적으로 해석된 상황으로 말씀을 받아들이는 것입니다. 그때 그는 하나님의 공의로운 심판을 참되고 의로운 것으로 받아들이며, 고통을 제거하기를 구하지 않고 기꺼이 수용하는 자가 됩니다. 그때에 그는 하나님의 긍휼을 입고 하나님의 품안에 거하게 됩니다. 이렇게 영원한 진리를 해석된 상황으로 받아들일 때 말씀을 통해 하나님을 만나게 되며, 그는 하나님의 사람으로 변화되는 것입니다.

오늘날 성도들이 말씀묵상의 일과를 중시하는 것은 매우 고무적인 일입니다. 그러나 한편으로 많은 성도들이 '해석된 상황'이 아닌 '상태적 상황'으로 말씀을 받아들임으로써 말씀을 곡해하고 말씀 앞에 오만한 자들이 생겨나는 것은 매우 안타까운 일입니다. 더구나 말씀의 적용을 잘못 이해하여 하나님의 말씀을 붙잡고 승리한다거나 하나님의 말씀을 심리적, 사회적, 상황적 해결을 가져다주는 해법처럼 생각하는 것은 무지한 행태가 아닐 수 없습니다. 말씀을 묵상하는 자는 말씀 앞에 설 때마다 두렵고 떨리는 자세로, 하나님께서 자신의 실존과 상황에 대하여 무엇이라고 말씀하시는지를 물어야 합니다. 이렇게 할 때 성경은 우리에게 인격적으로 질문을 걸어 오는 말씀이 되며, 실존에 관하여 우리에게 알려줄 뿐 아니라 우리에게 진정한 실존을 제공해 주는 말씀이 됩니다.[224]

6. 성경의 역사성과 진리성

말씀묵상은 성경에 계시된 하나님을 향하는 것입니다. 그렇지 않으면 자신의 목적에 맞추기 위하여 성경의 의미를 왜곡할 수 있습니다. 말씀묵상에 있어 성경의 해석의 원리를 알아야 하는 것은 바로 이런 이유 때문입니다. 성경 해석은 역사적 해석과 신학적 해석으로 나누어집니다. 역사적 해석은 성경이 그 당시 독자들을 향하여 말하려고 했던 바가 무엇인가를 밝히는 것입니다. 그리고 신학적 해석은 성경의 본문이 오늘 나에게 어떤 의미를 말해 주는가, 즉 그것이 오늘 나에게 어떠한 구속력 있는 신적인 '건넴 말'Anrede로 들려 오는가를 밝히는 것이라고 할 수 있습니다.[225] 여기서 '건넴 말'이란 '문안의 말'이란 뜻으로 '하나님의 말씀은 하나님이 우리에게 찾아오신다는 것'을 의미합니다. 한편 역사적 해석은 성경이 기록된 당시의 저자와 독자, 상황에 대한 이해를 요구합니다. 그 말씀이 본래 누구를 위하여 기록되었는지, 누가 듣기 위하여 말하여졌는지 아는 것이 매우 중요합니다.[226] 그리고 거기로부터 불변하는 진리성을 찾아냅니다.

역사는 변하나 계시는 영원하다

성경의 역사성은 성경의 기록이 공허한 이야기가 아니라 역사 속에서 하나님께서 하신 말씀이라는 점을 반영합니다. 하나님께서 역사 속에서 하신 말씀이란, 하나님께서 특정한 순간에 구체적인 장소에서 특정한 문화권 안에서 특정한 사람들에게 계시하신 말씀이라는 것입니다. 여기에 계시와 역사의 상관성이 있습니다. 계시는 불변하는 진리이며 역사는 변하는 상황입니다. 계시는 성경 안에서 구체적인 하나의 언어로 살을 입고 역사적인 말씀이 되어 영원한 증언으로 정착되는 것입니다.[227] 따라서 말씀을 묵상할 때에는 역사적 상황에 속하는 '우연적 겉포장'과 진리에 속하는 '계시의 불변성'을 구분해 내야 합니다.

이 점을 감안하여 성경의 역사적 배경을 이해하는 것이 말씀묵상의 출발점이 됩니다. 묵상하는 자는 성경이 기록된 그 시대 사람들의 문제, 질문, 요구가 무엇인가를 밝혀야 합니다. 그리고 하나님께서는 왜 그들에게 말씀하셨는지, 하나님께서 문제 삼는 구체적인 상황이 무엇인지를 파악해야 합니다. 이 작업은 묵상하는 각자의 능력이나 도구, 지식이나 경륜에 맞추어 진행됩니다. 물론 이 분야를 진지하게 반영하는 헌신된 신자나 영적 지도자, 신학자, 주석의 도움을 받는 것도 유익합니다.

말씀묵상은 역사성의 이해와 함께 진리를 깨닫는 자리로 나아가게 됩니다. 역사적 상황 속에 주어진 말씀에서 영속적인 진리가 무엇인가를 알아내고, 나아가 통전적인 계시의 관점인 예수 그리스도께서 완성하신 구원의 역사 속에서 조명되어야 합니다. 예수 그리스도의 구속의 목적은 신자로 하여금 하나님과의 교제를 회복시키는 데 있습니다(고전 1:9; 요일 1:3). 구원받은 신자에게 있어 하나님의 말씀은 생명의 말씀이며, 삼위 하나님과의 사귐 안에 거하게 합니다. 그러므로 말씀묵상의 궁극적인 목적은 삼위 하나님과 더불어 갖는 영원한 생명의 교제에 있습니다.

말씀의 역사성과 진리성(렘 25:1~11)

필자는 예레미야 25장의 말씀을 역사성과 진리성을 반영하여 묵상하였습니다. 하나님은 '역사적' 상황 가운데에서 말씀하십니다. 때는 B.C. 605년 남유다의 요시야 왕의 아들 여호야김이 왕이 된 지 4년째입니다(1절). 선지자는 예레미야이며, 하나님께서 말씀하시는 대상은 유다의 모든 백성과 예루살렘의 주민들입니다(2절). 역사적 선포의 내용은 이스라엘 백성들이 23년 동안 하나님께서 거듭 증거하신 말씀을 듣지 않았다는 것입니다(3절). 백성들은 하나님의 말씀을 듣지 않으며, 귀를 기울이지도 않습니다(4절). 하나님께서 이들에게 거듭 선포하신 말씀은 '하나님 자신에게 돌아오라'는 것입니다(5절).

그러나 이스라엘 백성들은 거듭되는 말씀을 듣고도 순종하지 않고 도리어 사람의 손으로 만든 것을 섬깁니다(6절). 이에 하나님의 진노를 사고 스스로 화를 자초합니다(7절). 분명한 죄악은 이것입니다. "너희가 내 말을 듣지 아니하였느니라"(8절). 하나님은 강대국 바벨론을 도구로 삼아 이들을 심판하십니다(9, 11절). 바벨론은 하나님의 심판의 도구이며, 하나님의 종입니다. 이스라엘 백성들은 바벨론을 두려워할 것이 아니라, 하나님을 두려

위해야 합니다. 이때로부터 1년 전 바벨론이 쳐들어와 다니엘을 비롯한 왕족과 귀족들을 포로로 잡아갔습니다(단 1:1-3). "유다 왕 여호야김이 다스린 지 삼 년이 되는 해에 바벨론 왕 느부갓네살이 예루살렘에 이르러 성을 에워쌌더니"(단 1:1). 바벨론을 통한 하나님의 심판은 이미 시작되었습니다. 그럼에도 불구하고 이스라엘 왕과 백성들은 하나님께로 돌이키지 않습니다. 다만 자기실현의 욕망을 하나님의 이름으로 포장한 거짓 선지자들의 위로와 평강의 말에 귀 기울입니다. 그들은 하나님이 직접 하시는 말씀을 결코 듣지 않은 것입니다. "너희가 내 말을 듣지 아니하였느니라"(8절).

예레미야를 통해 선포된 '역사적 말씀'은 '영원한 진리'가 됩니다. 즉, 모든 시대, 모든 믿는 자를 향한 하나님의 진노의 외침입니다. 살아 있고 운동력 있는 말씀은 성령의 검이 되어 신자의 영혼을 찌릅니다. 우리가 기록된 말씀을 묵상하는 것은 실상은 성령을 통해 하나님의 말씀을 듣는 것입니다. "성경을 읽는 것은 (하나님의) 말씀을 듣는 것이다."228 이것은 말씀에 대한 능동적이고 적극적인 태도로써 하나님과의 직접교제이며, 개인적인 헌신입니다. 그런데 만일 신자가 말씀으로 하나님과 직접교제를 하지 않고 성직자나 설교자 또는 교회의 가르침과 지침이라는 중개 매체로만 듣는다면, 그것은 말씀을 듣는 것이 아닙니다. 그들에게 기독교는 종교일 뿐이며 생명이 되지 못합니다. 하나님의 말씀은 생명의 말씀이며, 이는 하나님과 사귐을 실재되게 합니다. 그러므로 신앙생활에서 말씀을 직접 접촉할 기회를 빼앗는 것만큼 큰 유혹은 없습니다. 성경을 직접 접하지 않는 이들은 개인적인 헌신의 노력을 면제받는 편리함을 얻지만, 정작 하나님께는 태만한 자입니다. 그들에게 하나님으로부터 진노의 외침이 들립니다. "너희가 내 말을 듣지 아니하였느니라!!" 말씀으로 직접 교제하지 않으면, 하나님과 사귐의 기쁨을 알지 못합니다. 그들은 그 기쁨을 다른 것으로 대체합니다. 세상이 주는 재미로 대체하거나 사람이 만든 것을 섬기고 경배하게 됩니다.

"너희가 내 말을 듣지 아니하였느니라!"

한편 구약성경은 예수 그리스도가 완성된 계시 신학의 관점에서 해석됩니다. 율법의 완성자는 예수 그리스도이십니다(마 5:17). 그래서 하나님께서 예레미야를 통해 말씀하신, 악에서 돌이키는 자에게 영원부터 영원까지 주시는 약속의 땅(5절)은 하나님과 사귐 안에 거하는 하나님 나라를 의미합니다. 하지만 이스라엘은 하나님의 말씀을 듣지 않았으며, 사람의 손으로 만든 것을 섬기고 경배하여 하나님의 진노를 불렀습니다. 마찬가지로 예수 그리스도께서도 하나님과 재물을 대비하십니다(마 6:24). 하나님이 아닌 모든 것들의 총칭은 재물입니다. 특히 우리 시대에 있어 돈은 마성적인 힘을 가지고 있습니다. 사람의 손으로 만든 것, 즉 돈만 있으면 사람의 손으로 만든 것은 무엇이나 살 수 있습니다. 어디 사람이 만든 것뿐이겠습니까! 심지어 하나님께서 만드신 자연과 사람까지도 돈으로 삽니다. 하나님께서 만드신 자연과 산하山河까지도 인간의 욕망에 의해 무참히 훼손되기도 합니다.

기독교 역사에서 하나님의 말씀은 오랫동안 인간에 의해 유배되곤 하였습니다. 일반 신자에게는 말씀을 통해 직접 교제하는 길이 봉쇄되고, 성직자들의 전유물이 되었습니다. 종교개혁의 위대성은 말씀을 직접 교제하는 길을 되찾는 데 있습니다. 루터가 주창한 만인제사장의 참된 의미는 말씀을 통해 하나님과 직접 교제하는 데 있습니다(벧전 2:9). 그런데 어찌된 일인지, 개혁정신이 시들어 가면서 개신교 신자들 역시 말씀을 간접적으로 듣게 되었습니다. 설교 듣는 것은 물론, 큐티를 하여도 다른 사람에게 한 말씀을 간접적으로 듣는 경향이 허다합니다. 그런데 아이러니하게도 종교개혁을 당했던 가톨릭교회에서 최근 들어 말씀을 통한 직접교제의 신앙이 급속히 회복되고 있습니다. 1965년 2차 바티칸 공의회에서 가톨릭교회는 유배되었던 말씀을 해방시켰습니다. 곧 모든 나라가 자기 언어로 성경을 번역하여 읽도록 조치한 것입니다. 그 후로 가톨릭교회의 영성은 말씀을 통해 하나님과 직접 교제하는 것이 핵심이 되고 있습니다. 대부분의 가톨릭 수도원에서는 말씀묵상이 영성훈련으로 수행되고 있습니다. 이런 점에 있어 말씀종교를 자처하는 개신교가 가톨릭에 의해 개혁당할 상황에 놓였다고도 말할 수 있습니다.

예레미야 선지자가 말한 '하나님의 말을 듣지 않은 자'는 우리 시대에 성경을 읽고 설교하는 이들도 해당될 수 있습니다. 그들은 자신이 원하고 자신이 필요로 하는 말에만 귀 기울입니다. 그 결과 사람이 만든 세상의 것을 동경하며 육신의 욕망에 탐닉하기도 합니다. 그에게 하나님의 진노는 마땅합니다. 그때라도 돌이키면 하나님께서 그를 불쌍히 여기시고 은혜를 베풀어 주십니다.

하나님께 돌아오는 자에게 베푸시는 하나님의 은혜는 말씀으로 살도록 하는 것입니다. 이 은혜를 받은 자는 날마다 말씀을 통해 자신의 비참한 모습을 발견합니다. 그리고 예수 그리스도의 보혈을 힘입어 하나님께 나아갑니다. 그가 바로 복된 자입니다. 이렇게 말씀 안에 거하는 자는 하나님으로부터 용서를 받으며 진리 안에서 자유하게 됩니다. 그는 말씀묵상을 통해 하나님과 연합의 실재를 경험합니다. 이보다 더 큰 은혜, 이보다 더 큰 기쁨은 없습니다. 그의 만족과 기쁨은 하나님의 얼굴을 보는 것으로 충분합니다.

7. 시간의 영원성과 공간성

말씀묵상은 영원한 생명의 교제입니다. 여기서 말하는 '영원'은 인간의 시간과 구별되는 하나님의 시간입니다. 말씀묵상의 시간은 하나님의 시간인 '영원'이 인간의 시간인 '현재'로 들어오는 영적 실재입니다. 인간의 시간은 영원의 시간과 구별되며 과거, 현재, 미래로 구분됩니다. 영원의 시간은 어떤 지혜자도 그것들의 신비를 꿰뚫어 알지 못했습니다.[229] 퀘이커 교도의 지도자인 토마스 켈리는 하나님의 시간을

'영원한 현재'Eternal Now로, 인간의 시간을 '일시적인 현재'Temporal Now로 불렀습니다.230

공간의 시간이 영원의 시간으로

유대인 신학자인 아브라함 헤셸은 유대교를 시간의 성화를 목표로 삼는 시간의 종교라고 하였습니다.231 그에 의하면 인간의 시간은 공간의 관점에서 시간을 느끼는 것이며, 하나님의 시간은 영의 관점에서 시간을 느끼는 것입니다.232 즉, 인간이 무상하다고 느끼는 시간은 공간의 영역입니다. 그리고 공간 세계의 속성은 사물의 속성입니다. 그런데 우리의 공간적 시간인 현재에 하나님께서 현존하시면 그 시간은 영원에 속하는 시간이 됩니다. 하나님께서 천지를 창조하신 후 일곱째 날을 구별하신 것은 창조세계와 구별된 한 날이며, 그 시간은 하나님의 현존으로 인해 안식합니다. 곧 인간의 시간인 공간적 시간에 하나님께서 현존하시면, 그 시간은 영원의 시간이 되며 하나님으로 충만한 '안식'을 경험하는 것입니다. 그래서 시간은 공간의 세계에서 이루어지는 하나님의 현존이 될 때 비로소 의미를 가집니다. 그러므로 시간은 하나님께서 공간의 세계에 주시는 선물입니다.233 그러나 하나님께서 현존하지 않는 시간은 무의미성과 무상성(덧없음)으로 귀결됩니다. 그 시간을 '그 무엇' 되는 존재물234로 채울지라도 하나님의 현존이자 영원인 안식을 경험할 수 없습니다.

헤셸의 견해를 요약하면, 공간은 존재물을 담는 그릇이며 시간은 공간을 담는 그릇입니다. 여기서 시간은 하나님의 시간(영원)이며 공간은 과거, 현재, 미래로 규정되는 인간의 시간, 곧 인생에게 주어지는 제한된 길이의 시간입니다. 또한 하나님의 영원한 시간은 인간의 제한된 시간인 과거, 현재, 미래를 통합하며 초월합니다. 하나님을 상실한 인간은 영원을 상실하였습니다. 그러므로 과거, 현재, 미래라는 제한된 시간(공간)을 살면서, 그 인생을 '그 무엇'(존재물)으로 채워 가며 안식을 얻고자 수고합니다. 인간의 인생(공간)을 채우는 '그 무엇'에 집착하는 인간의 소유욕은 궁극적으로 '안식의 희구'希求라고 할 수 있습니다. "내가 내 영혼에게 이르되 영혼아 여러 해 쓸 물건은 많이 쌓아두었으니 평안히 쉬고(안식하고) 먹고 마시고 즐거워하자"(눅 12:19). 부자가 넘치는 소유를 통해 가장 먼저 얻고자 한 것은 안식이었습니다. 예수님께서 말씀하신 어리석은 부자의 희구는 하나님 없이(안식 없이) 살아가는 모든 인간의 희구입니다.

 말씀묵상의 시간은 '오늘'이라는 우리의 현재에 영원하신 하나님께서 현존하는 시간입니다. 이에 대해 켈리는 이렇게 말합니다. "영원이 시간 안으로 들어오는 경험, 삶 전체를 믿음과 행동의 기적으로 변화시키는 경험입니다. 그것은 말로 표현할 수 없고 심오하고 영광으로 가득 찬 내적인 경험으로서 모든 창조세계를 위한 관심의 뿌리요, 사회적 노력의 참된 기초입니다."[235] 말씀묵상이라는 공간적 시간에 영원하신 하나님께서 들어오십니다. 그리하여 하나님의 시간(영원)에 담겨진 묵상의 시간은 영원에 참여하는 시간입니다. 그러므로 말씀묵상은 율법이나 신앙행위의 차원을 넘어 영원의 시간에 참여하는 것이며, 하나님 안에서 참된 안식을 누리는 영광스런 영적 실재입니다.

3장. 말씀묵상의 요소

영원한 현재, 하늘의 안식이 임하다

이 시대 그리스도인들의 불행은 영원을 찾으나 영원을 알지 못하는 데에 있습니다. 영원의 영역을 알지 못하는 사람들에게 현재의 삶에서 안식을 얻는다는 것은 불가능합니다. 히브리서 기자가 묘사하듯이, 그들은 결코 하나님의 안식 안으로 들어가지 못합니다(히 4:7–11). 그들은 과거에 붙들려 있고 과거로부터 자신을 분리해 내지 못합니다. 혹은 그들은 현재에 안식할 수 없기에 미래로 도망치곤 합니다. 이는 그들이 시간의 흐름을 멈추고 우리에게 현재의 축복을 제공하는 영원한 안식에 들어가지 못하기 때문입니다. 아마도 이것은 우리 시대의 가장 현저한 특징이라고 할 수 있습니다. 곧 우리 시대는 영원의 차원을 잃어버렸기 때문에 '현재'를 용납하는 용기가 결핍되어 있는 것입니다.[236] 말씀묵상을 통해 하나님의 현존이 우리의 시간에 들어올 때 '영원한 현재'의 부요함을 누리게 되고, 세상에서 구할 수 없는 영원한 안식에 이르게 됩니다.

시간의 영원성과 공간성(히 4:1~12)

필자는 히브리서 4장 1~12절 말씀을 시간의 영원성과 공간성을 반영하여 묵상하였습니다. 인간의 근본적 희망은 안식이며, 인간의 근본적 불행은 안식의 상실입니다. 그것은 곧 하나님 존재의 상실이기도 합니다. 기독교 신앙의 대상은 안식의 주체이신 하나님 아버지이십니다. 그래서 안식의 문제를 해결하지 못하면 참 하나님에 대한 신앙도 모호하며 그의 신앙은 무위

145

로 돌아가고 맙니다. 그는 하나님께서 주신 '그 무엇'을 통해 안식을 얻으려 하며, 그 정도가 지나치면 하나님을 소유하려는 방자함에 이릅니다. 즉, 스스로 하나님과 같이 되고자 하며 영적 강자가 됨으로써 안식을 얻으려 하는 것입니다. 그런데 하나님은 불시에 그의 영혼을 데려가시며, 그는 엄중한 하나님의 심판대 앞에 서게 됩니다. 인간이 안식을 회복하는 유일한 길은 안식의 존재이신 하나님께서 우리에게 오시는 것입니다. 예수 그리스도는 하나님께서 안식 없는 우리에게 찾아오시는 길입니다(요 14:6). 예수 그리스도께서 'The Way'(길) 되심은 우리를 아버지께로 인도하는 길뿐 아니라 하나님이 우리에게 찾아오시는 길의 의미도 있는 것입니다.

복음을 믿음으로 안식에 이르다

"하나님의 아들 예수 그리스도의 복음의 시작이라"(막 1:1). 마가복음은 '길(헬, 호도스)의 복음'입니다. 길은 예수 그리스도이며 그는 복음입니다. 누구든지 길 되신 예수 그리스도, 곧 복음을 믿으면 하나님과의 연합에 이릅니다. 그의 제한된 인생(공간)에 영원의 하나님께서 찾아오십니다. 이는 하나님의 시간(영원) 안에 인간의 시간(공간)이 담겨지는 것입니다. 그는 제한된 인생(공간)을 넘어 영원의 세계에 참여하게 되는 것입니다. 영원은 하나님과 하나님의 아들의 세계입니다. 복음을 믿어 순종하는 자는 영원에서 삼위 하나님과의 사귐에 참여합니다. 이 사귐은 시공간을 뛰어넘어 하나님의 시간에서 이루어지는 사귐입니다. 예수 그리스도께서 변화산에서 모세와 엘리야와 함께한 사귐은 영원 안에서 하나님과 사귐을 갖는 것에 대한 표상입니다. "그때에 모세와 엘리야가 예수와 더불어 말하는 것이 그들에게 보이거늘…"(마 17:3). 하나님께서 아들의 복음을 통해 주시려는 것은 하나님께서 우리의 시간(공간) 안에 들어오셔서 '오늘'이라는 날을 복되게 하시고 안식을 주시기 위함입니다. 그러나 복음을 받아들이지 않는 이들에게는 안식이 없습니다(히 4:2). 복음은 그들에게 무가치하며 하나님의 진노가 임하여 그들은 안식에 들어가지 못합니다(3절). 그러나 복음을 믿음으로 말미암아 받아들이는 자는 '안식'에 거합니다(3절). "이미 믿는 우리들은 저 안식에 들어가는도다"(3절).

구약시대에는 오실 그리스도가 복음이었습니다(롬 1:2). 구약의 신자들은 오실 그리스도를 믿어 하나님과 사귐 안에 거할 때 안식이 임했습니다. 단지 가나안 땅에 들어가는 것이 안식이 아니라, 하나님과 함께 거함이 안식이었습니다(히 4:8-9). "만일 여호수아가 그들에게 안식을 주었더라면 그 후에 다른 날을 말씀하지 아니하셨으리라" 이렇게 안식은 땅이라는 상황이 아니라 존재의 문제입니다. 현실의 조건이 아니라 하나님과 연합하는 신앙의 문제입니다. 그래서 이스라엘에게는 하나님의 인도하심으로 가나안에 들어가 땅을 차지했을지라도 안식할 때가 남아 있던 것입니다(9절).

다윗은 안식을 누린 자였습니다. 그의 안식은 하나님의 아들을 미리 보고 믿음으로 하나님 안에 거함으로써 주어졌습니다. 그에게 '오늘'이라는 일상은 하나님과 함께하는 일상이었습니다. 그는 말씀 안에 거하고, 오직 하나님이 거하시는 '쉐키나'(임재)를 사모하였습니다. "내가 내 장막 집에 들어가지 아니하며 내 침상에 오르지 아니하고 내 눈으로 잠들게 하지 아니하며 내 눈꺼풀로 졸게 하지 아니하기를 여호와의 처소 곧 야곱의 전능자의 성막을 발견하기까지 하리라 하였나이다"(시 132:3-5). 그는 오직 하나님의 안식에 들어가기를 힘쓴 자였습니다. 다윗은 후세의 모든 믿는 자에게 전하고 있습니다. "오랜 후에 다윗의 글에 다시 어느 날을 정하여 오늘날이라고 미리 이같이 일렀으되 오늘 너희가 그의 음성을 듣거든 너희 마음을 완고하게 하지 말라 하였나니"(히 4:7). 하나님의 안식에 들어간 자는 하나님의 그러하심과 같이 '자기 자신의 일'을 그칩니다. 그는 제한된 인생(공간의 시간)에서 더 이상 존재물을 채우려는 수고를 그칩니다. 그것은 그가 더 이상 소유와 성공을 통해 안식을 얻는 것이 아니라, 하나님의 존재 안에서 이미 안식을 얻었기 때문입니다. 하나님께서 예수 그리스도를 보내신 궁극적 목적이 바로 여기에 있습니다. 하나님은 언제든지 복음에 순종하는 자에게 안식을 주십니다. '오늘'이라는 그의 시간을 '영원의 시간'으로 만드십니다. 그는 십자가에서 자아가 죽고, 그리스도의 부활에 연합하여 얻은 영원한 생명으로 사는 자입니다. 영원한 생명으로 하나님과의 사귐 안에 거하는 자입니다.

말씀묵상은 묵상하는 '공간의 시간'에 영원하신 하나님께서 들어오시는 영적 신비입니다. 하나님의 시간에 담겨진 묵상 시간은 영원에 참여하는 시간입니다. 거기서 하나님과 그의 아들, 그리고 믿음의 선진들과 교제를 나눕니다. 그 시간은 예수님께서 모세와 엘리야를 만난 변화산의 시간입니다. 예수님은 변화산에서 영원의 교제를 하셨습니다. 그곳에서 안식하시다가 다시 고통의 세상으로 향하십니다. 신자에게 묵상의 시간은 영원의 교제의 시간이며, 고통의 현실을 넉넉히 감당하고 구체적인 현실에서 하나님의 뜻을 이루게 하는 영적 원천이 됩니다.

8. 말씀과 성령의 조명

성경은 성령으로 확증된다

말씀묵상의 결정적인 요소는 성령의 조명입니다. 말씀묵상은 결코 쉽지 않고 성경의 의미 또한 분명하지 않습니다. 이 때문에 하나님의 살아 계신 말씀을 실제로 접하기 위해서는 성령의 인도가 필요합니다.[237] 말씀묵상에 있어 기록된 말씀은 성령의 조명을 통하여 계시되며 현재의 말씀이 됩니다. 종교개혁자 칼빈은 말씀과 성령은 불가분의 관계를 가진다고 하였습니다.[238] 이 말은 "살리는 것은 영이니 육은 무익하니라. 내가 너희에게 이른 말은 영이요 생명이라."(요 6:63)라는 예수 그리스도의 말씀에 근거를 두고 있습니다. 즉, 영은 말씀을 통하여, 말씀 안에서 역사합니다. 칼빈은 당시 교회의 권위로 확증되던 성경에 대해 오직 성령의 증거로 확증된다고 주장하였습니다. "성경은 반드시 성령의 증거로 확증되어야 한다. 그러면 그 권위는 확실한 것으로 확립될 수 있다. 그리고 성경의 신빙성이 교회의 판단에 의해 좌우된다는 것은 악랄한 짓이다."[239] 뿐만 아니라 칼빈은 정경으로 확정된 성경을 떠나 신비한 영적 체험을 강조하는 당시의 열광주의자들과, 성령의 내적 조명을 떠나 인간의 지성과 이성의 철학적, 신학적, 문학적 해석을 능사로 삼은 스콜라신학자나 인문주의자와 합리주의자들을 동시에 비판하였습니다.

> 우리에게 약속된 성령의 임무는 아직 들어 보지도 못한 새로운 계시를 만들어 내거나 어떤 새로운 교리 자체를 날조하여 용인된 복음의 교리에서 우리를 떠나게 하는 것이 아니라 다만 복음이 말하는 바로 그 교리를 우리의 마음에 인을 쳐 주는 데 있습니다.[240]

성령의 영감과 성령의 조명

종교개혁자들이 성령의 내적 증거는 성경을 통해서 역사한다고 주장했을 때 그 본래 의도는 성령을 성경 안에 유폐시켜서 성령의 자유와 초월을 제한하려는 소극적이며 부정적 의도가 아니었고, 인간의 지적, 학문적 노력을 불필요하다거나 무시하는 것도 아니었으며, 성령과 말씀 사이의 불가분의 관계를 강조하기 위함이었습니다.[241] 선지자들과 사도들에게 성경을 기록하게 한 성령과, 성경을 깨닫게 하는 성령은 동일합니다. "성령은 성경의 저자이다. 그는 변하실 수도, 자신과 다를 수도 없는 분이다."[242] 존 오웬은 성경을 기록하게 한 성령의 사역과 성경을 깨닫게 하는 성령의 사역을 각각 '영감'inspiration과 '조명'illumination 으로 구별하였습니다.

> 성령은 직접 영감 immediate inspiration에 의하여 성경 기자 penmen에게 새로운 계시들을 주었다. 성령은 그들 안에서, 그들과 함께하면서, 계시들이 하나님으로부터 왔다는 무오한 증거임을 교통하였다. 이제 말씀을 기록한 동일한 성령은 우리로 하여금 기록된 말씀을 깨닫고, 그 말씀이 진리임을 확증하는 증거자로서 우리 마음을 조명한다 illuminate our minds.[243]

그러면 어떻게 성령의 영감으로 기록된 성경이 성령의 조명을 통해 깨달아집니까? 예수 그리스도는 진리의 성령이 믿는 자들을 모든 진리 가운데로 인도하실 것이라고 하셨습니다(요 16:13). 그러므로 말씀을 묵상하거나 말씀을 연구하는 자는 겸손한 마음으로 성령의 조명을 받기 위해 기도해야 합니다. "내 눈을 열어서 주의 법의 기이한 것을 보게 하소서."(시 119:18). 또한 하나님께서 지혜와 계시의 영을 주어 지각의 눈을 밝혀 주시기를 간구해야 합니다(엡 1:17-18). 그는 무엇보다 하나님을 경외하는 자가 되어야 합니다. 허버트 마이어는 성경을 알고자 하는 합당한 태도가 이사야 66장 2절 말씀에 있다고 말합니다.[244] "나 여호와가 말하노라. 내 손이 이 모든 것을 지었으므로 그들이 생겼느니라. 무릇 마음이 가난하고 심령에 통회하며 내 말을 듣고 떠는 자 그 사람은 내가 돌보려니와." 영적으로 오만해 있고 자신의 의도를 성경에서 찾아

내려 하고, 인위적인 태도가 강하여 하나님께 복종하려는 자세가 아닌 사람에게 어떻게 성령이 역사하겠습니까? 그의 심령이 욕망과 명예욕, 육욕과 온갖 죄의 노예가 되어 있다면 어떻게 거룩한 성령이 역사하겠습니까? 성경의 가장 깊은 은혜의 생명수를 얻는 자는 그 심령이 가난하고 통회하여 말씀 앞에서 두려워하고 떠는 자입니다. 그는 많은 죄를 깨닫고 회개하는 자입니다(시 32:5). 다시 말하면 인간 삶의 경험의 깊이와 인간 죄성 the sinful nature 의 깊이를 항상 묵상하고 생각하는 사람 앞에서 성경은 그만큼 깊이 있게 대답합니다. 성경은 진지한 실존적 물음의 깊이만큼 대답하는 것입니다.²⁴⁵ 죄가 많은 곳에 은혜는 깊습니다.

성령의 조명, 계시의 체험으로 나타나다

성경과 성령의 역사는 그 증거가 계시의 체험으로 나타납니다. 오웬은 계시라는 용어를 사용하여 이 둘을 설명하였습니다. 즉, 성령께서 우리를 가르치시는 방법은 객관적 계시에 의한 직접적 영감과 성령께서 우리 마음에 조명하는 주관적 계시에 의한 길이 있다고 하였습니다.²⁴⁶ 성령의 영감으로 쓰인 성경이 성령으로 조명되면 살아 있는 하나님의 현존을 체험합니다. 이와 같은 하나님의 현존의 체험은 신들린 '열광 상태' enthusiasm 나 종교적 '과잉 흥분상태' over-excitement 와 철저히 구별됩니다. 이는 하나님의 체험이며, 거룩의 체험이며, 초월자와의 해후 邂逅 체험입니다.

루돌프 오토 Rudolf Otto 는 참다운 계시의 체험은 성스러운 것(라틴어, 누멘적인 것)으로 두 가지 체험을 동반한다고 하였습니다. 그것은 '두려운 (전율의) 신비' mysterium tremendum 와 '끌리는 매혹' attractive fascinating 입니다.²⁴⁷

두려운 신비는 하나님의 현존 앞에서 느끼는 두렵고 떨리는 체험, 죄인을 향한 하나님의 진노의 체험, 피조물이 창조주 앞에서 서는 위압의 체험,[248] 절대 신비자 앞에서 자신이 티끌과 재에 불과하다는 피조물적 감정 체험입니다.[249] 그런데 계시의 체험은 두려운 신비의 체험에서 끌리는 매혹으로 발전합니다. 계시의 체험에서 두려운 신비와 끌리는 매혹은 기이한 대조적 조화입니다. 그래서 루터는 다음과 같이 말하였습니다. "우리는 성스러움에 두려움을 가지고 영광을 돌리는 것과 마찬가지로, 그것으로부터 도피하지 않고 오히려 더 가까이 나아간다." 그리고 어느 시인은 "그 앞에 무서움을 느끼나 이끌리도다."라고 말합니다.[250] 하나님은 말씀을 듣고 두려워하고 떠는 자를 돌보십니다(사 66:2). 끌리는 매혹은 말씀 앞에 두려운 떨림으로 반응하는 자에 대한 하나님의 자비와 용서, 사랑의 체험입니다. 하나님의 현존 앞에서 한없는 매혹과 영광에로 끌리는 체험, 하나님을 소유하기만 한다면 하늘이든 땅이든 결코 묻지 않는 황홀한 체험입니다.[251] 그러므로 성령을 통한 참다운 계시 체험은 위와 같은 두 가지 체험, 곧 하나님의 거룩하심과 의로우심 앞에서 선 죄인의 체험이며, 동시에 죄인을 용서하시는 하나님의 사랑과 자비의 체험입니다. 말씀묵상을 통해 경험되는 두 가지 계시의 체험은 개인적인 변화와 사회적 책임의 수행으로 나타납니다. 즉, 묵상하는 자는 자신을 회개하고 변화시켜 성령의 열매를 나타내는 삶으로 성숙되어야 하며, 현실의 삶 전체를 조명하고 갱신하는 공동체적 사명을 수행해 가야 합니다.

4장
말씀묵상과 영생의 사귐

말씀묵상은 궁극적으로 하나님과의 연합 및 사귐의 신앙에 도달하는 것을 목적으로 합니다. 복음은 영원한 생명을 드러내며, 영원한 생명은 하나님과의 연합과 사귐의 실재입니다. 이는 예수님의 피를 힘입어 지성소로 들어가는 것이며(히 10:19), 참 마음과 온전한 믿음으로 하나님께 나아가는 것입니다(히 10:22). 삼위 하나님과 교제하는 영생의 사귐은 신자를 완전함에 이르게 하며, 그 결과 완전한 기쁨을 성취하게 합니다(요일 1:4).

4장. 말씀묵상과 영생의 사귐

말씀묵상은 적용이나 깨달음의 차원이 아니라 영생의 사귐입니다. 영생은 유일하신 참 하나님과 그가 보내신 자 예수 그리스도와의 사귐입니다. 이는 창세전 하나님께서 약속하신 은혜이자 약속입니다. 예수 그리스도를 믿는 것은 영생을 얻는 것이며(요 3:15), 이는 복음을 통하여 영생을 얻는 것입니다(딤후 1:10). 하나님과 사귐으로서의 영생의 삶은 말씀묵상으로 실천됩니다. 본 장에서는 말씀묵상이 영생의 사귐인 것을 살피고, 그 근거가 되는 복음과 생명의 관계를 조명합니다.

1. 죄의 각성과 복음의 실제

복음이 실제가 되는 것은 죄의 깨달음에서 시작됩니다. 죄를 깨닫게 하는 선포는 하나님과 분리된 존재로서의 자신을 각성시키며 복음으로 말미암은 영원한 생명을 사모하게 합니다. 그 결과 복음을 믿는 자를 하나님과 연합의 상태에 이르게 합니다. 죄의 각성은 죄에 대한 올바른 인식에서 시작됩니다. 폴 리쾨르는 악을 흠, 죄, 허물 등 세 차원으로 분류하였습니다.[252] 흠은 밖에서 오염시키는 것이며, 죄는 실존의 내면에 있는 것입니다.[253] 죄의식은 인격적인 존재와의 관계 단절의 체험으로 누구에게나 '들어있는 악'입니다. 죄로 규정되는 '없음, 돌아감, 거역, 벗어나 떨어져 있음' 따위는 해로운 무슨 실체라기보다는 훼손된 관계를 가리키는 것입니다.[254] 허물은 하나님과 관계가 끊긴 죄의 열매입니다.[255] 허물의식은 잘못이 많고 적음을 말하며 무게의 경중을 말합니다. 그러므로 허물은 죄가 내면화되고 세분화되어 '저지르는 악'입니다. 죄의 본질은 하나님과 관계의 파기이며, 죄의 결과는 하나님과 관계의 단절입니다.

죄는 행위적 차원이 아니라 세력이며 인격이다

1920년대 이후 신정통주의 신학자들은 유신론적 실존주의 노선에 따라 하나님을 인격적 존재로 부각시키는 데 기여하였습니다. 하나님은 단순한 힘이나 에너지, 현존하는 실체가 아니라 인격이라는 것입니다. 그에 따라 죄의 개념도 새롭게 인식되었습니다. 즉, 정통주의에서는 죄를 특정한 규범을 어기는 허물로 보았다면, 신정통주의에서는 죄를 인격화된 요소인 하나님과의 관계를 깨뜨리는 것으로 본 것입니다.[256] 죄가 하나님과의 단절을 가져왔다면 죄의 용서는 하나님과의 연합에 이르게 합니다. 죄를 허물이나 흠의 영역으로 보면 행위적으로 흠이 없고 허물이 없는 이들은 죄를 깨닫지 못하고, 죄의식을 갖지 못합니다. 그런데 사실 죄는 실체이며 세력이며 인격입니다(롬 7:20). 죄의 세력은 율법을 지키려고 할 때 각성되며, 그로 인해 자신이 비참한 존재임을 깨닫게 됩니다(롬 7:24). 죄가 행위의 차원이 아니라 세력 또는 법으로 깨달아질 때 십자가 복음의 은혜를 더욱 갈망하게 됩니다(롬 7:25). 이렇게 죄를 바르게 깨닫는 자에게 복음은 기쁜 소식이 됩니다. 하나님과 분리된 죄인은 복음으로 말미암아 하나님과 연합되기 때문입니다. 복음은 하나님과 분리된 존재로서의 비참함을 깨닫는 자에게 계시됩니다.

그리스도의 죽음과 장사됨, 그리고 부활

한편 사도들은 그리스도의 죽으심과 장사되심, 부활하심과 보이심의 사건을 전승된 복음으로 전했습니다(고전 15:3-5). 그리스도의 십자가 죽음은 세 가지 효력을 가집니다. 첫째, 행위적인 죄들이 그의 피로 깨끗하게 됨으로써 죄사함과 죄씻음의 은혜를 가져옵니다(히 9:12). 둘째, 죄의 세력에 굴복하는 옛 사람이 죽음으로써 죄의 몸이 불구가 되고 죄의 세력으로부터 해방됩니다(롬 6:6). 셋째, 율법을 지키려는 자기 주장 의지가 십자가에 죽음으로써 그리스도께서 내주하게 됩니다(갈 2:19-20). 이렇게 십자가 죽음의 사건은 위의 세 가지 효력을 수반하며, 그 결과 장사의 복음으로 발전됩니다.

그리스도의 장사되심은 그리스도께서 삼 일간 무덤에 처한 사건입니다. 이는 그리스도께서 직접 말씀하신 복음입니다(막 14:9). 그리스도와 함께 죽은 자는 그와 함께 장사되어야만 합니다. "우리가 그의 죽으심과 합하여 세례를 받음으로 그와 함께 장사되었나니…"(롬 6:4). 즉, 그리스도를 믿는 자는 그와 함께 '무덤'에 거한다는 것입니다. 십자가에 죽은 자가 장사되어 무덤에 처함은 마치 애벌레가 나비가 되기 위해 고치 속에 들어가는 것과 같습니다. 무덤 속의 삼 일은 영혼의 어둔 밤이라고 할 수 있습니다. 하나님과 분리되어 살아온 모든 삶이 심판받는 시간입니다. 그래서 장사복음은 곧 심판의 복음입니다. 그런데 하나님을 믿는 자에게는 심판이 끝이 아닙니다. 하나님은 심판의 자리에 자신이 거하실 성소를 지으십니다. 다윗이 심판받은 오르난의 타작마당에 성전이 지어졌듯이 말입니다(대상 21장, 대하 3장). 예수 그리스도는 사람의 손으로 지은 모든 성전을 무너뜨리시고 삼 일 만에 영원한 성전을 지으실 것이라고 약속하셨습니다(요 2:19). 그러므로 무덤의 삼 일은 그리스도와 연합되어 하나님께서 거하실 성소가 지어지는 시간입니다. 불순종하는 옛 사람이 죽고, 순종하는 새 생명으로 태어나는 것입니다.

요나는 하나님의 심판을 받아 삼 일간 물고기 뱃속에 있었습니다. 요나의 삼 일은 예수 그리스도께서 당하실 삼 일간의 무덤을 예표합니다. "요나가 밤낮 사흘 동안 큰 물고기 뱃속에 있었던 것 같이 인자도 밤낮 사흘 동안 땅 속에 있으리라"(마 12:40). 예수 그리스도께서는 기독교의 참된 기적은 무덤 속에 거함이라고 하셨습니다. 우리의 참된 기적 또한 그리스도와 함께 삼 일간 무덤(땅 속)에 머무는 것입니다. 그리하여 하나님의 공의로운 심판이 집행되어 하나님께서 거하실 성소가 지어지고 영원한 생명이 실재되어 하나님과 연합에 이르는 것입니다. 그때 비로소 새 사람이 되는 기적으로 열매를 맺습니다. 그러므로 무덤의 삼 일은 영원한 복음입니다.

그리스도의 부활은 삼 일 만에 무덤에서 다시 살아남으로써 하나님의 아들로 확정된 사건입니다(롬 1:4). 신자는 그의 부활과 연합됨으로써 영원한 생명을 얻게 됩니다(롬 6:4). 그리스도의 부활은 전파하는 복음과 신자의 믿음을 효력 있게 하는 사건입니다. "그리스도께서 만일 다시 살아나지 못하셨으면 우리가 전파하는 것도 헛것이요 또 너희 믿음도 헛것이며"(고전 15:14). 뿐만 아니라 그리스도의 부활은 그리스도의 재림 이후 영원한 삶을 보장합니다(고전 15:51-53). 전승된 복음은 성령을 통하여 듣는 자에게 계시됨으로써 영원한 생명을 얻게 하고, 하나님과 사귐의 실제로 이끕니다.

2. 복음과 영원한 생명

말씀묵상은 복음으로 말미암아 영생을 얻은 자가 하나님과 그 아들 예수 그리스도와 더불어 갖는 사귐입니다(요일 1:3). 영원한 생명은 하나님께로부터 나오는 생명이며, 예수 그리스도를 믿음으로 말미암아 위로부터 태어난 생명입니다. 예수 그리스도는 모세가 광야에서 뱀을 든 것 같이 자신도 들려야 할 것이라고 말씀하셨습니다. 이는 자기를 믿는 자마다 영원한 생명을 얻게 하기 위함입니다. "모세가 광야에서 뱀을 든 것 같이 인자도 들려야 하리니 이는 그를 믿는 자마다 영생을 얻게 하려 하심이니라"(요 3:14-15). 인자가 들리는 것은 십자가 죽음을 말합니다. 이것이 복음의 핵심입니다. 그러므로 영원한 생명은 복음을 믿음으로 말미암아 얻게 됩니다.

구약성경에 약속된 복음이 성취되다

복음은 예수 그리스도이며 하나님과 분리된 인간에게 영원한 생명을 주어 하나님과 연합되게 하는 기쁜 소식입니다. 인간이 하나님과 분리된 직후 하나님은 아들을 보내실 것이라는 복음을 미리 약속하셨습니다. "이 복음은 하나님이 선지자들을 통하여 그의 아들에 관하여 성경에 미리 약속하신 것이라"(롬 1:2). 하나님의 아들은 구약의 선지자들이 약속한 대로 세상에 오셨습니다. 그는 육신으로 다윗의 혈통(씨)에서 나셨습니다. "그의 아들에 관하여 말하면 육신으로는 다윗의 혈통에서 나셨고"(롬 1:3). 다윗에게 약속하신 '씨'는 장차 오실 그리스도를 예표합니다(삼하 7:12-13). 하나님께서 다윗의 씨로 오실 '아들'을 통해 먼저 이스라엘 민족의 삶 가운데 하나님의 통치가 실현되도록 하고 나아가 모든 민족들의 삶 가운데에서도 그렇게 하도록 하기 위함이었습니다.²⁵⁷ 다윗의 씨로 오신 예수 그리스도는 십자가에서 죽으심으로써 하나님과 분리된 모든 민족을 하나님과 연합하는 언약백성으로 삼으셨습니다. 하나님의 아들은 십자가에서 죽으시고 부활하셨습니다. 이로써 구약에서 선지자들에 의해 약속된 복음이 성취되었습니다. "성결의 영으로는 죽은 자들 가운데서 부활하사 능력으로 하나님의 아들로 선포되셨으니 곧 우리 주 예수 그리스도시니라"(롬 1:4). 복음은 예수 그리스도가 말씀하신 바이며, 하나님께서 표적들과 능력으로 증거하시고, 성령이 나누어 주는 은사로, 사도들과 함께 증거한 삼위 하나님의 사건입니다(히 2:3-4).

전승된 복음과 계시된 복음

하나님의 아들에 의해 완성된 복음은 사도들에 의해 전승되었습니다. 사도 바울은 고린도전서 15장에서 자신이 전한 복음은 사도들에게 전해 받았다고 증언합니다. "형제들아 내가 너희에게 전한 복음을 너희에게 알게 하노니 이는 너희가 받은 것이요… 내가 받은 것을 먼저 너희에게 전하였노니"(고전 15:1, 3). 여기서 '받음/전함'(받아서 전함)은 랍비들의 전문용어로 '전승' 과정의 신실성을 말합니다. 바울이 전한 복음은 그가 만든 것이 아니라 사도들에 의해 전승된 복음입니다. 그런데 이 복음은 '전승된 복음'으로서 그가 갈라디아서에서 유일한 복음으로 전한 '계시된 복음'과 상충됩니다. "형제들아 내가 너희에게 알게 하노니 내가 전한 복음은 사람의 뜻을 따라 된 것이 아니니라. 이는 내가 사람에게서 받은 것도 아니요 배운 것도 아니요 오직 예수 그리스도의 계시로 말미암은 것이라"(갈 1:11-12).

그러면 바울이 전한 전승된 복음과 계시된 복음은 어떻게 조화를 이룹니까? 먼저 바울이 갈라디아서에서 말한 복음은 복음의 진리 자체를 두고 한 말입니다. 곧 예수 그리스도의 죽음과 부활이 우리를 위한 구원의 사건이었다는 그 진리 자체를 염두에 두고 말하는 것입니다. 바울은 그리스도의 죽음과 부활의 사건을 거부하고 도리어 그리스도인을 박해하는 자였습니다. 그러다가 다메섹 도상에서 계시를 통해 복음을 알게 되어 자신에게 구원의 사건이 된 것입니다. 그런데 그가 계시로 받은 복음의 진리는 그에게만 특별히 경험된 것이 아니라, 실제로 일어난 역사적이고 객관적인 사건입니다. 그리고 이 진리에 대한 증거는 예수님을 따르며 그 사건들을 실제로 체험한 사도들에 의해 전해졌던 것입니다. 그래서 바울은 사도들이 전하여 준 그리스도에 대한 증거를 복음으로 전한 것입니다. 다시 말해 바울이 전한 복음은 다메섹 도상에서 계시를 통해 알게 되었다는 점에서 '계시된 복음'이며, 사도들로부터 전수받아 전했다는 점에서 '전승된 복음'이라고 할 수 있습니다[258].

전승된 복음은 네 개의 독립절(헬-호티절, 영-that clause)이 '그리고'(헬-

카이, 영-and)라는 말에 의해 병렬적으로 연결되어 있습니다. 곧 그리스도의 죽음, 장사됨, 부활, 현현의 사건이 복음입니다. 그런데 고린도전서의 권위 있는 주석가 찰스 바레트는 네 번째로 열거된 '현현'은 단순한 병렬절이기 때문에 그리스도의 사건으로서의 복음에서 제외합니다.[259]

네 개의 독립절로 구성된 복음은 한글성경에서는 애매하게 표현되어 있습니다. 그것들을 헬라어 원문과 구조가 같은 영어와 함께 기록하면 다음과 같습니다.

① 그리스도가 우리의 죄들을 위해서 성경대로 죽었다는 것
　　that Christ died for our sins according to the Scriptures

② 그가 장사되었다는 것
　　that he was buried

③ 그가 성경대로 사흘 만에 일으켜졌다는 것
　　that he was raised on the third day according to the Scriptures

④ 그가 게바에게 보여졌다는 것
　　and that he appeared to Peter

바레트의 견해를 감안하여 현현의 사건을 복음에서 제외한다면 복음을 믿는 것은 '로마서 6장 4절'에서 구체적으로 설명됩니다. "그러므로 우리가 그의 죽으심과 합하여 세례를 받음으로 그와 함께 장사되었나니 이는 아버지의 영광으로 말미암아 그리스도를 죽은 자 가운데서 살리심과 같이 우리로 또한 새 생명 가운데서 행하게 하려 함이라"(롬 6:4).

이와 같이 전승된 복음은 하나님께서 아들에게 행하신 "우리 죄를 위하여 죽으시고, 장사지낸 바 되시고, 삼 일 만에 부활하시고, 보이시고"의 네 가지 사건입니다. 그리고 복음의 내용은 네 가지 사건 중 어느 하나만 강조되지 않으며 각각의 사건이 동일한 가치와 비중을 가집니다. 여기서 복음을 믿는 것은 그리스도의 각각의 사건에 연합되는 것입니다. 즉, 그리스도의 십자가에 연합하여 그와 함께 죽고, 그와 연합하여 장사지낸 바 되고, 그리하여 그의 부활에 연합하면 영원한 생명을 얻는 것입니다(롬 6:4).

그의 죽음에 연합되는 것은 그와 함께 옛 사람이 죽어 죄의 몸이 멸하는 것입니다. 또한 육신에 속한 자기주장 의지가 십자가에 못 박혀 죄의 세력에서 벗어나는 것입니다. 더불어 죄의 지배를 받아 지은 죄들이 그의 보혈로 사함 받고 정결하게 되는 것입니다. 그와 함께 죽은 자는 그의 무덤에 그와 함께 장사됩니다. '그리스도의 무덤'이 복음(케리그마)의 하나로 명시된 것은 놀랄 만한 일입니다.[260] 그런데 그리스도께서는 그의 최후의 표적으로 무덤을 예표하셨습니다(마 12:39-40). 또한 그는 삼 일 간의 무덤의 시간을 통해 성전을 지으시겠다고 하셨습니다(요 2:19). 그리스도와 함께 죽은 자는 그와 함께 무덤에 거하며 아들을 통해 성전을 지음 받습니다. 이 성전은 다윗이 오르난의 타작마당에서 받은 심판이 예표한 대로 살아 있고 운동력 있는 말씀으로 말미암아 심판이 집행될 때 지어집니다(대상 21장; 히 4:12-13).

복음으로 영생을 얻는 것, 신구약성경의 핵심증거이다

구약의 선지자들이 증거한 복음과 예수 그리스도께서 성취한 복음은 공히 영원한 생명을 주는 것을 목적으로 합니다. 예수께서는 성경(구약)은 자신을 증거하는 책이며, 이 성경이 기록된 목적은 영원한 생명을 얻는 것이라고 말씀하셨습니다. "너희가 성경에서 영생을 얻는 줄 생각하고 성경을 연구하거니와 이 성경이 곧 내게 대하여 증언하는 것이니라"(요 5:39). 구약시대 선지자들을 통해 여러 번에 걸쳐 여러 방식으로 증거한 말씀은 마지막 날 아들을 통하여 증거되었습니다(히 1:1-2). 아들의 증거는 궁극적으로 영원한 생명을 얻도록 하는 복음입니다(요 5:24; 벧전 1:23). 이와 같이 구약성경과 신약성경의 핵심은 복음이며, 복음의 궁극적인 목적은 영원한 생명을 얻는 것에 있습니다(딤전 1:16; 딤후 1:10).

복음의 목적, 하나님께로 인도하다

영원한 생명은 하나님과 연합을 이루어 하나님과 그 아들 예수 그리스도와 사귐을 그 목적으로 합니다(요일 1:1-4). 즉, 죄로 인해 잃어버렸던 하나님과 연합된 존재가 복음을 통해 얻는 영원한 생명을 통하여 회복되는 것입니다. 이 점에서 하나님과의 연합은 하나님 나라의 복음입니다. 이것은 예수께서 하나님으로부터 보냄 받은 뚜렷한 목적입니다. "예수께서 이르시되 내가 다른 동네들에서도 하나님의 나라 복음을 전하여야 하리니 나는 이 일을 위해 보내심을 받았노라"(눅 4:43). 복음은 죄인이 예수 그리스도의 사건에 각각 연합되는 것이며, 그 결과 영원한 생명을 얻어 하나님의 통치를 받는 하나님 나라가 임하게 합니다. 즉, 그리스도의 십자가 죽음은 궁극적으로 하나님께 나아가는 것을 목적으로 하는 것입니다. 그래서 존 파이퍼는 기독교 복음의 핵심을 다음과 같이 정의합니다.

기독교 복음이란 단순히 예수님이 죽으시고 부활하셨다는 것이 아니며, 이러한 사건들이 하나님의 진노를 달래고 죄를 용서하며 죄인들을 의롭게 한다는 것도 아니며, 이러한 구속이 우리를 지옥에서 구해 내어 천국으로 인도한다는 게 아니다. 기독교 복음이란 이러한 사건들이 우리를 최고이며, 모든 만족을 주며, 영원한 보화이신 예수 그리스도의 얼굴에 나타난 하나님의 영광으로 인도한다. '그리스도께서도 단번에 죄를 위하여 죽으사 의인으로서 불의한 자를 대신하셨으니 이는 우리를 하나님 앞으로 인도하려 하심이라'(벧전 3:18).[261]

십자가 죽음의 복음은 하나님께 나아가 하나님의 통치를 받고 하나님과의 사귐에 이르는 하나님 나라의 복음을 성취하게 합니다. 이로써 예수께서 전한 하나님 나라의 복음과 사도들이 전한 십자가와 부활의 복음은 서로 연관을 갖게 됩니다. 곧 예수 그리스도의 하나님 나라 선포를 통한 '약속'과 그의 죽음을 통한 그 약속의 '성취', 그리고 부활을 통한 그 성취의 확인, 이 세 가지는 불가분의 관계에 있습니다.[262] 그리하여 예수님의 하나님 나라로 표현된 복음은 사도들의 예수 그리스도의 죽음과 부활의 복음으로 대치되었습니다. 복음은 궁극적으로 영원한 생명을 드러내며 궁극적으로 하나님께로 인도합니다. "그는 사망을 폐하시고 복음으로써 생명과 썩지 아니할 것을 드러내신지라"(딤후 1:10). 여기서 생명(헬, 조에)과 썩지 아니할 것(헬, 아프다르시아)을 결합하면 '영원한 생명'과 동의어가 됩니다.[263] 즉, 복음은 영원한 생명을 얻게 되는 핵심적 은혜입니다. 말씀묵상은 십자가와 부활의 복음을 믿음으로써 얻게 된 영원한 생명으로 하나님과 교제함으로써 하나님 나라의 복음을 성취하는 영적 실재입니다. 그리고 하나님과의 사귐은 영생 얻은 자 상호간의 사귐으로 완성됩니다(요일 1:5-7).

3. 영원한 생명의 실재

영원한 생명은 영원을 사는 생명입니다. 영원은 관념이 아니라 실재presence합니다. 그렇다면 영원은 무엇입니까? 인간의 역사에서 영원을 사모하는 마음은 나름대로 영원에 대한 개념을 설정하였습니다. 곧 영원을 '끝이 없는 미래'로 대체합니다.264 그런데 이것은 어디까지나 영원 밖에서 영원을 보려는 시도에 불과합니다. 성경에 나타나는 영원은 인간이 궁구窮究해 온 이런 개념과 전혀 다릅니다. 성경은 과거와 미래 위에 영원이 있다고 증거합니다. "나는 알파와 오메가요 처음과 마지막이라"(계 21:6). 즉, 인간의 시간인 과거와 현재, 미래의 시간을 초월하는 '영원'이 존재하는 것입니다. 영원은 하나님의 존재의 세계이며, 존재하는 모든 것, 그 이전의 시간입니다.

아담, 영생을 얻기 위한 존재로 만들어지다

하나님은 영원의 시간에서 아들에게 영원한 생명을 주셨습니다. "아버지께서 자기 속에 생명이 있음 같이 아들에게도 생명을 주어 그 속에 있게 하셨고"(요 5:26). 창세전, 영원의 때에 하나님 아버지와 그 아들이 존재하십니다(요 1:1). 아들은 아버지께 복종하여 아버지의 사랑 안에 거하는 영광스런 존재가 되셨습니다(요 15:10, 17:5). 인간은 그 영광에 함께하기 위해 하나님의 형상대로, 곧 아들의 형상대로 지은 바 되었습니다(창 1:26-27; 사 43:7; 고후 4:4). 아담은 비록 만들어진 존재이나 하나님과 교제를 통해 영생을 사는 자가 되었습니다. 그러나 그는 영생을 주시는 둘째 아담 그리스도가 오실 때 영생을 얻게 됩니다. 이 영생은 영원히 멸망하지 않으며 아무도 하나님의 손에서 빼앗을 수 없는 생명입니다(요 10:28).

그리스도, 영원에서 오셔서 영원으로 가시다

아담은 죄를 범함으로 인해 영생 얻을 기회를 상실하였습니다. 그런데 예수 그리스도께서 인간이 죄를 범함으로 인하여 잃어버린 영원한 생명을 주시기 위해 오셨고, 죽으셨습니다(요 3:14). 예수 안에 영원한 생명이 있으며(요 1:4), 누구든지 그를 믿는 자는 영원한 생명을 얻습니다(요 3:15). 그러나 영원을 알지 못한 이들은 영원한 생명을 주시는 그리스도를 오해하고 배척합니다. 예수께서는 유대인들에게 아브라함을 증거하셨습니다. "너희 조상 아브라함은 나의 때 볼 것을 즐거워하다가 보고 기뻐하였느니라"(요 8:56). 아브라함은 복음을 믿어 영원 안에 거하였던 것입니다(창 15:5-6; 갈 3:8, 16). 그는 영원의 시간에서 아버지와 함께 영광중에 있는 아들을 보았습니다(요 17:24). "보고 기뻐하였느니라"(요 8:56). 그런데 하나님의 아들도 영원 안에서 기뻐하는 아브라함을 보았습니다. 복음을 믿어 영원을 사는 자는 아브라함이 보았던 영원을 보는 자이며, 그가 바로 아브라함의 자손입니다(갈 3:7). 이에 유대인들이 반문합니다. "유대인들이 이르되 네가 아직 오십 세도 못 되었는데 아브라함을 보았느냐"(요 8:57). 영원에 무지한 채 인간의 시간에 갇혀 있는 이들은 여전히 예수를 반박합니다. 이들은 아브라함이 믿은 영원의 존재를 보지 못한 채 혈통에만 매여 있는 자들입니다. "예수께서 이르시되 진실로 진실로 너희에게 이르노니 아브라함이 나기 전부터 내가 있느니라"(요 8:58). 이 말씀을 다시 말하면 이렇습니다. "내가 너희에게 진리를 말한다. 아브라함이 태어나기 전에도 나는 존재한다." 예수께서는 "아브라함이 나기 전부터 '내가 있었느니라(I was)'"라고 하지 않으시고, "아브라함이 나기 전부터 '내가 있느니라(I am)'"라고 하십니다. 이것은 그가 영원에서 나온 자신의 출발을 말씀하고 계신 것입니다.²⁶⁵ 예수 그리스도는 그 출발이 영원에 있으며, 지금도 영원 안에 살며, 영원으로 돌아갈 것입니다(요 8:14; 13:1). 영원의 존재이신 아들이 우리 안에 들어오신 것이 바로 구원입니다(갈 1:16).

영원이 현재로 틈입하다

말씀묵상은 영원한 생명이 실제로 구체화되는 영적 일상입니다. 말씀묵상은 인간의 시간 안에 영원이 꿰뚫고 들어오는 것으로, 우리의 현재는 하나님께서 존재로 거하시는 거룩한 시간이 됩니다. 헤셸이 말한 대로 하나님은 우리의 시간을 성소 삼으십니다.²⁶⁶ 복음서에서 영원한 생명은 지고한 선이자 그리스도 안에서 영원한 현재로 거듭하여 표현됩니다. 에크하르트에 의하면 영생은 시간의 흐름 안에 있는 영원한 지금이며, 키르케고르에 의하면 결정적인 현재로서 모든 순간의 무한한 의미로 지적되는 신앙적 사건입니다.²⁶⁷ 즉, 영원한 생명의 실재는 참된 지금, 영원한 지금을 살아가게 합니다. 그것은 과거의 기억에 지배당하지 않으며 과거의 상처, 저주, 고통에 삼킴 당하지 않는 순전한 현재입니다. 막막한 미래와 시간의 내몰림에 굴복당하지 않으며, 과거가 원인이 된 미래의 근심에 훼손당하지 않습니다. 하나님의 존재가 거하시는 '영원한 지금'인 것입니다.

또한 영원한 생명의 실재인 '영원한 지금'은 하나님께서 현재의 시간 안에 들어오셔서, 하나님 자신의 일, 즉 구원과 하나님 나라의 실현을 위해 일하시는 '참된 지금'입니다. 영원한 생명을 얻은 자는 이렇게 영원한 지금을 살아갑니다. 물론 그도 몸이 구속되어 완전한 구원을 이루기까지 과거와 미래에 의해 영원한 지금을 침식당합니다. 그래서 갈등이 있고 고뇌가 있고 몸부림이 있습니다. 그러나 거기에 현재를 내어주지 않습니다. 잠시 휘청거리지만 즉시 십자가로 나아가, 이전의 모든 것이 십자가에서 이미 폐기처분되었음을 믿습니다. 그는 십자가에서 죽음으로써 자유하게 된 자이며, 결코 그의 존재를 허상의 현재에 내어주지 않습니다. 그의 현재는 더 이상 과거와 미래가 뒤엉킨, 존재하지 않는 현재가 아니라 유일하신 참 하나님과 그가 보내신 예수 그리스도와의 교제의 실제인 것입니다. 영원의 교제를 통해 하나님 아버지의 일이 실현되는 영생의 실재가 됩니다.

4. 영생의 교제로서 하나님과의 사귐

사도들은 그리스도께서 당하신 복음의 사건을 전승된 복음으로 전하였습니다. 이는 성령의 조명을 통하여 계시된 복음이 됩니다(갈 1:12). 사도들이 전한 복음은 예수께서 전한 하나님 나라의 복음과 통합됩니다(눅 4:43; 벧전 3:18). 예수 그리스도께서 목적하신 구원의 실제는 "내게 주신 자도 나 있는 곳에 나와 함께 있어 아버지께서 창세전부터 나를 사랑하시므로 내게 주신 나의 영광을 그들로 보게 하는 것"에 있습니다(요 17:24). 그리스도의 죽으심은 죄사함을 가져왔으며 이로써 삼위 하나님과 연합이라는 존재의 본향으로 인도하였습니다(벧전 3:18). 하나님과의 연합은 말씀묵상을 통해 실제로 경험됩니다. 말씀묵상은 영원한 생명을 얻은 자가 삼위 하나님과의 사귐을 통해 삼위 하나님과 함께하는 영광에 참여하는 것입니다. 이는 옛 사람의 죽음과 더불어 새 사람이 하나님 안에 감추어짐으로 실재합니다. "너희가 죽었고 너희 생명이 그리스도와 함께 하나님 안에 감추어졌음이라"(골 3:3). 또한 신자의 하나님과의 사귐은 공동체 안에서 서로 사귐으로 완성되며, 이로써 하늘의 기쁨이 공동체 안에 충만하게 임합니다(요일 1:3-4).

하나님과의 사귐, 탕자가 아버지 품에 안기듯

말씀묵상을 통해 하나님을 만나는 실제는 탕자를 만나는 아버지에 비유됩니다. 말씀은 우리의 생각과 의도를 심판하며 우리는 존재의 비참함을 발견합니다(히 4:12). 하나님은 아들의 공로로 비참한 우리 존재를 용납하십니다. 하나님 안에 용납된 우리는 아들의 권세를 회복한 존귀한 존재가 되며, 하나님 안에 감추어지게 됩니다. 즉, 말씀묵상은 나도 용납할 수 없는 나를 용납하시는 하나님을 내가 용납하는 구원의 실제입니다. 이렇게 말씀묵상은 궁극적으로 하나님과의 연합 및 사귐의 신앙에 도달하는 것을 지향합니다. 복음은 영원한 생명을 드러내며, 영원한 생명은 하나님과의 연합과 사귐으로 이끄는 것입니다. 이로 보건대 영원한 생명의 성취는 죽은 이후 얻어지는 것이 아니라 하나님과의 현재적인 사귐을 통해 이미 실현되는 것입니다.

이와 같이 말씀묵상은 영원한 생명의 사귐을 구체화하고 실제화합니다. 신앙은 인격적인 행위입니다. 만일 신앙이 하나의 인격적 행위이고, 상호관계가 인격 존재의 본질에 속한 것이라면 이러한 상호관계는 하나님과 인간 사이의 관계에도 타당합니다.[268] 인격적 행위로서의 기독교 신앙은 단지 이론적으로 하나님을 인식하는 것이 아니고 하나님과의 실제적인 만남을 의미합니다. 하나님께서 사람을 만나시는 것은 사람이 다른 사람을 만나는 것과 다르며, 창조주의 무제약적이고 한정받지 않는 요구를 하시는 아버지로서 만나십니다. 또한 그분은 아들로서 만나시며 성령으로 만나십니다.

하나님은 아들을 통해 우리를 만나신다

하나님은 아들의 구속사건을 통해 아들을 믿는 자를 만나십니다. 이는 구원의 사건입니다(엡 2:8). 구원받은 자는 영원한 생명을 얻으며, 하나님과 인격적이고 지속적인 만남을 가집니다. 하나님과의 만남은 영원한 생명을 토대로 하며, 하나님과 사귐은 곧 영원한 생명의 사귐입니다. 사도 요한은 하나님께서 영원한 생명을 주신 목적은 하나님과 그 아들 예수 그리스도와의 사귐에 참여하는 것이라고 말합니다(요일 1:3). 영원한 생명은 태초부터 아버지와 함께 계시다가 우리에게 나타났습니다(요일 1:2). 영원한 생명은 과거와 현재와 미래 너머에 있으며, 한 번도 부재한 적이 없습니다.[269] 여기서 요한이 증거하는 영원한 생명은 육신을 입고 오시기 전의 성자 그리스도를 의미합니다(요 1:1, 14). 말씀묵상은 태초부터 중단 없이 계속되어 온 성부와 성자의 영원한 생명의 사귐에 근거하고 있습니다.

아들 안에서 하나님과 하나 되다

예수께서는 십자가 죽음을 앞두고 제자들을 위해 영생의 실체와 사귐에 대하여 구체적으로 기도하셨습니다(요 17:20-26). "아버지여, 아버지께서 내 안에, 내가 아버지 안에 있는 것 같이…"(요 17:21). 영원부터 아들은 아버지 안에, 아버지는 아들 안에 거하십니다(요 1:1, 17:5). 이는 성자와 성부의 존재 양식(樣式)으로서 하나 됨의 양식입니다. 하나 됨의 내용은 아버지에 대한 성자의 복종과 복종하는 아들에 대한 성부의 사랑이 일체가 되는 것입니다(요 15:10). 복종하는 아들의 영광(상급)은 복종 받는 자, 하나님 자신을 받는 것에 있습니다. 아들은 아버지께 복종함으로써 아버지의 존재를 받으신 것입니다. 이는 아버지의 영광이며 아버지의 얼굴이며, 아버지의 현존입니다(쉐키나). 아버지가 복종하는 아들에게 주신 아버지의 영광은 존재 자체인 것입니다. 이 영광은 창세전 아버지와 함께 가졌던 영광이며 아들에게 주신 영광입니다(요 17:5, 22). 이는 영원의 존재법으로 '아들이 아버지 안에, 아버지가 아들 안에 거함'의 실제입니다.

신자의 복종, 영원의 존재법에 근거하다

이와 같은 영원의 존재법은 영원에 속한 신자의 질서를 규정하는 관계법입니다. 하위 권위가 상위 권위를 사랑하는 것은 복종입니다(요 14:21). 복종 받는 상위 권위가 복종하는 하위 권위를 사랑하는 것은 자신의 존재를 내어 주는 것입니다. 그러므로 하위 권위는 상위 권위에 복종하며, 상위 권위는 자신의 영광(존재)을 하위 권위에게 내어 줍니다. 그 결과 하위 권위는 감추어지고, 그가 받은 상위 권위만 드러나게 됩니다. 이것이 상위 권위 안에 거하는 하위 권위의 실재입니다. 바울은 영원의 존재법으로 그리스도와 교회, 남편과 아내 사이의 질서를 규정합니다. 교회는 머리 되신 그리스도께 복종하며, 그리스도는 교회를 위해 자신을 내어 주십니다(엡 5:25). 아내는 남편에게 복종하며, 남편은 복종하는 아내에게 자신의 존재를 내어 줍니다(엡 5:22-25). 이때 복종하는 자는 복종 받는 자의 영광이 됩니다. "남자는 하나님의 형상과 영광이니… 여자는 남자의 영광이니라"(고전 11:7). 이렇게 하위 권위가 상위 권위에 복종하면, 상위 권위의 영광이 그의 것이 되는 것입니다.

"… 그들도 다 하나가 되어 우리 안에 있게 하사 세상으로 아버지께서 나를 보내신 것을 믿게 하옵소서"(요 17:21). 하나님의 아들이 십자가 죽음을 통해 주신 영원한 생명, 곧 영생 얻은 자는 서로 하나 되어 하나님과 아들과 함께 거하게 됩니다. 이는 세상으로 하나님의 아들을 믿어 영원한 생명을 얻도록 하기 위함입니다. "내게 주신 영광을 내가 그들에게 주었사오니 이는 우리가 하나가 된 것 같이 그들도 하나가 되게 하려 함이니이다"(요 17:22). 아들은 자신이 아버지와 하나 된 것처럼 영생을 얻은 자들이 하나 되게 하기 위해 아버지께서 자신에게 주신 영광을 그들에게 주었습니다. 성자가 말하는 영생 얻은 자들의 하나 됨은 "곧 내가 그들 안에 있고 아버지께서 내 안에 계시어"(요 17:23)입니다. 하나 됨은 '아들이 믿는 우리 안에 있고, 아버지가 아들 안에 있는' 이것입니다.

영생 얻은 우리가 아들 안에 거하는 것은 영원의 존재법에 의해 아들에게 복종하는 것입니다. 그리고 복종 받는 아들은 우리에게 아들 자신의 영광, 존재, 얼굴을 주십니다. 그 결과 우리의 존재, 우리의 얼굴,

우리의 영광은 감추어지고, 오직 아들만 드러나십니다. 이것이 성육신의 삶입니다. 그런데 아들의 삶은 세상의 관점으로 보면 보잘것없고, 누추하고, 사람들에게 멸시당한 삶이었습니다. 하지만 그것은 하나님께 완전히 복종하는 삶이었으며, 거기에 하나님의 영광이 드러났습니다. 그러므로 아들 안에 거하는 삶은 궁극적으로 아들을 통해 하나님이 드러나는 삶입니다.

신자의 온전함, 하나님 안에 거함으로 성취된다

"…그들로 온전함을 이루어 하나가 되게 하려 함은 아버지께서 나를 보내신 것과 또 나를 사랑하심 같이 그들도 사랑하신 것을 세상으로 알게 하려 함이로소이다"(요 17:23). 하나 됨은 곧 온전함을 이루는 것입니다. 온전함은 성자와 성부가 복종과 사랑으로 존재하는 영원의 양식입니다. 그러므로 하나 됨은 우리가 성자와 성부 안에 거함인 동시에 성자가 우리 안에, 그리고 성부가 성자 안에 거하는 것입니다. 이것은 하나님 안에서의 온전함입니다. 그러므로 신자의 온전함은 아들 안에 거함으로써 아버지 안에 거하는 데에 있습니다. 영원한 생명의 사귐의 유익은 영생 얻은 자로 하여금 완전함에 거하게 합니다.

신앙의 완전함은 율법이나 계명, 규칙, 영적 깨달음, 신앙의식의 준수를 통해서 이루지 못합니다. 그럼에도 불구하고 모든 시대마다 신자들은 끊임없이 이와 같은 방식으로 완전함에 이르고자 하였습니다. 하나의 신앙규칙 또는 하나의 영적 깨달음은 처음에는 신선함을 가져다 줍니다. 새로움과 완전함에 대한 환상을 심어 줌으로써 매우 신선합니다. 그러나 그것은 결코 완전함에 이르게 하지 못하며, 점점 부담이 되고 짐이 되고 멍에가 됩니다. 이 멍에를 벗기 위해 새로운 그 무엇을 붙잡습니다. 그것은 신앙의 규칙일 수 있고, 영적 깨달음일 수 있고, 탁월한 영적 지도자일 수 있습니다. 그로 인해 다시 한동안 신선함을 누립니다. 변화되는 것 같고 완전함의 환상을 갖게 됩니다. 그러나 진리는 어떤 율법을 지켜도 신앙의 완전함에 이르지 못한다고 선언합니다. "전에 있던 계명은 연약하고 무익하므로 폐하고 (율법은 아무것도 온전하게 못할지라) 이에 더 좋은 소망이 생기니 이것으로 우리가 하나님께 가까이 가느니라"(히 7:18-19). 더 좋은 소망은 예수 그리스도를 통하여 하나님 안에 거하는 것입니다. 예수의 피를 힘입어 지성소로 들어가는 자는(히 10:19), 참 마음과 완전한 믿음으로 하나님께 나아가는 자입니다(히 10:22). 삼위 하나님과 교제하는 영생의 사귐은 신자를 완전함에 이르게 하며, 그 결과 완전한 기쁨을 성취하게 합니다(요일 1:4).

2부
말씀묵상과 영성을 논하다

the Joy of the Word from Heaven

5장
기독교 영성의 이해

한국 교회의 영성은 성경과 기독교 전통, 그리고 종교개혁 사상에 기반을 둔 진정한 영성으로 승화되어야 할 긴박한 사명을 안고 있습니다. 한국 교회의 바람직한 영성은 말씀묵상을 통해 하나님과 연합하는 관계적 영성과 세상의 현실 속에서 정의와 공평을 행하고, 구원과 개혁의 사명을 다함으로써 하나님의 나라를 실현시켜 나가는 실천적 영성으로 나아가야 합니다.

<big>본서에서 말씀묵상은</big> 기독교 영성의 고양을 목적으로 합니다. 본 장에서는 올바른 기독교 영성을 고찰하며, 이에 대한 신학적 고찰로 어반 홈즈가 정의한 5가지 영성의 요소를 참고합니다. 필자는 어반 홈즈의 영성의 요소들을 관계적 영성, 초월적 영성, 일상적 영성 등 3가지로 재정립합니다. 이것을 토대로 한국 교회의 영성을 파악하고 성경과 기독교 전통, 그리고 종교개혁 사상에 기반을 둔 진정한 영성으로 승화되어야 할 것을 제안합니다. 그 실제적인 대안으로 말씀묵상을 통해 성취되는 관계적, 초월적, 일상적 영성을 살펴보고자 합니다.

1. 기독교 영성의 의미

예수 그리스도를 통해 하나님을 만나다

넓은 의미로서 영성은 인간의 행동을 유발하는 어떤 태도나 영으로써, 구체화된 종교적 윤리적 가치를 총칭합니다.[270] 이와 같은 영성의 개념은 어떤 특정 종교에만 국한되지 않으며 신적 또는 초월적인 것들을 믿는 사람이나 어떤 종교적 신념에 따른 생활양식을 형성하는 사람에게 적용됩니다.[271] 이러한 맥락에서 볼 때 사람들은 기독교 영성뿐 아니라, 선禪의 영성, 불교의 영성, 유대교의 영성, 회교의 영성에 대해서도 말할 수 있습니다. 폴 에프도키모브P. Evdokimov는 기독교 영성의 범주를 가리켜 '하나님을 대면하고 하나님의 생명에 참여하고 하나님의 영에 귀 기울이는 사람의 영'으로 한정하였습니다.[272] 그래서 기독교 영성의 개념은 성경에 '영'spiritus이나 '정신'pneuma이란 언어로 언급된 신령한 능력, 초자연적 능력을 지칭하는 것이라고 할 수 있습니다. 즉, 기독교 영성은 예수 그리스도를 중심으로 하고 그를 통하여 삼위 하나님 안에 이르는 것입니다.[273]

    인간이 하나님의 형상대로 창조된 것은 하나님께서 인간의 삶에 참여하고 교제하기 위한 것으로 이는 영원한 생명을 주시기 위함입니다. 이것은 창세전 하나님의 인간을 향한 목적이었습니다(딛 1:2). 그러나 사람이 영적인 존재가 되는 것은 하나님께서 우리 안에 들어올 수 있는 가능성 이상을 의미합니다. 그것은 우리가 하나님을 아는 것을 의미하는 것을 포함합니다. 그리고 인간이 하나님을 아는 행동을 표현하는 하나의 방식은 인간이 하나님의 말씀의 담지자bearer가 되는 것을 말합니다. 예수 그리스도는 영성의 본질인 말씀이 육신을 입고 오신 것이며(요 1:14), 그가 오신 목적은 사람들에게 영원한 생명을 주시기 위함입니다(요 3:15, 6:40). 그리고 영원한 생명의 본질은 유일하신 참 하나님을 아는 것입니다(요 17:3). 그러므로 기독교 영성의 본질은 영원한 생명을 얻어 하나님과의 관계 안에 거하는 것이라고 볼 수 있습니다.

 **하나님과의 연합의 신앙과 세상의 삶을 통합하다**

인간은 창조주 하나님의 형상대로 지음을 받았기 때문에, 본성적으로 영성, 즉 창조주 하나님과의 깊이 있는 관계를 갈망하며, 추구합니다.274 토마스 머튼은 20세기 들어 기독교 영성의 독특한 모델을 제시하였습니다. 그가 제시한 기독교 영성은 자아성찰, 묵상기도, 관상기도, 행동의 과정으로, 신자가 하나님과 연합을 이루고 나아가 세상을 향해 하나님의 구원 행위를 성취하는 것입니다. 즉, 그리스도인의 영성은 자아가 십자가에서 죽고(갈 2:20), 하나님과 연합하는 존재가 됨으로써 하나님께서 세상을 보는 눈으로 세상을 보고, 그분과 함께 세상을 구원하는 역사에 행동으로 참여하는 것이라고 한 것입니다.275 그래서 신자는 하나님과의 연합을 추구함과 동시에 하나님의 구원과 사회개혁의 사명에 동참해야 한다고 역설하였습니다. 그 실례로 머튼 자신은 트라피스트회 신부이면서 평화인권운동가의 삶을 살았습니다. 이 점에서 현존하는 영성가 헨리 나우웬과 필립 얀시뿐 아니라, 오프라 윈프리와 힐러리 클린턴도 머튼을 열광적으로 존경한다고 고백하였습니다.276 이는 기독교 영성을 신앙과 삶으로 통합한 그의 영성관에 대한 진정성을 시사하고 있습니다.

신앙과 삶이 통합된 기독교 영성은 하나님 중심적이지만 철저히 역사의 현실 속에서 뿌리를 내립니다. 이는 건강하고 온전한 생명을 왜곡시키는 온갖 악마적 힘에 투쟁하는 '저항의 영성'입니다.277 기독교 영성은 예수 그리스도를 믿음으로 인해 영생을 얻고, 삼위 하나님과 연합하는 것이 그 본질입니다. 하지만 하나님과 연합된 신앙에만 갇혀 있지 않으며, 역사의 현실에 참여하여 진리를 기뻐하는 행동적 참여를 요구합니다. 그러므로 그리스도인의 영성적인 삶은 만물을 새롭게 하여 하나님의 영광에 둘러싸이는 생명의 질적 변화와 만물의 궁극적 새로움을 바라보며, 인간의 모든 가능한 희망을 넘어섭니다. 이로써 우리의 생명이 부활하신 그리스도의 영원한 생명과 일치되는 것을 믿는 '희망의 영성'이라고 할 수 있습니다.[278]

> 사랑하는 자들아 우리가 지금은 하나님의 자녀라 장래에 어떻게 될지는 아직 나타나지 아니하였으나 그가 나타나시면 우리가 그와 같을 줄을 아는 것은 그의 참 모습 그대로 볼 것이기 때문이니 주를 향하여 이 소망을 가진 자마다 그의 깨끗하심과 같이 자기를 깨끗하게 하느니라(요일 3:2-3).

2. 기독교 영성의 요소

기독교 영성 신학자들은 각기 영성의 한 측면을 강조하고 있으며, 포괄적인 영성의 요소를 보여 주지 못하고 있습니다. 이 점에서 어반 홈즈는 여러 학자들이 강조하고 있는 영성의 측면들을 포괄적으로 정리하여 다섯 가지 요소로 제시합니다. (1) 인간의 관계성 형성 능력 a human capacity for relationship이며, (2) 그 관계의 대상은 감각 현상을 초월하는 존재(하나님)이며 with that which transcends sense phenomena; this relationship, (3) 이 관계는 주체의 노력과는 별개의 것으로, 확장된 또는 고양된 의식으로서 주체에 의해 인식되며 is perceived by the subject as an expanded or heightened consciousness independent of the subject's efforts, (4) 역사적 상황 속에서 본질을 받고 given substance in the historical setting, (5) 세계 속에서 창조적 행위를 통하여 그 자신을 드러냅니다 exibits itself in creative action in the world.[279]

1) 관계성의 영성

'관계성'은 인간의 실존을 반영합니다. 플라톤은 존재한다는 것은 관계 속에 있는 것이라고 말했고, 아리스토텔레스는 인간 존재를 관계의 존재인 정치적 동물로 정의하였습니다.[280] 인간이 하나님의 형상대로 지음 받은 것은 관계 안에서 존재하는 삼위 하나님의 형상대로 지음 받았음을 의미합니다(창 1:26). 인간의 내부에는 타자와의 합일을 원하는 타고난 열망이 있는데, 이 열망은 에로스 eros로 표현됩니다. 여기서 '애욕적'이란 단어가 나왔습니다. 그런데 이 욕망은 외설적인 감정보다는 훨씬 더 심오한 것입니다. 이것은 인간 상호간에 그리고 궁극적으로 하나님과 합일을 느끼는 생래적인 욕구인 것입니다. 플라톤은 "어떤 신 a god도 인간과 교제하지 않지만, 이 중개자(에로스)에 의해서 신들과 인간들 사이의 모든 교제와 대화가 진행된다."고 말했습니다.[281] 에로스는 초감각의 세계를 지향한다는 것이 플라톤의 에로스 개념의 본질입니다. 에로스는 인간이 신적인 것을 향하여 올라가는 길이요, 신적인 것이 사람을 향해서 구부려 내려오는 길이 아닙니다.[282] 이에 반해 기독교의 '아가페' agape는 하나님께서 인간을 향하시는 길입니다. 그리고 하나님과 인간 사이의 관계에서 교제를 수립하는 주도권은 신적 아가페에 놓여 있습니다.[283] 인간의 관계성에 대한 욕구는 외적인 근접 proximity, 즉 접촉 touch만으로 충분하지 않습니다. 관계성의 충족은 타자의 내적 실재 속에 들어간다는 말이며, 이것은 서로에 대해서 진실히 아는 친밀감 intimacy의 본질입니다.

2) 초월적 경험의 영성

영성의 요소는 초월적 존재와 관계를 맺고자 하는 기대입니다.[284] 영성에서 말하는 초월적 경험이란 우리 자신의 힘으로 이해할 수 있는 것보다 더 위대한 그 무엇에 의해 물질세계를 초월하여 주어지는 경험입니다. 에로스는 인간이 다른 인간 또는 궁극적 실재와 관계를 맺고 그를 알고자 하는 욕구로서, 이는 알면 알수록 모르는 것이 더 많다는 결론에 이르게 됩니다. 그래서 플라톤이 참 실재와의 만남을 추구한 끝에 '삶보다 죽음이 바람직하다'는 기이한 결론에 이른 것은 당연한 귀결입니다.[285] 우리는 스스로 하나님을 알지 못하며, 초월적 존재이신 그분이 우리의 유한한 마음과 대면할 때 비로소 하나님을 알게 됩니다. 하나님과 관계를 맺는 것은 하나님에게서 나오는 은혜로운 사건입니다. 이는 신적 아가페로서 에로스와 달리 하나님께서 사람에게 은혜롭게 강림하심으로 인해 그 교제의 길이 확립되는 것입니다.[286] 여기서 영성이란 우리를 찾아오시는 초월적 존재이신 하나님과 관계성을 형성할 수 있는 능력을 말합니다.

3) 영적 각성의식의 영성

영적 각성의식은 영적 경험을 규명하는 핵심(key)으로 고양되고 확장된 의식consciousness을 말합니다.[287] 혹자는 이것을 '삶의 의미를 설정해 주거나 지탱해 주는 그 무엇'으로서 '영적 각성'spiritual awareness이라고 부릅니다. 또 어떤 이는 '하나님이 내게 행하신 어떤 것, 그 일에 나는 눈을 뜨게 되었고, 하나님이 그것을 하였다'고 말함으로써 '새로운 의식'new consciousness이라고 부릅니다. 또 어떤 이는 '자기 소명의 명확성'으로, '영적 전환점' spiritual turning point 이라고 부르기도 합니다. 이러한 새로운 각성의식은 기독교 영성 전통의 중심을 차지하고 있습니다. 아빌라의 테레사는 자신의 영적 각성에 대해 황홀상태라고 부르면서, "이 경우에 내가 아는 것은 영혼은 하나님의 일을 결코 지각할 수 없었고, 하나님의 위엄에 대해 그와 같은 깊은 깨달음과 지식도 갖지 못한다는 사실이다."라고 표현했습니다.288 영성은 노력하거나 습득하여 가질 수 있는 것이 아니라, 수용하는 것이며 기다리는 것이며 신뢰하는 것입니다.

> 주 여호와 이스라엘의 거룩하신 이가 이같이 말씀하시되 너희가 돌이켜 조용히 있어야 구원을 얻을 것이요 잠잠하고 신뢰하여야 힘을 얻을 것이거늘 너희가 원하지 아니하고… 그러나 여호와께서 기다리시나니 이는 너희에게 은혜를 베풀려 하심이요 일어나시리니 이는 너희를 긍휼히 여기려 하심이라. 대저 여호와는 정의의 하나님이심이라. 그를 기다리는 자마다 복이 있도다(사 30:15, 18).

이러한 점에서 영성은 '적극적인 수용성' an active passivity 이라고 할 수 있습니다. 이는 우리의 마음과 정신에 하나님의 조명하심의 가능성을 허용하도록 실제로 힘쓰는 것을 의미합니다. 그리고 영적인 각성의식은 구체적인 지식의 형태를 취하는 것으로 성육화가 되어야 합니다. 예술, 음악, 조각 등과 같은 작품들 안에 들어 있는 심오함이 창조된 대상의 질에 의해 측정되듯이, 영적인 각성 또한 드러나는 각성의 질에 의해 평가됩니다. 그러므로 영적 각성의식은 구체적인 영적 지식의 본체로 나타납니다.

4) 지식의 실체로서의 영성

영성은 영성의식이 지식의 실체로 나타나는 것이며 이는 항상 역사성을 가지고 있습니다.[289] 역사적이라는 말은 지식의 내용의 형태가 특정한 시간과 장소의 기능을 가지고 있다는 것을 의미합니다. 성경 역시 역사성을 가지고 있습니다. 하나님은 특정한 때와 장소에서, 특정한 대상에게 말씀하신 것입니다. 물론 그 안에는 시간과 장소, 공간을 초월한 하나님의 성품이 계시됩니다. 예컨대, 하나님은 인격적이며, 공의로우시며, 사랑하시며, 용서하시는 분으로 계시됩니다. 그러므로 영성적 존재로서 인간은 역사적 상황 가운데서 자기의 영성을 실현해 갑니다.

5) 행동하는 영성

영성은 영성적 지식의 산물에 근거하여 결단을 내리고, 결단을 행동으로 옮기는 것입니다.[290] 만일 하나님께서 우리의 영적 의식을 각성시켜 주셔서 전에 알지 못했던 것을 알게 된 것이 진실이라면, 그것은 불가피하게 우리의 행동으로 나타나게 됩니다. 참된 진리는 반드시 행동을 수반합니다. 이 점에서 사회적 행동으로부터 도피하는 영성은 그 자체로 모순입니다. 하나님은 자신의 뜻이 하늘에서 이루어진 것처럼 땅에서도 이루어지기를 바라십니다(마 6:10). 바로 이런 이유로 예언자는 '행동하는 신비주의자' a mystic in action 라고 할 수 있습니다. 그는 하나님에게서 나오는 '하나님의 비전'이 무엇인지 알고 행하는 자입니다. 그래서 하나님의 마음속에 그려져 있고, 하나님께서 의도하고 있는 그대로의 세상을 우리로 하여금 볼 수 있게 하고, 알 수 있게 하는 것이 영성의 특성입니다. 그러므로 어떤 사람의 영성의 성취는 하나님 나라를 위한 그의 행동에 의하여 성취됩니다. 하나님의 눈으로 세상을 보고, 하나님의 의도와 벗어나 있는 세상을 구원하기 위한 적극적인 행동이 영성의 성취인 것입니다. "이러므로 그들의 열매로 그들을 알리라"(마 7:20).

상기한 바 영성의 요소를 종합하면 기독교 영성은 관계성에 있으며, 그 관계가 감각세계를 초월하는 하나님과의 인격적인 관계의 삶을 통하여 초월을 체험하는 초월성에 있으며, 그리고 초월자와의 관계에서 각성된 의식이 구체적인 역사의 현장에서 행동으로 나타나는 실천적 영성으로 규정할 수 있습니다. 말씀묵상은 이와 같은 참된 영성의 실제로 우리를 인도합니다.

3. 한국 교회의 영성

기독교 영성은 종교적 진공상태에서 발아되어 성장할 수 없습니다. 예수 그리스도의 복음을 '씨앗'으로 비유한다면, 한국인의 종교적 심성을 포함한 문화 풍토 및 시대 상황은 '밭'으로 비유됩니다. 한국 사회에 복음이 전파되어 싹이 트고 자라 꽃이 피고 열매를 맺는 과정에서 결정적인 영향을 끼친 것은, 종縱으로는 한국 전통문화의 세계관, 가치관, 생사관, 역사관 등이며 횡橫으로는 역사 현상에 불어 닥친 세계사의 모진 풍랑이었습니다.²⁹¹ 또한 한국 기독교는 한국인의 종교적 심성에 적잖은 영향을 받아 왔습니다. 김경재 교수는 한국인의 종교성을 공동체적 영성, 한의 영성, 신바람 영성, 신령한 인간으로서 영성을 들고 있습니다.²⁹² 한국인의 종교적 심성과 그것이 지닌 영성의 특징이 기독교의 그것과 깊은 차원에서 접목됨으로써 창조적인 힘을 발휘할 수 있고, 나아가 교회 부흥에 기여한 점은 주목할 만합니다. 하지만 교회의 외적 부흥 그 자체가 성경의 진리를 확증하지 못합니다. 그래서 기독교 영성이 한국인의 종교성과 혼합되어 비성경적이고 비기독교적으로 흐른다면 마땅히 자성하고 경계해야 합니다. 사실 한국 교회에서 보게 되는 영성은 순수한 종교개혁자의 개혁 정신에 입각한 기독교 영성이라기보다는 역사적 과정에서 다소 굴절된 영성이라고 할 수 있습니다.²⁹³

부흥주의 영성

한국 교회의 부흥주의 영성은 성령부흥운동을 추구하는 집회 영성이며, 전도 영성으로 일컬어지는 대각성 집회 영성입니다.²⁹⁴ 1903년 초기 선교사들에 의해 원산에서 시작된 영적 대각성운동은 한국 교회의 부흥운동의 시초가 되었습니다. 부흥주의 영성은 열심도 생기고 신앙체험도 일어나는 점에서 긍정적이나, 극복되어야 할 부정적인 면도 없지 않습니다. 부흥주의 영성에서는 신앙체험을 강조하였는데, 이것이 기복과 치유를 목적으로 한 기복신앙에 몰두하게 하였습니다. 1973년 빌리 그래함의 대규모 전도 집회는 300만 명이 모인 집회로써 교회의 양적 부흥운동의 발판이 되었습니다. 그 이듬해 열린 엑스폴로 집회 또한 650만 명이 모였고, 1980년 이후 지속적으로 대규모 영성 집회가 이어졌습니다.²⁹⁵ 그 결실로 교회는 양적인 부흥을 이루었고, 많은 선교사들이 해외로 파송되기도 하였습니다.

한국의 부흥주의 영성은 기도의 영성과 밀접한 관계가 있습니다. 새벽기도회를 비롯한 기도운동이 교회 부흥의 원동력이 되었음은 두말할 나위가 없습니다. 한국 교회의 새벽기도회는 1906년 길선주 목사가 평양 장대현 교회에서 시작하였는데, 1907년에 이르러 영성운동의 직접적 동기가 되었습니다.²⁹⁶ 이어서 전체 교회로 파급되었는데 장로교, 감리교, 성결교, 그 외 대부분의 교단에서 교회 부흥의 견인차 역할을 해 왔습니다. 새벽기도회의 열기는 수요기도회, 철야기도회로 이어져 회중모임과 기도는 불가분의 요소가 되었습니다. 한편 미국 북장로교회의 '한국 기독교 100년사'의 보고서에 따르면, 한국 교회의 기도 영성이 한국인의 종교성과 결합되었음을 시사하고 있습니다.

> 한국인의 성향은 자연적으로 기도에 반응한다. 불교 신자로서, 고대신의 숭배자로서, 선신과 악신에게 간청하는 자로서, 그들은 이미 기도에 관해 알고 있었다. 존경어가 풍부한 한국어의 구조 자체가 자연스럽게 기도의 형태를 부여한다. 한국의 신자들은 특별히 강조하지 않아도 가정 예배든, 개인적 헌신이든, 공적인 모임이든, 기도 모임이든 스스로 기도의 자리로 나아간다. 한국의 신자들이 산에 가서 기도하는 것은 결코 이상한 일이 아니다. 그들은 자주 큰 소리로 기도한다. 이른 아침이든 저녁이든 산에서 들려오는 큰 소리의 기도소리와 찬양소리를 쉽게 들을 수 있다. 그들은 주일 예배 외에도 수요일에도 기도하기 위해 모이고, 금요일에는 밤늦게까지 모인다. 새벽 4시에 마을 곳곳에서 들리는 교회 종소리는 아침의 적막을 깨웠다.²⁹⁷

한국 교회의 부흥을 주도적으로 이끌어 왔던 기도의 영성은 복음을 처음 전했던 선교사들의 눈으로 볼 때 기이하기까지 하였습니다. 본 보고서는 한국의 기도 영성에 대한 열정을 인정하면서도 한국의 기도 영성이 상당 부분 한국인의 종교성과 혼합되었음을 시사하고 있습니다.

은사 신비주의 영성

한국 교회의 은사주의 영성은 김익두 목사의 신유은사가, 신비주의 영성은 이용도 목사의 신비주의가 그 시초가 되었습니다. 1920년대 김익두 목사는 일제강점으로 인해 억압과 고통 중에 있는 이들에게 치유 중심의 부흥 집회를 주도하였습니다.[298] 또한 이용도 목사는 1907년 이후 그리스도와의 완전한 합일을 강조하며 신비주의 집회를 인도하였습니다. 이용도 목사의 집회는 일정한 원칙과 질서를 무시하고 즉흥적이고 신비적인 감각에 의존하였습니다. 그런데 그의 집회와 전도 활동은 당시 한국 교회 신자들에게 많은 영향력을 끼쳤습니다.[299]

한국 교회의 은사, 신비주의 영성은 1960-90년대 오순절 교회의 성령운동으로 꽃을 피우게 됩니다. 오순절 성령운동을 이끌어 간 대표적인 교회는 여의도 순복음 교회입니다. 오순절 운동의 영성은 신유와 방언 등 영적 체험을 강조하며, 설교의 핵심은 오중복음과 삼중축복에 있습니다. 조용기 목사는 오중복음이 순복음 영성의 이론적인 부분이라면 삼중축복은 오중복음의 실천 부분이라고 하였습니다.[300] 하지만 오순절 영성운동은 성경 전체의 진리나 하나님 나라의 복음보다는 신유, 은사, 축복, 체험 등 현상적인 사건이 강조되고 복음의 통전적 이해보다는 현세적이고 기복적 신앙을 추구한다는 지적을 받기도 합니다.

한국 교회의 은사, 신비주의 영성은 역사적으로 자유주의 신학과 맥을 같이 합니다. 현대신학의 아버지로 불리는 슐라이어마허는 18세기말 계몽주의라고 불리던 때 태어났습니다. 그는 계몽주의 사상의 영향을 받은 기독교 합리주의에 대한 반발로 종교적 감정과 체험을 신앙의 본질이라고 하였습니다. 그에 의하면 종교는 교리의 문제가 아니라 느낌, 직관, 경험의 문제입니다.[301] 그래서 그는 성경을 통한 계시보다 신앙적 감각으로 체험하는 감정을 중요시하였습니다. 일반 대중은 그의 사상이 너무 편하게 느껴진다는 점에서 환영하였습니다.[302] 무엇보다 기독교 신앙이 인간의 목숨을 죽이고 살리는 심각한 문제가 아니라는 그의 주장은 정말 듣기 편한 소리였던 것입니다.[303] 최근 200년 동안 그의 사상이 성경과 기독교 교리와 기독교인의 정체성에 미친 부정적 영향은 실로 막대합니다. 무엇보다 평신도들로 하여금 성경 지식이나 신학적 탐구를 무시하게 하는 결과를 초래하였습니다. 한국 교회의 은사, 신비주의 영성은 그 뿌리가 절대 감정의 체험을 신앙의 본질로 주장하는 슐라이어마허의 영향을 상당 부분 받고 있음이 분명합니다. 그리고 그 부정적 영향도 적지 않습니다.

감각주의 영성

게리 토마스Gary Thomas는 감각주의 영성을 영성의 한 분야로 다루고 있습니다. 감각주의 영성은 시각, 청각, 후각, 촉각, 미각 등 오감을 통해 하나님을 만나는 것을 추구합니다.[304] 감각주의 영성은 오감을 경험할 수 있는 것이면 무엇이든지 받아들입니다. 감각주의 영성을 추구하는 자들은 예배중 시각적 장치와 소리와 냄새에 가득 젖기를 원합니다. 이들은 감각적 집중 세례를 통해 기쁨을 얻습니다.[305] 한국인은 제도나 이성보다 감정을 우선하는 경향이 있습니다. 감각주의는 감정을 중시함과 동시에 삶의 쾌락을 중히 여깁니다. 이런 경향으로 인해 한국인에게서 청교도적 경건함이나 초월적 세계에 대한 긴장감을 찾아보기가 어렵습니다.[306] 의미 있는 인생보다 즐거운 인생을 선호하는 한국인의 경향성은 신앙생활에 있어서도 진지한 성찰보다는 역동적이고 즐거운 활동을 포함하는 감각주의를 선호합니다.

한국의 감각주의 영성은 열린 예배를 중심으로 본격화되었습니다. 한국 교회는 1980년을 전후하여 장로교 중심의 개혁주의 영성이 답보 상태에 이르게 되고, 오순절 교회의 은사 및 체험적 영성이 중심적 영성으로 자리 잡게 되었습니다. 또한 1990년에 들어오면서 한국 교회는 교회 성장의 지연과 둔화에 대한 문제를 해결하기 위해 새로운 영성적 대안들을 모색하게 되었습니다. 이에 성장이 정체된 교회를 반전하는 시도로써 열린 예배가 도입된 것입니다. 열린 예배는 온누리 교회의 하용조 목사를 중심으로 교회 성장을 위한 또 다른 물결로 받아들여졌습니다.[307]

'열린'이라는 수식어의 사용은 전환기의 한국의 시대상을 반영한 표현임과 동시에, 미국의 성장하는 교회(윌로우 크릭 교회나 새들백 교회)의 예배 형태인 구도자 예배를 모델로 하였습니다. 열린 예배는 전통적 예배 방식을 탈피하고 현대의 대중문화와 음악을 통하여 불신자(특히 신세대들)를 쉽게 교회에 접하게 함으로써 복음을 전하는 선교 방법의 하나로써 경배와 찬양식의 안무와 율동을 겸한 CCM의 도입과 드라마나 다중 매체multi-media를 통한 예배 형태를 총칭합니다.[308]

열린 예배의 도입은 한편으로 교회 성장을 이루고 젊은이들뿐 아니라 성인들에게도 신선한 신앙을 촉발시켰으나, 기독교 영성의 본질을 벗어나는 부정적인 측면도 드러냈습니다. 곧 성경과 역사적 전통, 그리고 종교개혁 신앙에 근거한 기독교 영성의 본질을 등한시하고 시대적 요청에 부응하여 교회의 양적 성장에 치중하는 수단이 된 것입니다.

개혁주의 영성

개혁주의 영성은 칼빈의 영성과 신앙관에 기반을 두고 있습니다. 개혁주의는 하나님의 말씀으로 개혁된다는 의미입니다.[309] 개혁주의 신자에게 성경말씀은 가장 중요한 위치를 차지하고 있습니다. 우리의 묵상과 기도가 성경에 계시된 하나님을 향하는 것이 아닐 때 그것은 본질적으로 우상숭배일 수밖에 없으며, 기독교의 내용에서 벗어난 영성을 발전시키게 됩니다.[310] 개혁주의 신앙은 지성의 온전한 사용이 없는 '감상의 위험' the danger of sentimentality을 경계합니다. 감상이란 조심스런 사고보다 감정을 더 우선하는 과도한 정서주의이며, 정서란 신자들이 신뢰할 것이 못 됩니다. 느낌이란 하나님과의 만남에 있어서 스스로의 병리적 필요에서 나오는 것이기 때문입니다.[311] 물론 개혁주의 신앙이 감성 자체를 부인하는 것은 아니며, 다만 그것이 말씀의 빛에서 나오는 지성을 통하여 검증될 것을 요구합니다.

말씀 선포로서의 설교는 개혁주의 신앙에서 은혜를 가져다주는 중요한 수단이었습니다.[312] 개혁주의 교회는 말씀 선포와 하나님의 말씀을 동일시할 만큼 목사의 설교를 강조하였습니다.[313] 나아가 말씀을 행동으로 실천하는 순종을 강조합니다. 설교는 신앙적 인격의 변화를 강조하며, 변화된 인격은 세상에서 하나님의 뜻을 이루는 사랑과 공의의 실천으로 증거됩니다(딤후 3:17). 하지만 모든 일에 균형을 이루기는 쉽지 않습니다. 개혁주의 교회는 내적 신앙생활을 강조하는 입장과 외적인 행동을 강조하는 입장으로 나누어졌습니다. 전자는 보수적인 입장으로 개인적인 경건, 기도, 하나님과의 친밀감 등 내적 신앙에 비중을 두었고, 후자는 진보적인 입장으로서 사회 변화의 추구, 정의와 평화 실현 등 외적 행동에 비중을 두었습니다. 하지만 내적 신앙을 강조한 이들은 사회의 문제와 요청에 대해 등을 돌리는 잘못을 범했으며, 외적 행동을 강조한 이들은 삶에 대한 긍정이란 이름으로 전통적 형태의 경건을 세상에서의 도피로 보는 잘못을 범하였습니다.[314]

　한국 교회의 개혁주의 영성은 장로교단이 주도하여 왔습니다. 한국의 개혁주의 교회 역시 설교를 중심으로 한 신앙적 인격 변화를 강조한 보수주의 입장과 사회 참여와 사회 구원을 강조한 진보주의 입장으로 양분되었습니다.[315] 보수적인 교회는 예배와 설교와 기도가 영성의 핵심이었으며, 진보적인 교회는 민중신학 등을 체계화하여 사회 정의의 실현에 치중하였습니다. 개혁주의 영성은 설교에 지나친 비중을 두고, 나아가 설교자를 지나치게 의지하게 합니다. 이로써 신자가 말씀을 통해 하나님과 직접적인 관계를 맺는 관계적 영성을 도외시하는 우려를 안고 있습니다. 한편 말씀과 설교, 인격 변화와 사회 참여를 기조로 한 한국의 개혁주의 영성은 1970년대부터 급속히 확산되기 시작한 은사 및 신비적 영성과 갈등을 빚게 됩니다.

4. 한국 교회 영성의 평가

    기독교 신앙은 역사 안에 현존하며 시대적 요청에 따른 다양한 영성적 흐름을 이어 왔습니다. 신앙의 유산은 비전과 실용주의 양극 사이의 긴장 속에서 성장합니다.[316] 여기서 비전은 하나님의 궁극적 가치value이며, 실용성은 인간의 필요need라고 할 수 있습니다. 실용주의의 본산은 미국입니다. 미국의 실용주의는 실험해 보아서 작동되면 진리로 간주하는 사상인데, 이는 유럽의 철학과 정신 사조를 미국 문화에 맞게 소화할 것인가 하는 문제에서 비롯되었습니다.[317] 이에 반해 한국의 실용주의는 자신의 필요를 채워 주면 무엇이든지 도구나 방편으로 이용하는 사상으로써 '~에 유용한 것은 좋다'라는 구조를 가집니다. 여기서 '~'에 들어가는 것은 시대와 상황에 따라 얼마든지 바뀔 수 있습니다.[318]

    종교는 인간의 필요를 반대하지만 포교적 목적으로 인간의 필요를 지지합니다. 또한 인간의 필요를 지지하지 못한 종교는 소멸되고 맙니다. 1974년 노벨경제학상을 수상한 프리드리히 하이에크F. A. Hayek는 경제학뿐 아니라 인간과 관련된 모든 분야에 정통한 석학이었습니다. 그는 역사적으로 종교는 인간의 욕구를 지지할 때 존속된다고 말했습니다. "지난 2천 년 동안의 종교 설립자들 중 많은 사람은 개인의 소유와 가족을 반대하였다. 그러나 오직 개인의 소유와 가족을 지지한 종교만이 살아남았다."[319] 기독교 신앙 역시 인간의 필요를 지지합니다. 예수 그리스도는 자신이 하나님의 아들임을 보여 주는 표적으로 인간의 필요를 채워 주셨습니다. 그로 인해 많은 사람들이 그에게 모여들었습니다(요 6:2). 실용주의 영성은 필요사역이 그 중심이며 그것이 기독교의 한 단면인 것을 부인할 수는 없습니다. 하지만 필요사역은 반드시 영생을 주는 가치사역으로 승화되어야 합니다. 예수 그리스도는 땅의 표적을 통해 필요사역을 충족해 주면서, 이것을 통해 자신에게 나온 이들을 가치사역인 영원한 생명으로 이끄셨습니다(요 6:26-27).

실용주의 영성에서 생명을 주는 영성으로

한국 교회의 다양한 영성은 교회 부흥의 필요와 성도의 개인적 필요를 중심으로 시대마다 변천하였습니다. 그 결과 교회는 양적 성장을 이루었고, 개인은 계층별 욕구를 채워 왔습니다. 아브라함 매슬로는 동기이론Motivation Theory에서 인간의 욕구(필요)를 다섯 가지 단계로 정의하였습니다. 그것은 생리적 욕구, 안전의 욕구, 소속과 사랑의 욕구, 존중의 욕구, 그리고 자아실현의 욕구입니다.[320] 한국 교회의 부흥주의 영성은 기복신앙을 발판으로 정착하였고, 개인적으로는 생존의 욕구를 채워 주었습니다. 나아가 교회와 개인의 안정의 욕구도 채워 주었습니다. 욥의 처음 신앙처럼 신앙의 열정은 생의 불안과 두려움을 제거하고 안전을 보장받기 위한 구실이 되었습니다. 또한 교회 안에는 활발한 구역 모임과 소그룹 활동을 통해 소속과 사랑의 욕구가 채워졌습니다. 개인적으로는 심리 상담 및 치유 목회를 통해 내면의 문제를 해결받는 데 치중하였습니다. 나아가 영적 성취도가 높은 성도들에게 주어지는 교회의 직분은 자아존중감을 심어 주었고, 이와 궤를 같이한 교회의 부흥은 목사와 성도들에게 자아실현을 제공하였습니다.

그런데 신앙생활에 있어서 인간의 필요를 채우는 표적과 기도 응답은 궁극적 목적인 영원한 생명의 획득과 하나님과 교제의 신앙으로 나아가야 합니다. 예수께서 필요를 채우는 표적을 행하신 것은 하나님의 아들의 이름을 믿어 영원한 생명을 얻는 것이 목적이었습니다(요 20:30-31). 그래서 필요를 채워 주는 실용주의적 신앙은 영원한 생명을 얻고 풍성하게 하는 본질적 신앙으로 승화되어야 하는 것입니다.

한편 실용주의적 신앙의 경향은 성도의 필요가 채워지고 교회가 양적으로 부흥하면 무엇이든 영성적 가치를 부여한다는 점에서 부정적인 면을 드러내고 있습니다. 이로 인해 영성의 개념은 무분별하게 정의되고 무차별적으로 오용됩니다. 예컨대, 마음의 상처를 다루는 치유사역을 영성훈련이라고 하는가 하면, 기복을 목적으로 하는 기도 행위를 영성이라고 정의하기도 합니다. 기독교 영성은 인간을 만족시키거나, 인간의 필요를 도모하는 수단으로 결코 오용될 수 없습니다. 기독교 신앙은 필요를 무시하지 않으나, 궁극적으로는 영원한 생명을 얻어 삼위 하나님과 교제하는 것을 목적으로 합니다(요 6:47).

한국 교회는 세계 기독교 역사에서 보기 드문 양적 부흥을 이루었습니다. 그러나 교회의 양적 부흥과 진리의 문제는 별개입니다. 왜냐하면 하나님은 교만하고 완악한 자를 통해서도 얼마든지 자신의 능력을 보이시고 자신의 이름을 온 땅에 드러내시기 때문입니다(롬 9:17). 현재 한국 교회는 어느 때보다 영성이 핵심적인 가치가 되고 있습니다. 이것은 단순한 양적 부흥을 넘어 건강한 부흥을 염원하는 시대적 요청입니다. 그간의 한국 교회 영성은 성경과 종교개혁 정신을 반영한 기독교 영성이라기보다는 시대가 요구하는 영적 요청들을 영성으로 받아들였습니다. 더구나 영성에 대한 관심이 높아지면서 가톨릭 전통의 영성이 성경과 종교개혁 정신의 검증 없이 무분별하게 도입되고 있는 실정입니다. 예컨대, 가톨릭교회의 관상기도와 같은 영성훈련이 성경적 숙고 없이 유행하고 있는 것입니다.

한국 교회의 영성은 성경과 기독교 전통, 그리고 종교개혁 사상에 기반을 둔 진정한 영성으로 승화되어야 할 긴박한 사명을 안고 있습니다. 한국 교회의 바람직한 영성은 말씀묵상을 통해 하나님과 연합하는 관계적 영성과 세상의 현실 속에서 정의와 공평을 행하고, 구원과 개혁의 사명을 다함으로써 하나님의 나라를 실현시켜 나가는 실천적 영성으로 나아가야 합니다.

5. 시대적 요청과 영성적 응답

세상 풍조, 일상의 경건으로 극복한다

교회가 현존하는 작금의 한국 사회는 격동 속에 있습니다. 한국 사회는 현대사의 치명적인 사건인 일제 36년의 강점과 6.25전쟁으로 인해 자연발생적인 삶의 양식이 자리 잡게 되었습니다. 그것은 한국인의 삶의 이유를 살아남기, 잘 살기, 잘 먹기, 편안하기, 놀기로 규정하였으며 그 현상으로 현세주의, 인생주의, 허무주의의 사조를 이루고 있습니다.[321] 이와 같은 생활사조는 사람의 가치를 정신세계와 의식수준의 함양보다는 현세적 욕망과 감각적 즐거움에 빠져들게 하고 있습니다. 그로 인해 한국 사회는 '생각 없음, 철학 부재, 정신세계의 와해현상'을 드러내고 있으며, 다른 한편으로 첨단과학과 새로운 미디어가 쏟아내는 오락산업에 길들여지고 있습니다. 현세주의 現世主義는 사후세계를 믿지 않고 현실세계에서 모든 행복을 완성하려는 삶을 인생의 목적으로 합니다. 인생주의 人生主義는 자기 인생 혹은 자식의 인생을 절대적으로 소중하게 생각하는 사조이며 나아가 생의 가치를 삶의 즐거움에서 찾고 오감을 만족시키는 쾌락을 추구하는 사조입니다. 허무주의 虛無主義는 모든 실재를 부정하거나 무 無로 돌리는 철학관으로서 생의 과정에서 고난이 오면 자신을 성찰하고 변화를 통해 새로운 삶으로 도전하는 것이 아니라 '인생은 헛된 것, 그저 그런 것'이라는 자조 自嘲 속에서 안주하게 만듭니다.

이와 같은 사조들은 생활에서 우러나와서 생활을 이끌며 생활 속에 정착된 삶의 양식입니다. 그래서 좀처럼 바뀌지 않는 것이 그 특징입니다. 소위 사회적으로 성공하고 존경받는 고위층에 속한 사람들이 많은 재산을 모으고 자식의 인생을 위해 위장전입을 거리낌 없이 하는 것은 배우고 성공해도 결국 생활에서 우러나온 삶의 양식은 쉽사리 극복될 수 없음을 반증하고 있습니다. 무엇보다 이와 같은 삶의 양식은 작금의 기독교 신앙에도 상당한 위협을 가하고 있습니다. 즉 현세주의, 인생주의, 허무주의와 같은 세상의 풍조들은 교회 안에서 청교도적 경건이나 초월적 세계에 대한 긴장감을 배척하게 합니다. 그러나 기독교 신앙의 본질인 영생은 한시도 중단되지 않았으며, 매일 고백되고 훈련되어 살아가는 실제 생활입니다. 그리고 생활 속에서 형성되고 정착된 세상의 풍조는 매일 하나님과 사귐을 갖는 일상생활의 경건을 통해 비로소 극복됩니다. 이 점에서 그리스도인의 말씀묵상은 생활 속에서 경건을 실천하게 하며 기독교 신앙의 변질이나 타락을 막고 참된 부흥으로 이끄는 실제적이고 본질적인 영성이라고 할 수 있습니다.

말씀의 회복, 성도 각자가 하나님과의 사귐의 자리로!

한국 교회는 선교 130년을 맞이하고 있습니다. 교회는 하나님의 은혜와 성도들의 열정적인 신앙으로 비약적인 성장을 이루었습니다. 하지만 최근 들어 교회의 성장은 정체 상태에 놓여 있으며, 교회의 내적 상태는 영생의 교제 또는 하나님과의 사귐이라는 신앙의 본질이 퇴색되어 세상 풍조에 합류하는 경향이 뚜렷합니다. 또한 사회 정의의 구현과 도덕적 책임의 역사적 요청에 부응하지 못함으로써 세상으로부터 외면당하거나 지탄받는 현상을 빚고 있습니다. 현재 한국 교회는 사회적 사조의 영향을 받아 현세적 성공, 자기실현, 실패에 대한 위로, 혼적 즐거움을 선사하는 메시지, 성령을 통한 치유, 가정의 행복 등 인간의 필요에 부응하는 사역이 주류를 이루고 있습니다. 그러다 보니 기독교의 본질인 복음과 영생의 진리는 뒷전으로 밀리고 칭의와 성화의 근본인 삼위 하나님과의 연합의 신앙은 실종되어 가고 있는 실정입니다.

많은 이들은 한국 교회의 희망은 말씀으로 돌아가는 데 있다고 말합니다. 그러나 어떻게 또는 무엇이 말씀으로 돌아가는 것인지에 대해서는 뚜렷한 향방이 없이 진부하고 혼란스럽기까지 합니다. 물이 넘치는 홍수 때에 마실 물이 없는 것은 비극입니다. 한국 교회처럼 설교, 성경공부, 제자훈련 등 말씀이 많은 교회도 세계 교회에서 찾아보기 어렵습니다. 그러나 하늘로부터 내려오는 영생의 말씀은 매우 희귀합니다. 성경으로 돌아가는 것은 성경이 증거하는 진리의 본질로 돌아가는 것입니다. 이는 예수 그리스도의 복음을 성령의 조명을 통해 깨닫게 하는 데에서 출발합니다.

예수 그리스도의 복음은 그 자체로 목적이 되지 않으며 영원한 생명을 드러내는 것을 목적으로 합니다(딤후 1:10). 복음을 통해서 얻게 되는 영생의 본질은 하나님과의 사귐에 있습니다(요 17:3). 이로써 하나님의 나라가 실현되는 것입니다. 그러므로 말씀묵상을 통해서 삼위 하나님과 갖게 되는 영생의 사귐은 영원히 목마르지 않는 생수를 얻게 하는 기독교 신앙의 궁극적인 목적이 됩니다. 즉, 말씀묵상은 영원한 생명으로 하나님과 사귐을 가져오게 하는 기독교 신앙의 본질적 사역인 것입니다. 이로 보건대 한국 교회가 세속의 물결을 거슬러 말씀으로 돌아가는 길은 성도 각자가 성경에 기초한 올바른 말씀묵상을 실천하는 데 있습니다.

영생의 삶으로 만물을 새롭게 한다

주지한 대로 한국 사회는 격동하며 한국 교회는 위기에 처해 있습니다. 그럼에도 불구하고 하나님은 만물을 새롭게 하시는 분이십니다(계 21:2). 새로운 시대의 소망은 만물을 새롭게 하시는 하나님으로부터 오는 산 소망입니다. 하나님의 산 소망은 복음을 통해 영원한 생명을 획득하는 데에서 오며, 이로써 예수 그리스도를 통해 하나님과 연합에 이르는 데 있습니다.

인간의 창조 목적은 창세전 거짓이 없으신 하나님의 약속에 기초하고 있습니다. 그것은 사람에게 아들 안의 생명, 곧 영원한 생명을 주시는 것입니다(딛 1:2). 영생은 삼위 하나님과의 사귐을 말하며, 사람은 영생의 삶을 통해 하나님께서 지으신 세상을 하나님의 뜻대로 다스리게 됩니다. 그러나 아담은 하나님께 불순종하여 죄를 지었고, 아담 안에 속한 모든 인간은 하나님과 분리되는 사망의 상태에 놓이게 되었습니다. 죄의 본질은 특정한 행위의 잘못이나 규율의 위반 이전에 하나님과 분리된 상태를 뜻합니다. 죄로부터 구원하는 복음은 하나님과의 관계를 회복시켰으며, 구원의 내용은 죄사함을 받는 것뿐 아니라 하나님과의 관계 회복과 그 사귐에 있습니다. 그리고 하나님과 사귐의 결과는 하늘로부터 주어지는 '기쁨'joy 입니다(요일 1:4).

그리스도인은 영원한 생명을 가진 자입니다. 그는 '이미와 아직'의 긴장 속에서 하나님의 나라를 현재로 누리는 자입니다. 그것은 하나님과의 사귐의 신앙을 통해 실현됩니다(요 17:3). 일상에서 얻게 되는 하나님과의 사귐의 기쁨은 현재 한국 사회의 생활양식인 현세주의, 인생주의, 허무주의를 넉넉히 극복하게 하는 하나님의 지혜와 능력이 됩니다. 나아가서 하나님과의 사귐은 예수 그리스도 안에서 하나님과 연합되어 자신의 존재가 감추어지는 것으로(요 17:24), 자의식으로부터 해방되는 것이며(골 3:3), 교회의 병적 현상인 자아중심, 자아몰입, 자아실현의 풍조를 넉넉히 극복하게 하는 은혜입니다.

지금 우리는 생존의 시대, 웰빙의 시대를 넘어 '의미의 시대'를 향해 나아가고 있습니다. 개인에게 있어 궁극적 인생의 의미는 존재의 회복에서 시작됩니다. 영생의 삶은 존재의 근원이신 하나님과의 사귐으로 개개인에게 존재의 의미를 가져다줍니다. 그로 인해 세상은 만물을 새롭게 하시는 하나님의 은혜로 말미암아 새로운 시대, 곧 하늘의 뜻이 땅에서도 이루어지는 시대를 맞이하게 됩니다.

6장
말씀묵상과 기독교 영성의 실제

말씀묵상으로 만나는 초월의 하나님은 우리의 인식으로 다 알 수 없는 신비의 하나님이십니다. 그러나 그분은 매일 우리의 현실 속으로 꿰뚫어 들어오시며, 우리의 현실에 참여하십니다. 그때 우리는 새롭게 경험하는 신비스럽고 경이로운 하나님 앞에 피조물적인 감정을 경험합니다. 아브라함이 티끌과 재 가운데에서 보았고(창 18:27), 욥이 티끌과 재 가운데에서 만나는 그 하나님을 경험합니다(욥 42:6).

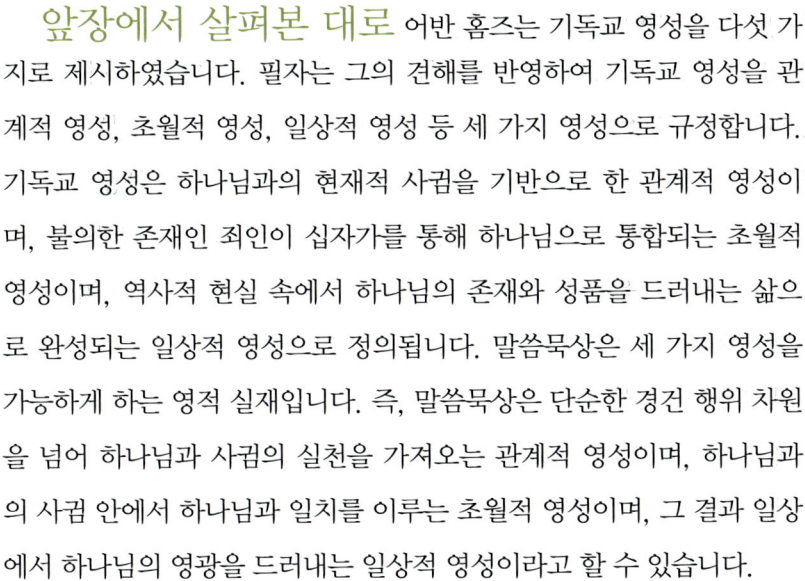

앞장에서 살펴본 대로 어반 홈즈는 기독교 영성을 다섯 가지로 제시하였습니다. 필자는 그의 견해를 반영하여 기독교 영성을 관계적 영성, 초월적 영성, 일상적 영성 등 세 가지 영성으로 규정합니다. 기독교 영성은 하나님과의 현재적 사귐을 기반으로 한 관계적 영성이며, 불의한 존재인 죄인이 십자가를 통해 하나님으로 통합되는 초월적 영성이며, 역사적 현실 속에서 하나님의 존재와 성품을 드러내는 삶으로 완성되는 일상적 영성으로 정의됩니다. 말씀묵상은 세 가지 영성을 가능하게 하는 영적 실재입니다. 즉, 말씀묵상은 단순한 경건 행위 차원을 넘어 하나님과 사귐의 실천을 가져오는 관계적 영성이며, 하나님과의 사귐 안에서 하나님과 일치를 이루는 초월적 영성이며, 그 결과 일상에서 하나님의 영광을 드러내는 일상적 영성이라고 할 수 있습니다.

1. 말씀묵상과 관계적 영성

　　기독교는 유일신 신앙에 있어 유대교와 이슬람교와 유사성이 있음을 부인할 수 없습니다. 기독교가 유대교와 이슬람교 등 다른 일신론적 종교에 의해 가장 예리하면서도 가장 강렬한 반대를 받는 원인은 삼위일체 하나님에 대한 교리 때문입니다. 또한 삼위일체 교리는 기독교를 철학적, 사변적, 합리적 신관념으로부터 분리시킵니다.[322] 기독교의 신관념을 삼위일체 하나님이라고 말한다면 이것은 첫째, 우리 신앙의 하나님은 예수 그리스도 안에서 그 자신을 계시하시는 분임을 의미합니다.[323] 삼위 하나님은 창세전부터 사랑의 관계 안에서 존재하십니다(요 17:5, 15:10, 17:24). 근본적으로 하나님은 인격적 현존 가운데서 그리스도 안에 계셨고, 따라서 그리스도 안에서 우리가 아는 분은 참 하나님이시며 성령을 통하여 그를 아는 것인데 성령은 동일하신 하나님이신 것입니다.[324] 여기에서 인격성personality이란 우리 스스로는 그것을 생각할 수 없으나 계시의 행위 안에서 그 자체가 우리에게 자신을 계시하시는 그러한 종류의 존재를 뜻합니다.[325]

　　기독교 진리에서 관계의 영성은 이상과 같이 하나님께서 자신을 삼위일체로 계시하신다는 사실에 근거를 둡니다. 신약성경에 알려진 삼위일체는 종종 '계시된 삼위일체'와 '경륜적 삼위일체'로 불립니다.[326] 하나님은 그리스도 안에서 자신을 계시하시며 그리스도를 통해서 구원의 행동을 펼치십니다. 성령은 신자로 하여금 그리스도와 성부 하나님과 관계를 맺게 합니다. 그러므로 '관계적 영성'은 하나님 아버지와 하나님의 아들, 그리고 성령의 관계 방식에 근거합니다.

하나님의 형상, 하나님의 아들의 형상으로 지음 받다

인간이 하나님의 형상대로 지음 받은 것은 하나님처럼 만들어졌음을 의미합니다. 이는 다른 피조물과 구별되는 인간만의 독특성입니다. 인간이 하나님의 형상이라는 것에 관하여 많은 이들이 다양한 의견을 내놓았습니다. 그들이 내놓은 의견은 내적 특질로서의 형상(어거스틴 이래 대부분의 정통주의 신학자들이 이렇게 주장), 하나님과 인간의 관계로서의 형상(칼 바르트와 에밀 브루너와 같은 신정통주의자들이 주장), 자연의 통치자로서의 형상(레오나르드 벌드윈과 같은 최근의 몇몇 신학자들이 주장), 하나님의 표현물로서의 형상(벌카우어와 같은 복음주의 신학자들이 주장), 그리고 하나님의 아들 됨의 형상(맥도날드가 주장) 등이 있습니다.327

필자는 상기한 다양한 주장 중에서 하나님과 인간의 관계성으로서의 형상과 하나님의 아들 됨의 형상으로 정의합니다. 인간은 관계성의 존재로서 삼위 하나님의 관계 안에서 인격적으로 현존하시는 하나님의 형상으로 지음 받았습니다. 즉, 인간은 하나님과 더불어 인격적인 관계를 맺도록 만들어진 존재인 것입니다. 하나님은 아담과 하와에게 "생육하고 번성하라"(창 1:28)고 말씀하셨는데, 이는 단순히 '소리를 들으라'고 창조된 것이 아니요 '말을 들으라'고 창조된 것입니다.328 인간은 다른 피조물과 달리 말씀으로 만들어진 존재가 아니라, 말씀으로 살아가는 존재로 만들어졌습니다. 이것이 하나님의 형상으로서의 관계입니다. 칼 바르트는 하나님께서는 인간이 하나님과 언약적 교제를, 그리고 동료 인간과도 교제를 나누도록 창조하였다고 말합니다.329

또한 인간이 하나님의 형상대로 지음 받은 것은 개별성의 존재로서 성자의 형상대로 지음 받았음을 의미합니다. 이는 신약성경의 여러 곳에서 증언하는 바입니다(고후 4:4; 골 1:15; 히 1:3; 빌 2:6). "… 그리스도는 하나님의 형상이니라"(고후 4:4). 즉, 인간은 성부의 형상이나 성령의 형상과 구별되는 존재라는 것입니다. 사탄의 유혹, "하나님과 같이 되어"(창 3:5)라는 말은 성부 하나님에게 복종하는 성자의 자리를 떠나 성부가 되라는 것이 그 핵심입니다. 맥도날드는 '아들 됨'sonship이야말로 하나님께서 사람을 창조하신 목적이고 이것이 하나님의 형상이라고 하며, 하나님의 형상에 대한 모든 개념은 이 개념 안으로 포섭될 수 있다고 말합니다.[330] 그래서 누가복음 3장 38절에서 아담은 '하나님의 아들'로 표현됩니다. "the son of Enosh, the son of Seth, the son of Adam, the son of God."(눅 3:38, NIV).

하나님의 형상에 대한 관계성과 개별성은 창세전 하나님이 성자와 함께하였던 존재 양식에 근거를 둡니다. "태초에 '말씀'이 계셨다. 그 '말씀'은 하나님과 함께 계셨다. 그 '말씀'은 하나님이셨다. 그는 태초에 하나님과 함께 계셨다"(요 1:1-2, 새번역). 사도 요한이 본 태초의 세계는 구체적이고 세밀하고 완전합니다. 세상이 창조되기 이전의 시간을 가리키는 '태초'는 인간이 가늠할 수 없는 초월의 시간이며 '영원'eternity 입니다. 그리고 하나님과 함께하였던 말씀은 지식이 아니라 '존재'Being 입니다(2절). 이 존재는 하나님의 아들, 성자를 가리키며 동시에 하나님이십니다(1절). 인간으로 오신 성자는 3년간 공생애의 말미에 요한이 증거한 태초, 곧 창세전의 신비를 더욱 구체적으로 드러냈습니다. 즉, 영원 안의 하나님의 존재 양식을 계시하신 것입니다. "아버지여 창세전에 내가 아버지와 함께 가졌던 영화로써 지금도 아버지와 함께 나를 영화롭게 하옵소서"(요 17:5). 영원의 시간, 태초에 아들은 아버지와 함께하시면서 영광을 누렸습니다. 하나님의 아들이 누린 영광은 아버지께 복종하여 아버지의 사랑 안에 거하는 것입니다(요 15:10). 아버지는 복종하는 아들을 사랑하여 영광을 주셨는데, 그것은 자신의 본질을 계시하신 것입니다(요 17:24). 그러므로 성자의 복종과 아버지의 사랑은 영원한 생명의 존재법입니다.

그리고 하나님은 영원 안에서 아들이 가진 영광을 주시기 위해 자신의 형상대로 사람을 창조하셨습니다. "내가 내 영광을 위하여 창조한 자를 오게 하라"(사 43:7). 이 영광은 창세전 성자가 성부와 함께 가졌던 영광입니다. 그러므로 인간의 하나님의 형상됨은 하나님의 계명에 복종하여 하나님의 사랑 안에 거하는 성자와 성부의 존재법에 근거하고 있습니다. 하나님께서 인간에게 주신 첫 계명은 "동산 각종 나무의 열매는 네가 임의로 먹되 선악을 알게 하는 나무의 열매는 먹지 말라."(창 2:16-17)였습니다. 이 계명은 아담이 복종하여 하나님의 사랑 안에 거하게 하는 영광을 위한 것이며, 하나님의 형상으로서 인간이 사는 존재법입니다. 그런데 뱀은 여자를 유혹하여 하나님께서 금지한 열매를 먹게 하고, 아담도 그것을 먹었습니다. 유혹자는 사탄이었으나 범죄자는 아담이었으며, 아담 안에 있는 모든 인간이었습니다(롬 5:12).

그럼에도 불구하고 하나님은 죄를 지은 인간을 구원하시기 위해 자기 아들을 보내셨습니다. 하나님의 아들은 하나님의 형상을 잃어버린 모든 인간에게 하나님의 형상을 회복시켜 주기 위해 오셨습니다. 아들의 형상이 회복된 우리의 신앙의 목적은 아들을 본받는 것입니다. 그것은 하나님의 아들 예수 그리스도께서 하나님의 형상이기 때문입니다.[331] 이에 대해 에밀 브루너Emil Brunner는 다음과 같이 말합니다.

예수 그리스도는 진정한 하나님의 형상이시다. 이 형상은 인간이 믿음을 통하여 예수 그리스도 안에 있을 때 다시 얻어지는 형상이다. 따라서 예수 그리스도 안에 있는 믿음은 형상의 회복이다. 왜냐하면 그분은 우리가 죄로 인하여 잃어버렸던 하나님의 말씀 안에서의 존재를 회복시켜 주기 때문이다. 인간은 그리스도 안에서 계시된 하나님의 사랑 안에 거할 때 비로소 참 인간이 된다. 진정한 인간 존재는 하나님의 사랑 안에 거하는 존재이다. 또한 인간의 참된 자유는 하나님께 전적으로 의존할 때 완전해진다.[332]

말씀묵상은 하나님의 형상이 회복된 자, 곧 영원한 생명을 얻은 자의 거룩한 특권입니다. 말씀묵상은 말씀을 통해 삼위 하나님과의 사귐 안에 거하는 신앙의 실재입니다(요 17:3, 24). 그러므로 말씀묵상은 관계적 영성에 이르게 하는 영적 실천이라고 할 수 있습니다. 사도 요한은 영원한 생명은 하나님과의 사귐을 위해서 주어졌다고 말합니다(요일 1:3). 기독교 신앙이 궁극적으로 이르는 곳은 삼위 하나님과 함께하는 영생의 사귐에 있습니다. 그리스도께서 십자가에 죽으심으로 구원을 성취하셨습니다. 그리고 그리스도의 죽음에 연합하여 함께 죽고, 그의 부활에 연합하여 함께 산 자는 영원한 생명을 얻습니다(롬 6:4). 그는 창조 당시의 아담의 상태를 초월하여, 창세전 아들과 아버지가 가졌던 영원의 교제에 참여하게 됩니다. 이 점에서 기독교의 구원은 죄사함을 얻는 것에 그치지 않습니다. 참된 구원은 진리에 이르게 하며, 진리는 하나님 아버지께 나아가는 관계의 회복에 있습니다. "우리가 그 안에서 그를 믿음으로 말미암아 담대함과 확신을 가지고 하나님께 나아감을 얻느니라"(엡 3:12).

그래서 말씀묵상은 구원받은 자가 진리에 이르는 길이며, 그리스도를 통해(엡 3:12), 성령 안에서(엡 2:18) 하나님 아버지께 나아가는 거룩한 규례입니다. 이렇게 말씀 안에 거할 때 그는 그리스도의 제자이며, 진리 안에서 자유자로 서게 됩니다(요 8:31-32).

관계적 영성(렘 31:31-36)

1. **묵상 제목** : 새 언약의 성취, 내게 완전한 은혜이다
2. **오늘의 말씀** : 렘 31:31-36 (2010년 6월 20일)

31 여호와의 말씀이니라. 보라 날이 이르리니 내가 이스라엘 집과 유다 집에 새 언약을 맺으리라. 32 이 언약은 내가 그들의 조상들의 손을 잡고 애굽 땅에서 인도하여 내던 날에 맺은 것과 같지 아니할 것은 내가 그들의 남편이 되었어도 그들이 내 언약을 깨뜨렸음이라. 여호와의 말씀이니라. 33 그러나 그 날 후에 내가 이스라엘 집과 맺을 언약은 이러하니 곧 내가 나의 법을 그들의 속에 두며 그들의 마음에 기록하여 나는 그들의 하나님이 되고 그들은 내 백성이 될 것이라. 여호와의 말씀이니라. 34 그들이 다시는 각기 이웃과 형제를 가르쳐 이르기를 너는 여호와를 알라 하지 아니하리니 이는 작은 자로부터 큰 자까지 다 나를 알기 때문이라. 내가 그들의 악행을 사하고 다시는 그 죄를 기억하지 아니하리라. 여호와의 말씀이니라. 35 여호와께서 이와 같이 말씀하셨느니라. 그는 해를 낮의 빛으로 주셨고 달과 별들을 밤의 빛으로 정하였고 바다를 뒤흔들어 그 파도로 소리치게 하나니 그의 이름은 만군의 여호와니라. 36 이 법도가 내 앞에서 폐할진대 이스라엘 자손도 내 앞에서 끊어져 영원히 나라가 되지 못하리라 여호와의 말씀이니라.

3. 본문 주해

인간은 관계성의 존재이다. 그리고 관계의 근원은 하나님께 있다. 창세전, 하나님은 자기 속의 생명을 아들에게 주시고(요 5:26), 아들과 관계하며 존재하셨다. 이는 성자의 영광이며, 성부의 영광이었다(요 17:5, 24). 하나님께서 인간을 당신의 형상대로 지으심은 아들에게 주셨던 영생을 주셔서(딛 1:2), 관계하시기 위함이었다(요일 1:1-3). 하나님은 첫 사람 아담을 지으시고, 말씀을 통해 그와 관계하셨다.

여기서 '관계하다'의 히브리어, '야다'는 부부 사이의 친밀한 연합을 의미한다. 즉, 아담은 하나님의 계명에 복종함으로써 하나님의 사랑 안에 거하는 하나님과 연합된 존재가 되는 것이다. 이것이 하나님이 인간과 최초에 맺은 언약이다. 그래서 하나님과 인간이 맺은 관계는 언약관계이며, 인간은 말씀에 순종하여 언약을 지키고, 하나님은 순종하는 인간에게 하나님 노릇을 해 주시는 언약을 지키신다. 그러나 창조의 언약관계는 아담의 불순종으로 깨어졌다. 그 결과 인간은 하나님과 분리되었다. 하지만 언약에 신실하신 하나님은 언약을 깨뜨린 인간을 포기하지 않으셨다. 하나님은 언약관계를 회복하는 구원의 역사를 시작하신다. 창조를 완성하시고 안식하셨던 하나님은(창 2:3), 이제 인간을 구원하시기까지 쉬지 않고 일하신다(요 5:17).

성경의 근본 목적은 하나님께서 인간을 구원하시는 지혜(전략)를 담고 있는 책이다(딤후 3:15; 요 5:39). 그리고 부수적 목적은 구원받은 사람이 하나님의 사람이 되어, 하나님의 일을 행할 능력을 갖추도록 하는 데 있다(딤후 3:16-17). 성경은 하나님의 구원의 경륜(전략)을 1, 2, 3 시대로 나눈다. 창세기 4-11장까지는 제1경륜시대로 구원은 개인 단위로 이루어진다. 제2경륜시대인 창세기 12장부터 구약성경 전체는 한 민족, 이스라엘을 대상으로 펼쳐진다. 그리고 제3경륜시대로서 예수 그리스도께서 오신, 신약시대 이후에는 모든 인류를 대상으로 한다.

구원의 궁극적 실제는 언약관계가 회복되는 것으로, "나는 너희의 하나님이 되고, 너는 내 백성이 되리라"는 언약이 이루어지는 것이다. 하나님은 이스라엘을 애굽에서 구원하시고, 시내산에서 언약을 맺으셨다.

출애굽의 목적은 언약백성이 되는 데 있다." …너희를 속량하여, 너희를 내 백성으로 삼고 나는 너희의 하나님이 되리니"(출 6-7). 애굽의 구원은 은혜로 되었으나, 시내산 언약은 백성들의 복종을 요구한다(출 19:4-5). 이스라엘 백성에게 있어 언약의 책임은, 말씀을 잘 듣고, 하나님과 동행하며, 하나님께 복종하는 삶이다." 너희가 내 말을 잘 듣고, 내 언약을 지키면…"(출 19:5). 히브리어에서 '다바르(하나님의 말)'는 신의 부분, 유출, 혹은 그 실제 이상이며, 그것은 하나님의 현현 양식이다(보만, 히브리적 사유와 그리스적 사유의 비교). 그러므로 이스라엘 백성이 하나님의 말을 잘 듣고 그 언약을 지키는 것은 하나님을 존재로 만나는 것이라고 할 수 있다. 구약시대에서 하나님과의 직접교제는 기름부음을 받아 구별된 왕, 제사장, 선지자에 한하였다. 백성들은 그들이 전하는 말씀을 온전히 순종함으로써 하나님과 언약관계를 유지한다.

하나님과 이스라엘 사이의 언약관계는 결혼관계로 묘사된다(사 54:4-5). 백성들이 언약을 지킬 때 하나님은 신랑이 신부를 기뻐하심같이 그들을 기뻐하신다(사 62:4-5). 다윗 왕은 기름부음을 받아 하나님과 교제하게 된 은혜를 최상의 특권이자 기쁨으로 여겼다(시 16:8, 27:4). 하지만 대다수 제사장과 선지자들은 기름부음 받은 자로서의 사명을 망각하고, 백성들이 원하는 말을 하나님의 말씀으로 거짓 예언하였다. 이로써 하나님과 언약관계는 깨뜨려지고, 하나님은 참 선지자들을 보내셔서 이들에게 경고하셨다. 언약관계를 깨뜨린 죄를 깨닫고 다시 언약관계를 회복하라고 촉구하셨다. 그러나 백성들은 거짓 선지자들에게 미혹되어, 하나님께 돌이키지 아니하였다. 북이스라엘은 이미 앗수르에 의해 멸망당하거나 포로로 사로잡혀 갔다. 이제 남유다의 운명도 그와 비슷한 길을 가고 있다. 하나님은 바벨론을 통해 징계하시고, 남유다 백성들 중 일부는 이미 바벨론의 포로가 되었다. 하나님은 포로 되어 사로잡혀 간 그들에게 새 언약을 세울 것이라고 말씀하신다.
① 새 언약은 애굽 땅에서 나올 때 맺은 언약과 다른 언약이다.
② 새 언약은 나의 법을 그들의 속에 두며 그들의 마음에 기록하는 것이다.
③ 그 결과 나는 그들의 하나님이 되며, 그들은 나의 백성이 될 것이다.
④ 작은 자로부터 큰 자까지 다 나를 알 것이다.

애굽에서 나올 때 체결한 시내산 언약은 폐기된다. 그것은 돌에 새긴 율법이며, 밖에서 요구하는 법이었다. 이는 남편 된 하나님과 연합할 때 하나님에 의해 지킬 수 있다. 이스라엘은 하나님이 아닌 다른 것과 관계하며 연합하여 결국 율법을 지킬 수 없었다. 이제 하나님은 자신이 직접 백성들 안에 거하시고, 마음에 말씀을 새겨 주셔서, 하나님 자신이 말씀을 지키실 것이라고 하신다. 그때가 되면, 누구도 "하나님을 알라"고 하지 않을 것은, 모든 백성이 하나님을 알게 될 것이기 때문이다.

여기서 '안다'는 연합하여 관계하는 것, 사귐, 교제를 말한다. 새 언약은 신자 개개인을 하나님과 직접교제의 길로 인도한다. 새 언약의 핵심적인 의미는 언약백성 된 이들이 하나님과 직접 교제하도록 함에 있다. 이스라엘에게 약속된 새 언약은 예수 그리스도에 의해 성취되었다."저녁 먹은 후에 잔도 이와 같이 하여 이르시되 이 잔은 내 피로 세우는 새 언약이니 곧 너희를 위하여 붓는 것이라"(눅 22:20). 새 언약은 하나님의 아들, 예수 그리스도의 피로 세워졌다. 그가 죽으심으로 말미암아 하나님을 존재로 만나는 지성소를 가리던 휘장이 찢어졌다(마 27:51). 누구든지 그리스도의 십자가에서 그와 함께 죽은 자에게 하나님과의 직접교제의 길이 열렸다(엡 3:12; 히 10:19; 벧전 3:18). 새 언약이 가져온 열매는 하나님과 직접 교제하는 지성소로 나아감에 있다.

구약시대에는 기름부음을 받은 왕, 제사장, 선지자들에만 한정되었던 직접

교제가 그리스도의 공로로 인해 모든 믿는 자에게 주어진 것이다. 그리스도 안에 있는 모든 믿는 자는 왕 같은 제사장이요, 아름다운 덕을 선전하는 선지자가 된 것이다(벧전 2:9). 루터는 하나님과의 간접교제로 묶어 놓은 가톨릭교회에 맞서, 그리스도께서 회복하신 만인제사장직을 복구하였다. 개신교 신자들은 모두가 만인제사장임을 스스럼없이 고백한다. 하지만 일상에서 하나님과 직접교제가 없는데 어떻게 만인제사장이라고 할 수 있을까! 그것은 예수 그리스도의 죽으심의 공로마저 멸시하는 무참한 거역이다. 개신교의 위기는 성도 개개인이 하나님과 직접교제를 상실한, 만인제사장직의 상실에 있다. 이 시대 많은 신자들은 무지하고 무모한 성직의 질서로 인해, 하나님과 직접교제를 상실한 채 중세의 몽매한 신자들처럼 되어 버렸다.

하나님과 직접교제는 예수 그리스도의 죽음으로 세워진 영원한 언약이다. 그것은 성령을 통해 지금 이 땅에서 누리는 언약이다. 하나님은 새 언약이 성취되는 그날, 사방의 예루살렘을 복구하실 것이다. 하나님의 새 언약은 밧모 섬에서 사도 요한이 보았던 새 예루살렘의 회복으로 완성된다. 예수 그리스도께서 피로 세운 새 언약의 실체는 바로 사도 요한이 본 언약의 완성이다. "또 내가 보매 거룩한 성 새 예루살렘이 하나님께로부터 하늘에서 내려오니 그 준비한 것이 신부가 남편을 위하여 단장한 것 같더라. 내가 들으니 보좌에서 큰 음성이 나서 이르되 보라 하나님의 장막이 사람들과 함께 있으매 하나님이 그들과 함께 계시리니 그들은 하나님의 백성이 되고 하나님은 친히 그들과 함께 계셔서 (그들의 하나님이 되시고) 모든 눈물을 그 눈에서 닦아 주시니 다시는 사망이 없고 애통하는 것이나 곡하는 것이나 아픈 것이 다시 있지 아니하리니 처음 것들이 다 지나갔음이러라. 보좌에 앉으신 이가 이르시되 보라 내가 만물을 새롭게 하노라 하시고 또 이르시되 이 말은 신실하고 참되니 기록하라 하시고 또 내게 말씀하시되 이루었도다. 나는 알파와 오메가요 처음과 마지막이라. 내가 생명수 샘물을 목마른 자에게 값없이 주리니 이기는 자는 이것들을 상속으로 받으리라. 나는 그의 하나님이 되고 그는 내 아들이 되리라"(계 21:2-7).

새 예루살렘의 약속이 성취된 제3경륜시대를 사는 우리는 복된 자들이다. 구원의 실재는 하나님께서 우리와 함께하심이며(마 1:23), 우리는 하나님의 백성이 되고, 하나님은 우리의 하나님이 되신다. 죄의 결과 우리에게 주어진 모든 눈물을 닦아 주시고, 다시는 사망이 없고, 애통하는 것이나 곡하는 것도 없게 하신다. 하나님과 지성소에서의 사귐은 만물을 새롭게 한다. 그는 하나님 안에서 용납됨으로 말미암아 하늘의 생수를 값없이 마시는데, 그가 이기는 자이다. 하나님과 그와의 언약은 하나님과 백성 사이가 아니라, 아버지와 아들의 언약관계가 된다.

시내산 언약은 폐기되었고, 새 언약이 성취되었다. 새 언약은 하나님과의 직접교제, 사귐을 위한 것이다. 그 언약을 준수하며, 매일 하나님과 사귐 안에서 생명수 샘물을 먹을 때, 그는 하나님의 아들이 되며, 하나님은 그의 아버지가 되신다. 우리의 신앙은 이것으로 족하다. 이것으로 부족함을 느낀다면 그것은 우리의 무지함이며, 피상성이며, 태만일 뿐이다.

4. 나의 묵상

나의 신앙이 오늘에 이르기까지 지난 세월이 주마등처럼 지나간다. 나는 이스라엘 백성들처럼 언약을 깨뜨린 자였다. 무지한 성직의 질서에 유린당하는 자였다. 종교적 전통, 관습, 규례를 맹종하던 자였다. 하나님의 공의로운 심판이 내게 임했다. 하지만 그때부터 말씀묵상을 통해 하나님과 직접교제에 이르렀다. 나의 죄악을 토설하며 많이 울었다. 하나님을 아프게 했던 죄악으로 인해 많이 아팠다. 그런 과정을 통해 주님께서 피로 세우신 새 언약이 실재가 되었다. 주의 손에 붙들린 고독의 자리에서, 하나님의 말씀을 얻어먹는 것이 내게 기쁨이 되었다. 매일 말씀 앞에 머물 때마다 생명수 샘물을 값없이 주셨다. 하나님은 내게 "나는 너의 하나님이며, 너는 나의 아들이라"고 하셨다. 구원의 실재, 영생의 실재, 영원한 신비에 싸인 하나님이 실재가 되었다. 이보다 더 무엇을 바라리요! 내가 어떤 조건에 있더라도, 하나님이 나의 아버지요, 내가 그분의 아들이라는데… 무엇을 더 원하리요!

에크하르트는 "아무것도 원하지 않는 사람, 아무것도 알지 못하는 사람, 아무것도 갖지 않은 사람이야말로 가난한 사람이다."라고 하였다. 나는 오직 하나님만을 갈망한다. 그리고 하나님만으로 만족한다. 언약의 자녀된 것, 그것으로 충분한 삶, 그가 진실로 복된 자이다.

그런 은혜를 내게 주셨다. 할렐루야!

5. 묵상 기도

아버지… 저의 신앙이 여기까지 오기까지 얼마나 참으셨는지요! 저는 실로 이스라엘 백성들처럼 언약을 파기한 자였습니다. 말씀 안에 거하기보다, 일에 분주했습니다. 저의 의지를 하나님의 뜻으로 알고, 경건한 탐욕에 사로잡힌 자였습니다. 거룩한 중심을 가지고 하나님의 요구를 따라간 것이 아니라, 사람들과 상황의 요구에 반응하며 신앙하고 사역했습니다.

아버지… 제게 임한 하나님의 심판은 참되고 의로운 심판이십니다. 심판의 자리에서 새 언약이 제게 세워졌습니다. 머리털보다 더 많은 죄악을 토설하며, 보혈로 씻김 받았습니다. 비로소 새 언약에 참여하는 자가 되었습니다. 새 예루살렘, 하나님이 함께하심으로 언약백성의 삶을 살게 되었습니다.

아버지… 오늘도 목마른 자로, 가난한 자로, 하나님만을 갈망합니다. 그런 종에게 생명수 샘물을 값없이 주시니 감사합니다. 이기는 자가 되게 하시니 감사합니다. 하나님이 나의 하나님이 되시고, 내가 하나님의 아들이 됨을 믿나이다. 어떤 조건에 처해도 영원한 언약으로 충분한 신앙, 완전한 삶입니다. 영광을 받으소서, 할렐루야! 예수 그리스도의 이름으로 기도드립니다. 아멘.

2. 말씀묵상과 초월적 영성

긍정의 길과 부정의 길

인간이 하나님을 인식하고 체험하는 만남의 길에는 '긍정의 길'via affimativa과 '부정의 길'via negativia이 있습니다. 긍정의 길은 모든 피조물이 현실적으로 어느 정도 하나님을 반영하고 있으며, 거울처럼 희미하게나마 신의 빛을 반사하고 있으며, 신의 존재의 힘을 반사, 조명, 분여받고 있음을 전제로 합니다.[333] 반면 부정의 길은 하나님은 초월적 존재이시므로 피조세계의 어떤 개념과 관념도 그분의 초월적 본성을 서술하는 데 적합하지 않을 뿐 아니라 위배된다는 입장을 전제로 합니다. 인간은 모든 지식, 경험, 제도로 규정한 하나님 개념을 제거함으로써via remotionis, 또는 부정함으로써via negativia 역설적으로 보다 진실한 하나님의 모습에 간접적으로 접근할 수 있습니다.[334]

기독교 신학의 전통에서는 '궁극적 실재'이신 삼위일체론적 유일신의 속성과 활동과 인식 방법에 대하여 인간의 언어와 논리를 통하여 말하려 하며 또 그렇게 할 수 있다고 주장하는 '긍정의 길'이 주류를 이루어 왔습니다.[335] 하나님은 전지전능하고 무소부재하다는 것, 정의롭고 사랑과 긍휼이 풍성한 신실한 분이라는 것, 성부 성자 성령의 삼위를 갖춘 한 분 하나님이라는 것, 창조 세계의 모든 선과 축복의 원천이 되신다고 말하는 것 등은 모두 '긍정의 길'에서 말하는 하나님의 속성입니다. 그러나 기독교 역사에서, 특히 신비주의 전통에서는 그러한 '긍정의 길'을 통해 표현된 하나님은 도리어 참 하나님을 가리는 결과를 초래하며, 엄밀하게 말하면 인간적인 경험과 논리를 가지고 그려 놓은 하나님에 불과하다고 봅니다. 그래서 '긍정의 길'을 통해 표현된 하나님에 관한 속성들을 일단 '부정'함으로써 '긍정의 길'의 한계를 드러내고, 결과적으로는 그보다 더 높고 깊은 차원의 '궁극적 실재'를 깨닫게 된다고 믿는 비주류의 입장이 전개되어 왔습니다. 이러한 접근 방법을 '부정의 길'이라고 부르는데, 신비주의 전통에서는 물론이요 어거스틴, 토마스 아퀴나스, 마르틴 루터 등 정통 신학자들도 그 중요성을 인정하여, 하나님에 대해 말하려는 학문 방법에서 '긍정의 길'과 '부정의 길'이 서로 보완관계가 되어야 한다고 보았습니다.[336]

부정의 길에서 만나는 하나님은 초월적 존재이십니다. '초월'은 '내재'와 대비되는 개념으로서 경험의 대상이 될 수 없는 모든 것이 초월에 속하는데, 여기에는 감각 경험을 통해 의식 속에 들어올 수 없는 모든 것이 포함됩니다. 임마뉴엘 칸트Immanuel Kant는 '선험적인 것들'(transcendentals, 주로 하나님, 자유, 그리고 영혼불멸)에 관해 논하면서, 이들 존재에 관해서는 과학적인 의미에서나 보편적인 의미에서나 어떠한 타당한 주장도 펼 수 없음을 밝혔습니다.[337]

초탈의 자리에서 아들이 탄생하다

한편 마이스터 에크하르트Meister Echart는 '부정의 길'을 대표하는 신비주의 신학자로서 도미니크 수도회 출신의 학자, 파리 대학 교수, 사상가, 그리고 교회 행정가로 일했으며 수도원장을 지내기도 했습니다. 그에 의하면 하나님은 '존재 그 자체'로서, 하나님만이 순수한 의미에서 존재하십니다. 반면 피조물과 인간은 '무'無, 덧없음, 하찮은 것, 스스로 존재하지 못하는 것, 없음과 다름없는 '순수 무'로 존재합니다. 그래서 참으로 존재한다고 말할 수 있는 분은 하나님뿐이시며, 하나님 안에 있지 않은 것, 하나님에 의해 있지 않은 것, 하나님을 통하여 있지 않은 것은 '무'로 보았습니다.[338] 그는 초탈을 통해 하나님과 연합되는 초월의 신앙을 신앙의 성숙으로 보았습니다. 초탈Detuchment은 벌거벗은 인간 본성을 취하는 것으로, 이 상태에서 영원한 말씀과 관계를 맺게 되고, 아들의 생명으로 태어나는 것이라고 말했습니다.[339] 그리고 초탈에 이르는 길은 인간의 마음이 피조물들과 관계된 '덧없는 형상들'(우연적인 형상, contingent forms) 없이도 잘 지낼 수 있게 될 때, 자연 질서에 대한 경험을 갖지 않을 때, 세상의 덧없는 일로부터 정화될 때, 그리고 세상에 대해 죽음으로써 세상 것에 대한 그 어떤 욕망도 갖지 않을 때라고 했습니다.[340] 즉, 하나님 없는 존재의 실체는 '무'無임을 깨닫는 것입니다. 성자가 성령 안에서 성부에 의하여 탄생하듯 인간은 자신의 덧없음, 무, 죽음을 깨달을 때 하나님에 의하여 아들의 생명으로 탄생하는 것입니다. 이것은 바울이 말한 "그런즉 이제는 내가 사는 것이 아니요 오직 내 안에 그리스도께서 사시는 것이라."(갈 2:20)라는 말이 뜻하는 의미입니다. 그리고 에크하르트는 다음과 같이 말했습니다. "마음에 꼭 새겨 두십시오. (세상적인) 여러 가지 것들로 가득 채우는 것은 하나님을 비우는 것이지만, 그런 것들을 비우는 것은 하나님으로 가득 채우는 것이라는 사실을."[341]

그리스도의 죽음에 연합하는 것은 곧 "내 안에 그리스도께서 사시는 것이라."는 말씀을 성취하는 것으로, 영혼 안에 아들이 탄생하는 것으로 묘사됩니다. 신자가 하나님의 아들 안에 거하는 것은 곧 하나님 아버지 안에 거하는 것입니다. "그 날에는 내가 아버지 안에, 너희가 내 안에, 내가 너희 안에 있는 것을 너희가 알리라"(요 14:20). 십자가에서 죽은 자는 불완전하고 제한적인 죄인입니다. 그는 그리스도로 다시 사는데 곧 아들 안에 거하며 아버지 안에 거하게 됩니다. 하나님 아버지께서 아들에게 자신을 계시하셨듯이(요 1:18), 그리스도 안에 거하는 자에게는 아들이 계시됩니다. "나의 계명을 지키는 자라야 나를 사랑하는 자니 나를 사랑하는 자는 내 아버지께 사랑을 받을 것이요 나도 그를 사랑하여 그에게 나를 나타내리라"(요 14:21). 그러므로 그리스도 안에 있는 자에게 아들의 존재가 드러납니다. 아들은 언제나 아버지 안에 거하며, 아버지로 초월되어 있습니다. 곧 아들 자신은 드러나지 않으며 아버지가 아들을 통해 드러나십니다. 그러므로 신자가 그리스도 안에 있음은 하나님, 곧 초월의 아버지가 드러나는 것입니다. "세상과 나는 간 곳 없고 구속한 주만 보이도다"(새찬송가 288장).

용납된 존재를 용납하는 용기

초월의 하나님을 만나는 자리는 자신도 용납할 수 없는 자신의 존재를 발견하는 자리입니다. 자신도 스스로 용납할 수 없는 자각은 초탈의 상태에 이르는 존재의 지점입니다. 이에 대하여 폴 틸리히 Paul Tillich 는 죄인이 하나님에 의해 '용납됨을 용납하는 용기'[342]를 통해 초월의 하나님을 만난다고 말하였습니다. 그는 하나님의 용서에 대한 관점에서 '불의한 자가 의롭게 된다'는 루터의 공식을 현대적으로 '용납되지 못할 자가 용납되었다'로 표현하였습니다.[343] 그가 '용납'Acceptance이라는 현대적 용어를 사용한 것은 죄의식과 정죄의 불안을 이긴 승리가 선명하게 표현되었기 때문입니다. 틸리히에게 있어 하나님과의 만남은 초월적인 안전과 초월적인 영원과의 만남을 의미합니다. 즉, 하나님 안에 참여하는 자는 '영원 속에 참여합니다. 그리고 하나님 안에 참여하기 위해 우리는 반드시 하나님께 용납되어야 하고, 하나님께서 용납하심을 우리가 인정해야만 합니다. 이를 위해 인간은 자신의 존재 자체를 드러내는 용기가 요구됩니다. 존재 자체의 진정한 본질을 드러내는 것은 논증이 아니라 '존재의 용기'인 것입니다.[344] 용기는 감추어진 것을 드러내는 힘을 지니고 있으며, 존재의 용기는 존재 자체로 통하는 관문입니다. 존재 자체를 발견했을 때 자신이 용납될 수 없는 존재임을 깨닫게 되는데, 그때 하나님으로부터 용납되었다는 사실을 용납하는 용기가 곧 믿음입니다. 여기서 하나님에 의해 용납됨을 용납하는 용기는 궁극적으로 하나님과의 교제 속으로 용납되는 것을 뜻합니다.

말씀묵상을 통해 발견되는 인간의 존재적 실체는 에크하르트의 사상에 의하면 초탈의 존재, 곧 벌거벗은 존재입니다. 또한 틸리히의 사상에 의하면 인간은, 하나님은 물론 스스로도 용납할 수 없는 존재이며 비참한 존재입니다. 하나님은 비참한 존재인 죄인을 그리스도의 구속의 은혜를 통해 있는 모습 그대로 용납하십니다. 그리고 용납 받은 자는 하나님에 의해 용납됨을 용납하는 용기를 통해 '절대 신앙'God above God[345]에 도달합니다. 말씀묵상은 하나님에 의해 용납될 수 없는 존재를 발견하는 고백의 자리입니다. 나아가 하나님에 의해 용납되는 은혜의 자리이며, 궁극적으로 용납됨을 용납하는 용기로서 믿음의 자리입니다. 이로써 말씀묵상은 초월의 영성에 이르게 합니다. 말씀묵상을 통해 만나는 초월적 존재로서의 하나님은 종교개혁 이전의 신비주의적 초월의 영성을 내포합니다. 하지만 성경이라는 정해진 형태를 탈피하여 만나는 초월적 하나님은 고려하지 않습니다. 이는 한 하나님의 형태, 하나님의 한 방식, 한 모습, 하나님에 대하여 한 방법으로 이야기하는 것을 내려놓는 것을 의미합니다.[346]

욥, 역동적 초월의 하나님을 만나다

기독교 신앙에서 초월의 신앙은 현재 경험하는 현실 속에서 살아 있고 역동적인 하나님을 만나는 것입니다. 그래서 말씀묵상을 통해 만나는 하나님은 우리의 현실 속에서 매일 새롭게 경험하는 초월의 하나님이십니다. 그 실제는 욥이 귀로 들었던 하나님을 눈으로 보는 것과 같은 초월의 경험입니다. 말씀을 묵상하는 자는 종교적 유산의 역할을 겸허히 받아들이면서 현재 자신의 현실에 참여하여 창조하시고 생성하시고 작용하시는 살아계신 하나님을 만나게 됩니다. 이렇게 초월의 영역에서 만나는 하나님은 인간의 경험적 인식은 물론 기존의 종교적 유산과 전통까지도 초월하는 '현재의 경험'contemporary experience 속에 찾아오시는 역동적 하나님이십니다.

욥의 경험은 역동적 초월성의 본이 됩니다. 욥은 한순간에 소유, 자녀, 명예, 건강을 모두 잃어버렸습니다(욥 1장). 욥이 물려받은 종교적 유산은 엄격한 조문 형식으로 전수되었는데, 그의 친구 빌닷의 말에 함축되어 있습니다. "또 청결하고 정직하면 반드시 너를 돌보시고 네 의로운 처소를 평안하게 하실 것이라. 네 시작은 미약하였으나 네 나중은 심히 창대하리라"(욥 8:6-7). 사실 욥에게 상황적인 고통보다 더 큰 고통은 자신이 물려받은 종교적 진리가 지금 자신이 경험하고 있는 삶과 무관하다는 것입니다. 욥의 세 친구들은 여전히 전통적 신앙 유산으로 그를 처방하고 있습니다. 그러나 욥이 새롭게 이해한 하나님은 폭풍 속에서 응답하시는 하나님이었습니다(욥 38장). 그가 전에 귀로 들었던 하나님은 보상신앙에 기초하고 종교 전통, 교리문, 신앙 관행과 일치한 하나님이었습니다. 그러나 폭풍 속에서 욥이 만난 하나님은 공허한 신학이론 속에 있는 신을 실재實在로 끌어내 놓은 살아계시는 하나님이었고, 신비의 하나님이며, 단순한 교조문 속으로 환원되는 것에 강력히 도전하시는 하나님이었습니다.[347] 욥이 만난 하나님은 모든 것이 그분으로부터 유래되고 모든 것이 그분에게 의존하고 있는, 이른바 모든 것의 근원이신 초월의 존재이십니다.[348]

우리가 물려받은 신앙고백적 유산은 그 당시의, 살아계시는 하나님의 창조하시고 섭리하시고 치유하시는 활동의 기록임이 분명합니다. 하지만 그와 같은 신앙적 유산이 지금 우리가 당하는 현실의 문제에 대한 정확무오한 답변이 되어 우리를 그리로 인도할 수는 없는 것입니다. 이것이 욥기서가 우리에게 주는 교훈입니다. 욥이 눈으로 보았던 하나님은 티끌과 재 가운데에서 본 하나님이었습니다. 하나님은 욥이 이미 알고 있는 수학 공식 같은 답변으로 그를 인도하지 않으셨습니다. 우주의 방대함과 창조주의 이해할 수 없는 신비성, 그리고 인간의 좁은 안목을 각성시킴으로써 그를 냉소주의와 절망에서 건져내셨습니다. 참된 신앙생활이란 명백한 신학적 체계를 수립하고 변호함으로써 해석되는 것이 아니라, 신앙의 유산과 들어맞지 않는 고난의 현실 앞에서 '창조적이고 구속적인 하나님의 드라마에 참여하라'는 살아계시는 하나님의 부르심에 응답함으로써 해석되는 것입니다. 그렇다고 부정의 길에서 만나는 초월의 하나님이 우리의 신앙 경험이나 종교 유산을 몰수

하는 것은 아닙니다. 우리의 종교 유산에 대해 비판적인 시각에서 현실적 경험을 불어넣어 주고 오히려 언제나 새로운 방향과 새로운 차원에서 주의 깊게 그 유산을 펼쳐내는 데 공헌합니다. 그리고 우리를 인도해 주는 하나의 공동체를 통하여 진리를 더욱 관철시켜 나가게 합니다. 폴 핸슨Paul Hanson은 종교적 유산을 초월하여 역동적으로 만나는 하나님에 대해 다음과 같이 말합니다.

> 우리의 (종교적) 유산과 하나님이 역동적 초월로서 우리와 만나게 되는 시대적 경험contemporary experience 사이의 변증법적 관계는 우리에게 다음과 같은 것을 상기시킨다. 즉, 전통의 무의미한 반복에 대한 욥의 조심스런 비판('내가 내 귀로 당신에 관해 들었었습니다')은, 신앙의 갱신에 있어('믿음은 들음에서 나며')(롬 10:17) 전통의 불가피한 역할을 겸손하게 받아들이는 태도와 함께 창조적 긴장관계에 있다는 것이다. 풍부한 과거의 유산들이 알파와 오메가이신 한 분 하나님의 이끄심을 받을 때 경험되는 그 시대적 삶의 충분한 스펙트럼과의 비판적 관계 속으로 들어갈 때만, 즉 신앙의 이러한 변증법적 관계 안에서만 우리 부모들의 하나님은 도금된 고대의 성화들의 틀을 깨뜨리고 나와 역동적이고 초월적이며 살아계시는 실제reality로서 '폭풍 속에서 나와서' 우리와 대면하시게 된다.[349]

이렇게 말씀묵상으로 만나는 초월의 하나님은 우리의 인식으로 다 알 수 없는 신비의 하나님이십니다. 그러나 그분은 매일 우리의 현실 속으로 꿰뚫어 들어오시며, 우리의 현실에 참여하십니다. 그때 우리는 새롭게 경험하는 신비스럽고 경이로운 하나님 앞에서 피조물적인 감정을 경험합니다. 아브라함이 티끌과 재 가운데에서 보았고(창 18:27), 욥이 티끌과 재 가운데에서 만나는 하나님을 경험합니다(욥 42:6). 초월의 하나님은 우리가 다 알 수 없는 하나님이십니다. 그러나 우리는 그 하나님을 신뢰함으로 경험하며, 이로써 현실을 초월하여 영원에 참여하는 것입니다.

한편 기독교 전통에서는 말씀이 아닌 영을 통한 초월적 하나님과의 만남이 지속되어 왔습니다. 종교개혁 시대 루터가 말씀의 신학을 강조한 반면, 토마스 뮌처는 말씀을 읽을 수 없는 자들이 경험하는 하나님, 즉 영의 신학을 주장하였습니다. "루터가 계시를 성경 이해의 해석에 한정시킨 데 반해-sola scriptura-뮌처는 신비주의가 가르치듯 하나님을 직접 경험하고자 하였다."350 말씀묵상을 통한 초월적 영성은 성경이 단순한 문자가 아니라 성령의 조명을 통한 초월적 영성에 이르는 것을 의미합니다. 그리고 뮌처의 주장을 진지하게 받아들이며, 성경을 직접 읽을 수 없는 이들이 하나님의 영으로 만나는 초월적 영성은 별개의 주제로 파악합니다.

초월적 영성(요 1:29-48)

1. **묵상 제목** : 알지 못하는 하나님, 그는 나의 전부를 아신다
2. **오늘의 말씀** : 요 1:29-48 (2010년 1월 8일)

29 이튿날 요한이 예수께서 자기에게 나아오심을 보고 이르되 보라 세상 죄를 지고 가는 하나님의 어린 양이로다. 30 내가 전에 말하기를 내 뒤에 오

는 사람이 있는데 나보다 앞선 것은 그가 나보다 먼저 계심이라 한 것이 이 사람을 가리킴이라. 31 나도 그를 알지 못하였으나 내가 와서 물로 세례를 베푸는 것은 그를 이스라엘에 나타내려 함이라 하니라. 32 요한이 또 증언하여 이르되 내가 보매 성령이 비둘기같이 하늘부터 내려와서 그의 위에 머물렀더라. 33 나도 그를 알지 못하였으나 나를 보내어 물로 세례를 베풀라 하신 그이가 나에게 말씀하시되 성령이 내려서 누구 위에든지 머무는 것을 보거든 그가 곧 성령으로 세례를 베푸는 이인 줄 알라 하셨기에 34 내가 보고 그가 하나님의 아들이심을 증언하였노라 하니라… (중략) 42 데리고 예수께로 오니 예수께서 보시고 이르시되 네가 요한의 아들 시몬이니 장차 게바라 하리라 하시니라(게바는 번역하면 베드로라). … 46 나다나엘이 이르되 나사렛에서 무슨 선한 것이 날 수 있느냐. 빌립이 이르되 와서 보라 하니라. 47 예수께서 나다나엘이 자기에게 오는 것을 보시고 그를 가리켜 이르시되 보라 이는 참으로 이스라엘 사람이라. 그 속에 간사한 것이 없도다. 48 나다나엘이 이르되 어떻게 나를 아시나이까. 예수께서 대답하여 이르시되 빌립이 너를 부르기 전에 네가 무화과나무 아래에 있을 때에 보았노라.

3. 본문 주해

"빛이 어둠에 비치되 어둠이 깨닫지 못하더라"(요 1:5). 불이 켜지면 환해지듯, 자연의 빛은 자연의 어둠을 즉시 물리친다. 그러나 영적인 어둠은 영적인 빛이 비추어져도 물러가지 않는다. 하나님의 영광이 비쳐지지만 사람들은 깨닫지 못한다. 아버지 품속에 있는 독생하신 하나님이 세상에 오셨으나 세상은 그를 알아보지 못한다. 하나님의 아들이 오셨으나 사람들은 영접하지 않는다(요 1:11). 평범한 사람은 물론 하나님에 관해 탁월한 식견을 자부하는 제사장들과 레위인들도 '그'를 알지 못한다(요 1:19). '그'는 그들과 함께 있으나 '알지 못하는 한 사람'으로 서 있을 뿐이다(요 1:26). 아들이 오실 것을 예언한 마지막 선지자 세례 요한도 '그'를 알지 못하였다고 고백한다. "나도 그를 알지 못하였으나!"(31, 33절).

그렇다. 하나님은 알고자 하나 알지 못하는 존재이시다. 그래도 하나님을 안다고 극구 주장한다면, 범죄한 후 에덴에서 밝아진 눈으로 하나님을 아는 것이다. 이렇게 자의식으로 아는 하나님은 참 하나님이 아니며, 인식의 틀에 갇혀진 '신'일 뿐이다. 이성은 자의식의 표상이며, 하나님을 떠남으로써 밝아진 눈이다(창 3:7). 하나님은 모든 인간에게 '영원'을 사모하는 마음을 주셨다(전 3:11). 그래서 모든 사람은 궁극적 존재, 영원한 존재를 알고자 한다. 그것은 이 땅의 것으로 채울 수 없는 목마름이다. 성취 후의 허탈, 풍요속의 공허, 군중속의 고독, 막막한 두려움, 그리고 존재와 행위의 무의미성이다. 이들의 목마름은 하나님을 알려는 갖가지 시도로 이어졌다.

어떻게 하나님을 알 수 있을까? 아니 하나님은 과연 알 수 있는 존재일까? 기독교 역사에서 어거스틴, 토마스 아퀴나스, 에크하르트, 칸트는 치열한 논쟁의 중심부에 서 있다. AD 4세기, 어거스틴은 이성이 바탕이 된 신앙으로 하나님을 알 수 있다고 하였다. 그는 신앙보다 이성과 지식을 낮게 평가하였으나, 이성의 빛을 받아들였다. 그래서 그는 15년에 걸쳐 삼위일체론을 완성한 후 이렇게 기도한다. "아버지 이 책을 통해 사람들이 하나님을 알게 하소서. 혹시 저의 생각이었다면 하나님과 독자들에게 용서를 빕니다." AD 13세기, 스콜라 철학자이며 신학자인 토마스 아퀴나스는 하나님을 아는 데 있어 신앙과 이성을 동일한 가치로 받아들였다. 신앙과 이성은 둘다 하나님에게서 나오기 때문에 모순될 것이 없다. 신학과 철학은 동일한 진리를 추구하며, 다만 방법이 다를 뿐이라고 주장했다. 여기에서는 인간이 알 수 있는 만큼만 아는 것이 하나님을 아는 것이다. 우리가 아는 것 이상을 알려는 시도는 철저히 배격해야 했다.

AD 14세기, 에크하르트는 하나님을 이성으로 아는 주장에 반기를 들었다. 그는 이성을 통해서는 결코 신(하나님)을 알 수 없음을 외쳤다. "신에게는 이름이 없다. 왜냐하면 아무도 신에 대해서는 어떠한 것을 말할 수 없고 이해할 수도 없기 때문이다." 그는 이성과 철학을 배척하지 않았으나 신앙을 그것들과 분리시켜, 오직 신앙으로만 하나님을 안다고 하였다. 여기서 하나님을 아는 '신앙'은 '무조건 믿습니다'식의 맹목적 믿음이 아니다. 하나님을 아는 신앙은 자기를 완전히 버리는 시점, 즉 십자가에서 자아가 죽을 때에 시작된다는 뜻이다. 그가 죽은 후, 교황 요한 22세는 이성의 한계를 초월하여 하나님을 안다는 그의 가르침을 이단으로 규정하였다. 그러나 하나님만이 하나님을 알 수 있다는 그의 깨달음은 영원한 진리이다. 당대에는 외면당했지만, 자아가 죽고 그리스도와 연합하는 도구적 진리를 통하여 하나님과 사귐의 궁극적 진리에 이른다는 그의 통찰은 참된 신앙의 모습이다.

그의 가르침은 후대 종교개혁을 한 마르틴 루터에게 영향을 미쳤다. 통합된 복음을 근거로 한 하나님과 사귐의 실제가 없는 사람들은 결코 하나님을 아는 것이 아니다. 마지막 날, 신앙의 참 모습을 정직히 대면할 때 수많은 사람들이 심판 앞에서 통곡할 것이다. "그때에 너희가 말하되 우리는 주 앞에서 먹고 마셨으며 주는 또한 우리의 길거리에서 가르치셨나이다 하나 그가 너희에게 말하여 이르되 나는 너희가 어디에서 왔는지 알지 못하노라. 행악하는 모든 자들아 나를 떠나가라 하리라. 너희가 아브라함과 이삭과 야곱과 모든 선지자는 하나님 나라에 있고 오직 너희는 밖에 쫓겨난 것을 볼 때에 거기서 슬피 울며 이를 갈리라"(눅 13:26-28). 이후에도 인간의 인식으로 알지 못하는 하나님을 알려는 논쟁은 계속되고 치열했다. 18세기, 임마누엘 칸트는 이 논쟁에 종지부를 찍은 사람이다. 그의 순수이성비판은 인간의 인식에 있어 코페르니쿠스적인 혁명을 가져왔다. "인식이 대상을 향해 있는 것이 아니라 대상이 인식을 향해 있다." 이 말을 신앙의 언어로 바꾸면 다음과 같다. "인간은 자기 인식으로는 하나님(대상)을 결코 알 수 없다. 하나님만이 인간을 아시며, 하나님이 자신을 알려 주셔야 알 수 있는 존재이다." 그의 깨달음은 하나님을 알려는 인간의 인식을 무력화시킨 놀라운 통찰이다. 하지만 그는 기독교를 인간의 인식의 한계에 가둠으로써 기독교 신앙을 도덕종교로 전락시킨 치명적 결함을 낳았다.

그런데 인간의 인식으로 하나님을 알 수 없다는 진리는 하나님이 이미 이사야 선지자를 통해 말씀으로 선포해 놓으셨다. 우리가 하나님을 알려고 하면, 하나님은 먼저 자의식(인식)의 창을 닫으신다. 마음을 닫게 하시고, 눈을 감게 하시고, 귀를 막게 하신다(사 6:10). 자의식의 눈으로 보지 못하게 하시고, 자의식의 귀로 듣지 못하게 하시고, 자의식의 마음으로 깨닫지 못하게 하신다. 그래서 하나님이 존재로 드러나는 말씀이 선포되면 사람들은 두 가지로 반응한다. 자의식으로 신앙생활해 온 이들은 모르겠음, 어려움, 혼란, 답답함으로 반응한다. 자신이 십자가 죽음에 연합하여 하나님 안에 거하는 이들은 하나님을 존재로 만나는 말씀이 된다(히 4:12-13). 하나님의 현현, 하나님의 영광 앞에서 비참함이 드러나고 두려워하고 떤다.

세례요한이 하나님을 알게 된 것은 하나님께서 그에게 알려 주셨기 때문이다. "나도 그를 알지 못하였으나 나를 보내어 물로 세례를 베풀라 하신 그이가 나에게 말씀하시되"(33절). 세상적인 관계로 보면 30여 년간 바로 곁에서 살아 왔으나 하나님의 영광을 보지 못한 것이다. 하나님이 알려 주시니 알게 된 것이다. 제자들도 '그'를 알지 못했다. 그가 계신 데를 보고, 함께 거한 후에 비로소 '그'를 알았다(39절). '그'는 요한의 아들 시몬을 보고 장차 게바(반석, 베드로)가 되리라고 말씀하신다(42절). 이 말씀은 개인의 장래사를 말씀하신 것이 아니다. 지금은 믿음이 약하나, 장차 반석 같은 믿음의 사람이 될 것이라는 약속은 더더욱 아니다. 어떤 사람들은 이 말씀을 주문처럼 붙들고 열심히 신앙생활하기도 한다. 이는 말씀을 자의식으로 깨닫는 전형적인 사례이다.

나는 알 수 없는 하나님… 그러나 그분은 나의 모든 것을 다 아신다는 주권적 섭리를 드러내신 말씀이다. 이로써 하나님의 궁극적 실재가 드러난다. "내가 알 수 없는 하나님, 그러나 나의 전부를 아시는 하나님이시다." 안드레와 베드로에 이어 빌립이 예수님을 따른다(43절). 빌립 역시 하나님을 보았고, 나다나엘에게 급히 찾아가 알린다. "모세가 율법에 기록하였고 여러 선지자가 기록한 '그 이'를 우리가 만났으니 요셉의 아들, 나사렛 예수니라"(45절).

그러나 나다나엘은 '나사렛'이란 말에 마음이 걸려 반박한다. "나사렛에서 무슨 선한 것이 날 수 있느냐"(46절). 그렇다. 성경에 의하면 오실 구원자, 하나님의 아들, 궁극적 선은 베들레헴에서 나신다(미 5:2). 성경은 하나님을 알 수 있는 유일한 도구이다. 하지만 동시에 자의식을 고착시키는 무참한 도구이기도 하다. 복음을 깨닫지 못하고, 매일 하나님을 존재로 만나지 않는 사람들에게, 성경은 자기확신과 자기주장을 보장하는 확고한 근거로 전락하고 만다. 그들은 수도 없이 성경을 들이대고, 하나님을 안다고 자긍하지만, 여전히 하나님을 알지 못한다. 혹자는 '어느 말씀으로 나는 구원받았다', '나는 어느 말씀으로 응답받았다'고 확고히 자부하지만 일상에서 하나님을 존재로 만난다는 말은 낯선 방언으로 들릴 뿐이다. 선지자 노릇도 하고, 능력도 행하고, 귀신도 쫓아낼지 모르나, 그들은 하나님을 알지 못한다(마 7:21-23).

4. 나의 묵상

나는 신학교 시절부터 17년 가까이 매일 말씀묵상Q.T을 했고… 자의식의 열심이 하늘을 찌르듯 왕성할 때는 한 달에 한 번 성경을 통독하기도 했다. 설교를 하고, 성경공부를 인도하고, 300구절을 암송하며 성경에 능통하다고 자부하였다. 상황에 맞는 말씀을 생각하고 찾아내 하나님의 인도하심이라고 공언하였다. 의심과 불안, 확실해야 직성이 풀리는 나에게 성경은 내 주장과 내 확신을 거룩하게 만들어 주는 유용한 도구였다. 심지어 walking bible이란 말도 들었다. 자의식으로 아는 하나님, 거침없는 하나님, 거기에 자만심만 가득했지, 경건함과 두려움은 입에 발린 말뿐이었다.

하나님은 나에게 '알지 못하는 하나님'이 아니라, 내가 통달하는 하나님이었다. 지금 생각하면 무식하고 어리석은 소치가 아닐 수 없다. 아… 씁쓸함을 금할 수 없다! 알지 못하고 행한 나를 고발한다. "내가 전에는 비방자요 박해자요 폭행자였으나 도리어 긍휼을 입은 것은 내가 믿지 아니할 때에 알지 못하고 행하였음이라"(딤전 1:13). 하나님의 현존은 자의식으로 가두어 둔 성경의 지식을 초월한다.

나다나엘이 자의식의 틀을 극복하고 주님께 나아간다. 나다나엘의 위대함이 여기에 있다. 그때 하나님이신 주님이 직접 나타나신다(47절). "나다나엘이 자기에게 오는 것을 보시고"

기적 같은 일이다. 사람들은 결코 자의식의 견고한 성을 벗어나지 않는데 말이다. 나다나엘이 성경을 근거로 부정했던 하나님의 영광이 실체로 임한 것이다. 이는 신앙 유산과 종교적 전통, 자기 인식을 초월한 하나님과의 만남이다. "보라 이는 참으로 이스라엘 사람이라 그 속에 간사한 것이 없도다"(47절). "어떻게 나를 아시나이까?" "빌립이 너를 부르기 전에 네가 무화과나무 아래에 있을 때에 보았노라." 나다나엘이 오해하고 무지하고 알지 못하는 하나님… 성경과 전통과 교리를 근거로 자의식의 틀에 가두어 놓았던 하나님… 나는 알지 못하는 하나님, 그는 나를 다 아신다. 나의 내면을 아신다. 내가 무슨 일을 했는지, 어디에 있었는지 그는 다 아신다.

이 새벽, 그 하나님 앞에 내 존재가 무너져 내린다. 아… 어찌할꼬… 아… 나는 비참한 존재로다! 나는 그를 몰랐지만, 그는 나를 아시고, 나의 속을 아시고, 내가 무슨 짓을 했는지까지 다 아신다니… 하나님은 내게 여전히 알 수 없는 존재이시다. 초월의 하나님이시다. 말씀 앞에 나올 때마다 무지, 혼돈, 막막함의 불청객이 나를 맞이한다. 상황은 더더욱 그렇다. 대체 왜 내게 이런 일이? 내 주변에, 내가 사랑하는 사람들에게 어찌 이런 일이? 나는 최근 여전히 알지 못하는 하나님으로 인해 곤궁한 시간을 보냈다.

알 수 없는 하나님… 그러나 하나님이 나의 전부를 아신다니… 내 속에 간사함이 없는 것을 아신다. 최선을 다해 하나님을 사랑하고, 하나님 뜻대로 살려고 하는 내 마음을 아신다. 내가 무화과나무 아래에 있었던 것을 아신다. 지금까지 무엇을 했는지 다 아신다. 내가 지은 은밀한 죄들을 생각하면, 한없이 무너져 내린다. 그럼에도 불구하고 진멸치 않으신 그 사랑에 내 존재가 티끌이 된다. 나는 내가 할 수 있는 최선을 다해 하나님을 위해 살았고, 몸부림쳤다. 하나님은 그것도 아신다. "하나님이 불의하지 아니하사 너희 행위와 그의 이름을 위하여 나타낸 사랑으로 이미 성도를 섬긴 것과 이제도 섬기고 있는 것을 잊어버리지 아니하시느니라"(히 6:10).

오늘도 나는 다 알 수 없는 하나님 앞에 머문다. 그리고 하나님을 따라간다. 그러나 나는 나를 다 아시는 하나님을 신뢰한다. 무참한 시간이 지나고, 아버지 품속에서 고요한 시간에 머문다. 내 육신은 지쳐 있으나, 내 영혼은 깃털처럼 가볍다. 세미한 음성이 내 영을 기쁨으로 채운다. "아들아, 나는 네 마음을 다 안다, 네가 어떻게 살았는지 나는 다 안다. 그리고 네가 나를 위해 무엇을 했는지 다 기억한다."

나는 알 수 없는 하나님, 그러나 나의 전부를 아시는 하나님 앞에… 그 사랑, 그 자비, 그 은혜 앞에 목이 멘다. 내가 할 수 있는 한 마디… "아버지… 사랑합니다."

5. 묵상 기도

아버지… 아버지는 내가 알지 못하는 아버지였습니다. 그러나 아버지는 나를 다 아셨습니다. 오늘도 다 알 수 없는 아버지께 나아갑니다. 곤궁함으로 나아갑니다. 지쳐 버린 내 육신 품으시니, 아버지 품안에 있음을 감사합니다. 나는 알지 못하나, 나의 전부를 아시는 아버지로 만족합니다. 더 이상 알려고 하지 않고, 나를 아시는 그분으로 족합니다. 나를 아버지의 고요와 평강 가운데 거하게 하심을 감사합니다. 다 알지 못하나, 나를 다 아시는 아버지… 나의 목자가 되심을 감사합니다. 예수 그리스도의 이름으로 기도합니다. 아멘.

3. 말씀묵상과 일상적 영성

하나님은 세상을 먼저 창조하시고 그 후에 사람을 창조하셨습니다. 하나님께서 사람을 자기 형상대로 지으신 것은 하나님과 교제하는 가운데 창조 세계를 개발하고 보살피라는 명령을 수행하도록 하기 위함이었습니다(창 1:26-28; 2:15). 그러나 타락으로 인해 인간의 모든 영역을 비롯한 하나님의 선한 창조세계 전체가 오염되고 말았습니다. 그럼에도 불구하고 하나님은 자기 아들을 보내심으로써 온 세상을 구속하실 것을 약속하셨습니다. 구원은 인간을 죄로부터 구원함과 동시에 세상을 하나님의 창조 목적으로 회복시키는 하나님의 행위입니다. 곧 하나님의 구원은 하나님을 등지고 창조의 목적을 상실한 세상을 하나님께로 향하게 하여 창조의 목적을 회복하기 위함인 것입니다.

구원, 타락으로 인한 '방향'을 바꾸다

아담의 타락이 삶의 '구조'structure를 바꾸지는 못했습니다. 하나님의 피조 세계는 하나님께서 떠받치는 대로 계속되고 있는 것입니다. 타락으로 인해 변화된 것은 그 흐름의 '방향'direction입니다. 하나님께서 구원을 통하여 하시는 일은 인간의 삶의 흐름의 방향을 다시 정해 주는 것입니다.[351] 여기서 구조란 창조된 사물의 '본질', 즉 하나님의 창조의 법에 의해 창조된 사물을 말하며, 그와 대조적으로 방향은 범죄로 인해 그 구조적인 규례로부터 일탈하는 것과 그리스도 안에서 새롭게 되어 그 구조적 규례에 다시 순응하는 것을 말합니다.[352] 즉, 하나님의 구원은 세상으로 하여금 하나님을 향한 방향 전환을 하게 하는 것입니다.

하나님은 아들의 성육신을 통해 세상에 자신의 성품을 드러내시고 (요 1:18), 구원의 행동을 나타내셨습니다(요 5:19). 예수 그리스도는 하나님 아버지와의 사귐 안에서 세상에 하나님의 성품과 행위를 드러내신 것입니다. 말씀묵상의 본질은 삼위 하나님과의 사귐에 있으며, 세상에 하나님의 성품과 행동을 드러내는 것으로 귀결됩니다. 말씀묵상은 거기에 머물기를 원하는 변화산의 체험을 넘어 사람들이 모인 골짜기로 돌아가는 것까지를 내포하는 것입니다. 그래서 토마스 켈리Thomas Kelly는 다음과 같이 말합니다. "하나님을 경험한다는 것은 세상으로부터의 격리 그 이상을 뜻한다. 우리를 세상으로 보내시는 사랑의 주님을 경험하는 것이 보다 온전한 경험이다."[353] 피조물이 바라는 것은 썩어짐의 종노릇 한 데서 해방되어 하나님의 자녀들의 영광의 자유에 이르는 것입니다(롬 8:21). 세상은 하나님의 구원을 절실히 바라고 있으며, 구원의 결과는 창조의 목적으로의 방향전환입니다.

영원의 관심사로 세상의 관심사를 극복한다

일부 교회의 전통과 신자의 신앙적 양심은 세상에 대한 신자의 책임과 관심을 도외시하게 하였습니다. 신자에게 있어 세상의 관심사는 중요하고 필요한 일입니다. 물론 세상의 관심사는 유한하고 일시적이고 잠정적입니다. 일, 다른 사람과의 관계, 자신과의 관계 등 무엇이나 세상의 관심사는 필경 마지막이 도래합니다. 한때 출현했으나 언젠가 사라지는 것입니다. 가장 열정을 갖고 있는 관심사라도 '무상無常의 법' law of transitoriness에 의해 지배를 받습니다.[354] 인간의 한계는 무상한 세상의 관심사들을 영원한 것으로 여기며, 그것에 자신을 옭아매는 것에 있습니다. 또는 세상의 모든 관심사들은 우리의 궁극적 관심사가 되려 하고, 심지어 우리의 신이 되려고 합니다.³⁵⁵ 그 안에 인간을 옭아매는 힘이 실재합니다. 그 힘은 어느 순간 신적 능력이 되어 세상의 관심사를 '신'gods이 되게 하는 것입니다. 돈, 일, 집, 인간관계, 즐거움, 첨단 기계, 국가, 조직, 심지어 교회도 예외가 아닙니다. 더불어 세상의 관심사는 무엇이든지 근심을 수반합니다. 일에 대한 관심이 근심을 불러옵니다. 일은 실존의 기초이며, 우리는 그 일을 사랑할 수도 있고 증오할 수도 있습니다. 의무 때문에 할 수도 있고, 필요 때문에 할 수도 있습니다. 그러나 능력의 한계나 효율의 부족이나 게으름, 실패의 위험을 느낄 때 근심에 휩싸입니다. 사람들과의 관계에서도 근심이 일어납니다. 사랑하는 사람들과의 관계에서도 실망, 상처, 분노와 질투, 적대감을 경험하게 됩니다. 그들을 잃는 것, 그들에게 상처 주는 것, 그들에게 가치 없는 존재가 되는 것에 대한 근심이 우리를 불안하게 만듭니다. 또한 우리 자신에 대한 관심도 근심을 불러옵니다. 한편으로 자신에 대해 성숙과 능력, 지혜와 온전함, 신앙을 추구하며 책임을 느낍니다. 그러나 다른 사람의 판단, 실패했다는 느낌, 비교와 열등감, 잘못된 결정 등으로 인해 근심합니다. 가장 보편적인 관심사인 의식주까지도 근심을 불러일으킵니다.

그래서 세상의 관심사는 영원한 관심사를 통해 조명되어야 합니다. "마리아는 이 좋은 편을 택하였으니 빼앗기지 아니하리라"(눅 10:42). 예수님은 말씀 앞에 머무는 일을 '궁극적 관심사'라고 하십니다. 세상의 관심사는 언젠가 사라지나, 말씀 앞에 머무는 삶은 영원하며 빼앗기지 않습니다. 영원한 관심사는 하나님 안에 거하는 것입니다. 말씀묵상을 통한 하나님과의 사귐은 바로 영원의 교제입니다. 영원의 현존은 세상의 관심사가 피할 수 없는 불안을 사라지게 하며,[356] 근심을 무력하게 만듭니다. 말씀묵상은 세상의 관심사를 하나님의 관심사로 승화시키며, 하나님의 성품을 드러내게 하며, 창조하시고 생성하시고 작용하시는 하나님의 행동을 일상에서 구체화시킵니다.

피조물의 탄식에 응답하다

그리스도인의 일상적 영성은 그리스도께서 하신 것처럼 세상에 하나님의 존재와 성품, 그리고 행위를 드러내는 것을 목적으로 합니다. "아버지께서 내게 하라고 주신 일을 내가 이루어 아버지를 이 세상에서 영화롭게 하였사오니"(요 17:4). 이는 그리스도의 성육신의 삶을 구현하는 사회적 성격을 가지며, 인간 생명의 존재론적이고 구조적인 공동체성을 고취하고 함양하는 것입니다. 한 인간의 영적 성숙도는 깊은 개인적 신비 체험만으로 측정되지 않으며, 그가 얼마만큼 깊이 생명의 연대성을 몸으로 숙지하고 동료 인간의 아픔과 고통, 나아가 자연과 피조물의 고통과 신음에 예민하고 성실하게 응답을 하면서 살아가는가로 측정되어야 합니다.[357] 그렇지 않으면 종교가 초자연적 힘을 빌려 인간 개인과 집단의 욕망을 보다 효율적으로 충족시켜 가는 도구적 방편으로 전락하게 되며, 결코 인간의 삶을 보다 숭고하고 인간답게 성숙시켜 가는 기능을 감당하지 못하게 됩니다.

유일신 하나님은 만유의 아버지이시며, 만유 위에 계시고 만유를 통일하시고 만유 가운데 계시는 분이십니다(엡 4:6). 그러므로 하나님과 연합하여 하나님으로 초월된 자는 그가 속한 모든 영역에서 하나님의 통치가 드러나야 마땅합니다. 폴 스티븐스Paul Stevens는 야곱의 일생을 일상적 영성으로 통찰하며, 그의 생애는 예수 그리스도의 성육신의 삶에서 드러나는 현실적인 영성을 보여 준다고 하였습니다.

> 지극히 일상적인 생활에서 일어나는 모든 것은 필수적인 것들이고 시시한 것들이고 세속적인 것들이다. 먹기, 잠자기, 이동하기, 성적 욕구를 느끼는 것, 평생의 반려자를 만남, 자녀 양육, 매일 일터로 가는 것 등이다. 우리는 하나님께서 한 사람의 삶의 여정, 즉 한 사람이 태어나고, 자라고, 어른이 되고, 집을 떠나고, 경력을 쌓고, 결혼하고, 부모가 되고, 고향으로 돌아오고, 할아버지가 되고, 그리고 마침내 세상과 이별하는 모든 과정을 조명하시는 것을 본다. 야곱의 이야기는 요람에서 무덤까지, 좀 더 정확하게 말하면 수태에서 부활까지를 보여 준다. 그리고 역사상 가장 인간다운 모습으로 사신 예수님의 삶에서 드러나는 이 땅에서의 현실적인 영성을 보여 준다.[358]

일상의 영성, 자유와 공의를 성취하다

그리스도인의 일상의 영성은 개인적인 삶으로 국한되지 않습니다. 세상의 모든 영역에 있어 성육신의 삶이 구현되어야 합니다. 토마스 머튼은 세상의 평화를 구축하는 일은 영성의 열매라고 하였습니다. "수도자에게 있어 육체의 고행보다 훨씬 중요한 일은 마음을 완전히 변화시키는 것이고, 인간 세계에 대한 전적으로 새로운 시각을 갖는 것이다. 그 어떠한 평화운동도 영성적 힘으로 간주되어야 한다."[359] 이렇듯 참된 영성은 정치적 자유, 사회 경제적 정의를 도외시하지 않습니다.

하나님께서 예레미야 선지자를 통해 고발하신 이스라엘의 죄악은 정치적 압제와 사회적 불의, 경제적 불균형에 대한 것이었습니다. "다윗의 왕위에 앉은 유다 왕이여 너와 네 신하와 이 문들로 들어오는 네 백성은 여호와의 말씀을 들을지니라. 여호와께서 이와 같이 말씀하시되 너희가 정의와 공의를 행하여 탈취 당한 자를 압박하는 자의 손에서 건지고 이방인과 고아와 과부를 압제하거나 학대하지 말며 이곳에서 무죄한 피를 흘리지 말라. 너희가 참으로 이 말을 준행하면 다윗의 왕위에 앉을 왕들과 신하들과 백성이 병거와 말을 타고 이 집 문으로 들어오게 되리라. 그러나 너희가 이 말을 듣지 아니하면 내가 나를 두고 맹세하노니 이 집이 황폐하리라. 여호와의 말씀이니라"(렘 22:2-5).

또한 이사야 선지자는 이스라엘 백성들이 성전의 예배에는 열중하면서 공동체의 정의를 상실한 죄악을 고발하였습니다. "내 마음이 너희의 월삭과 정한 절기를 싫어하나니 그것이 내게 무거운 짐이라. 내가 지기에 곤비하였느니라. 너희가 손을 펼 때에 내가 내 눈을 너희에게서 가리고 너희가 많이 기도할지라도 내가 듣지 아니하리니 이는 너희의 손에 피가 가득함이라. 너희는 스스로 씻으며 스스로 깨끗하게 하여 내 목전에서 너희 악한 행실을 버리며 행악을 그치고 선행을 배우며 정의를 구하며 학대 받는 자를 도와주며 고아를 위하여 신원하며 과부를 위하여 변호하라 하셨느니라"(사 1:14-17).

사랑의 이중 계명, 하나님을 사랑하고 이웃을 사랑하라

정치적 자유와 사회적 공의를 실현하는 일상의 영성은 곧 하나님 나라의 실현을 구체화하는 일입니다. 김세윤 교수는 예수께서 선포한 하나님 나라는 구체적으로 사랑의 이중 계명으로 온다고 보았습니다. 그는 예수께서 선포한 하나님 나라는 하나님의 통치를 가리키는 것이며, 하나님의 통치는 우리의 실존에서 '하나님을 혼신을 다하여 사랑하라, 그리고 이웃을 네 몸같이 사랑하라'는 구체적인 요구로 온다는 것을 강조합니다.360

> 사탄은 우리에게 돈을 많이 벌어 우리의 안녕과 행복을 확보하도록(곧 스스로에게 하나님 노릇하도록) 유혹하고, 그러기 위해 이웃을 착취하도록 요구한다. 그러나 하나님은 공중에 나는 새도 먹이시고 들의 백합화도 입히시는 하나님의 아빠 되심에 의지하여 그의 선한 뜻에 순종하며 또한 이웃을 사랑하도록 요구하신다… 사탄의 통치는 인간 사회를 만인이 만인에게 늑대 노릇하는, 소수의 사람만 생존하는 약육강식의 정글이 되게 한다. 반면 우리가 하나님의 뜻을 좇아(곧 하나님의 통치를 받아), 하나님께 의존하고 이웃을 섬기는 자세로 살면, 부는 비교적 공정히 재분배되어 경제적 정의가 이루어지고, 경제적 정의는 사회적 평화를 낳게 된다. 이렇게 하나님의 통치는 만인이 만인을 섬기게 하여 골고루 잘사는, 자유와 정의와 평화가 있는 사회를 이루게 한다.361

그러나 정치적 자유와 사회적 정의를 수반하는 하나님의 나라는 '이미와 아직' 사이에 실재합니다. 하나님의 나라는 '이미' 임하였으나 '아직' 완성되지 않았습니다. 그러므로 불가불 정치적 압제와 사회적 불의가 지배하는 현실을 피할 수는 없습니다. 예수 그리스도의 성육신의 삶은 정치적으로 압제받는 자와 사회적으로 소외된 자, 경제적으로 가난한 자와 함께 거하는 '하나님의 쉐키나'(임재)의 삶이었습니다.

예수 그리스도는 정치적, 사회적, 정신적 기준에서 볼 때 압제받고 버림받고 소외받은 자들과 함께하신 것입니다. "인자는 와서 먹고 마시매 말하기를 보라 먹기를 탐하고 포도주를 즐기는 사람이요 세리와 죄인의 친구로다"(마 11:19).

대제사장 그리스도께서 돌보신다

히브리서에서 증거되는 그리스도는 구원받은 자의 삶에 참여하는 대제사장으로 묘사됩니다(히 4:14). 그는 구원받은 자를 돌보시고 인도하시기 위해 보내심을 받은 사도로서 대제사장이십니다(히 3:1). 그는 죄인을 죄로부터 구원하실 뿐 아니라, 구원받은 자를 위해 대제사장으로서 현재적 소명을 다하고 계십니다. 또한 구원받은 자의 삶에 참여하며(히 2:12-13), 그와 함께 시험을 받으며(히 2:18), 그의 연약함을 체휼하며(히 4:15), 그를 위해 항상 기도하십니다(히 7:25). 또한 영원히 살아 있는 보혈로(히 9:14), 신자를 하나님 아버지께 나아가게 하십니다(히 10:19). 신자가 세상의 악의 구조와 자신의 연약함으로 인해 부끄러운 자리에 처해도 그리스도는 그를 부끄러워하지 않으십니다(히 2:11). 그는 자기를 세우신 하나님께 신실하기를 모세가 하나님의 집에서 신실한 것과 같이 하십니다(히 3:2). 여기서 그리스도께서 신실하게 섬기는 하나님의 집은 '구원받은 하나님의 자녀'입니다(고전 3:9). 하나님의 천사들은 구원받을 자를 위해 섬기며(히 1:14), 그리스도도 구원받은 자를 위해 섬기는 것입니다. 신자의 생의 실존이 절망과 죽음, 막다른 길에 이른다 하더라도 그리스도는 그와 함께하시며 그를 도우십니다. 그리하여 우리를 아버지 하나님께로 이끌며, 모든 상황에서 하나님을 아버지로 부르게 합니다.

신자가 가장 비참하고 수치스런 상황에 처해도 하나님의 아들로 존재할 수 있는 근거는 대제사장 되신 그리스도께서 함께하기 때문입니다.

 십자가의 삶, 하나님의 영광이 드러나다

말씀묵상은 말씀의 본체이신 그리스도와의 만남입니다(요 1:1). 그러므로 말씀 안에 거하는 자는 모든 상황에서 대제사장 되신 그리스도와 함께 거합니다. 그리스도는 묵상하는 자를 돌보시고 시험에서 건지시고 하나님 아버지께로 인도하십니다. 일상의 영성은 궁극적으로 하나님 아버지를 세상에 보여 주는 것으로 실재됩니다. 이는 성육신의 삶이며, 십자가의 삶이고, 의를 위해 기꺼이 고난 받는 자리에 서는 것입니다. 신앙의 환상幻想은 세상적으로 성공하고 보란 듯한 삶을 통해 하나님의 영광을 드러내고자 하는 데 있습니다. 하지만 신앙의 진리眞理는 십자가의 죽음을 통해 하나님의 영광이 드러나는 데 있습니다. "내가 진실로 진실로 너희에게 이르노니 한 알의 밀이 땅에 떨어져 죽지 아니하면 한 알 그대로 있고 죽으면 많은 열매를 맺느니라… 아버지여, 아버지의 이름을 영광스럽게 하옵소서 하시니 이에 하늘에서 소리가 나서 이르되 내가 이미 영광스럽게 하였고 또다시 영광스럽게 하리라 하시니(요 12:24, 28).

이 땅에서의 신자의 삶이 비록 가난하고 초라하고 비참하다 할지라도 하나님의 영광을 드러내는 데에는 결코 부족함이 없습니다. 왜냐하면 그리스도는 인간이 당할 수 있는 모든 시험과 고난을 함께 겪으시며 그의 생애 한가운데에서 그를 하나님께로 인도하기 때문입니다. 십자가가 이에 대한 해답입니다. 말씀묵상은 그리스도 안에 거하는 하나님으로 살아가게 하며 어떤 조건에서도 하나님의 영광을 드러내게 하는 일상의 영성을 구현합니다.

　필자가 논하는 말씀묵상의 영성과 전통적 묵상 방법인 렉시오 디비나는 유비관계를 가지고 있습니다. 말씀묵상을 통한 관계의 영성은 렉시오 디비나의 정독과 묵상과 유비되며, 말씀묵상을 통한 초월의 영성과 일상의 영성은 기도와 관상과 유비됩니다. 렉시오 디비나의 4단계 과정이 분리되지 않듯이, 말씀묵상을 통한 3가지 영성은 결코 분리되지 않으며, 순차적이지만 동시적으로 경험되는 영적 실체입니다. 말씀묵상의 규례는 신자로 하여금 하나님과의 관계의 영성, 하나님으로 초월되는 영성, 하나님을 드러내는 일상의 영성을 실현합니다.

일상적 영성(대하 1:7-13)

1. 묵상 제목 : 기브온에서 예루살렘으로

2. 오늘의 말씀 : 역대하 1:7-13 (2009년 10월 22일)

7 그날 밤에 하나님이 솔로몬에게 나타나 그에게 이르시되 내가 네게 무엇을 주랴 너는 구하라 하시니 8 솔로몬이 하나님께 말하되 주께서 전에 큰 은혜를 내 아버지 다윗에게 베푸시고 내가 그를 대신하여 왕이 되게 하셨사오니 9 여호와 하나님이여 원하건대 주는 내 아버지 다윗에게 허락하신 것을 이제 굳게 하옵소서 주께서 나를 땅의 티끌같이 많은 백성의 왕으로 삼으셨사오니 10 주는 이제 내게 지혜와 지식을 주사 이 백성 앞에서 출입하

게 하옵소서. 이렇게 많은 주의 백성을 누가 능히 재판하리이까 하니 11 하나님이 솔로몬에게 이르시되 이런 마음이 네게 있어서 부나 재물이나 영광이나 원수의 생명 멸하기를 구하지 아니하며 장수도 구하지 아니하고 오직 내가 네게 다스리게 한 내 백성을 재판하기 위하여 지혜와 지식을 구하였으니 12 그러므로 내가 네게 지혜와 지식을 주고 부와 재물과 영광도 주리니 네 전의 왕들도 이런 일이 없었거니와 네 후에도 이런 일이 없으리라 하시니라. 13 이에 솔로몬이 기브온 산당 회막 앞에서부터 예루살렘으로 돌아와서 이스라엘을 다스렸더라.

3. 본문 주해

하나님은 솔로몬의 왕위를 견고케 하셨고 그에게 강력한 나라를 주셨으며, 수많은 백성들도 주셨다. 그러나 솔로몬은 이 모든 것을 가지고 자기 마음대로 하지 않고 먼저 하나님께 나아가 지혜를 구한다. 솔로몬은 하나님이 자신에게 주신 것보다 그것으로 어떻게 다스리느냐에 마음을 둔다. 그리고 그 근원이 하나님과의 관계에 있음을 알았다. 그래서 왕으로서 해야 할 일이 산적했음에도 불구하고 먼저 하나님의 장막이 있는 기브온 산당으로 나온다.

모든 사람에게 주어진 삶의 정황은 하나님의 선물이다. 생명, 가족, 관계하는 사람들, 직업, 소유, 평판, 명성, 권력 등… 하나님이 모든 것을 주셨다. 단지 우리가 알지 못할 뿐이다. "여러분이 하나님께로부터 받지 아니한 것이 무엇입니까?"(고전 4:7). 하나님께서 주신 것을 거룩한 것, 성스러운 것으로만 제한하는 것은 모든 세상을 창조하시고 다스리시는 하나님을 부정하는 것이나 다름없다. 이것은 그릇된 이원론의 산물이다. 오늘 솔로몬은 왕의 직분을 하나님이 주셨고, 자기가 다스리는 백성들 또한 하나님의 백성임을 각성하고 있었다(10절; 주의 백성). 그렇기 때문에 일천 희생으로 번제를 드리며 하나님의 음성을 듣고자 한다.

그 밤에 하나님께서 나타나셨다. 그리고 솔로몬에게 물으셨다. "내가 네게 무엇을 주랴?" 솔로몬이 원하는 것은 무엇이나 주시겠다는 약속이시다. 지금 솔로몬은 전능하신 하나님께서 무엇이든지 주시겠다는 전대미문의 기회 앞에 서 있다. 역대하 말씀보다 사실적이고 구체적으로 기록된 열왕기서는 솔로몬이 이 장면에서 아버지 다윗을 기억했다고 증거한다. "내 아버지 다윗이 성실과 공의와 정직한 마음으로 주와 함께 주 앞에서 행하므로"(왕상 3:6). 진실하고 바른 마음으로 하나님과 함께 하나님 앞에 행한 다윗, 솔로몬은 그 은혜를 하나님께 고하였다. 이는 솔로몬이 받은 가장 위대한 유산이다. 그리고 솔로몬은 바로 아버지 다윗의 믿음을 구한다. "주는 이제 내게 지혜와 지식을 주사 이 백성(하나님의 백성들) 앞에서 출입하게 하옵소서(다스리게 하소서)"(10절).

솔로몬이 구한 지혜와 지식은 무엇인가? 원하는 대로 주시겠다는 절호의 기회에 단지 지혜와 지식을 구한 것으로 보아, 이 지혜는 분명 사람에게서 난 지혜가 아니고, 사람으로부터 배운 지식도 아니다. 열왕기서에서는 솔로몬이 구한 것이 오직 "듣는 마음"이라고 기록하고 있다(왕상 3:9). 성경은 하나님을 경외하는 것이 지식의 근본이며, 지혜의 근본이라고 말씀한다(잠 1:7; 욥 28:28). 듣는 마음으로 하나님 안에 거하는 것이 지혜와 지식의 근본이다. 진실한 마음으로 하나님과 함께 하나님 앞에서 행하는 것, 이것이 다윗이 평생 행한 바이며, 지금 솔로몬이 하나님께 구하는 청원이다. 하나님은 솔로몬의 청원을 기쁘게 받으셨다. 그리고 솔로몬이 구한 지혜와 지식은 물론 부와 재물, 영광까지 거저 주셨다(12절). 솔로몬은 이제 기브온 산당에 더 이상 머물러 있지 않고, 예루살렘으로 돌아와 백성을 다스리는 왕의 직무에 전념한다(13절).

이 아침, 하나님은 나에게 솔로몬을 통해 참된 신앙의 자리가 어디인가를 깊이 깨닫게 하신다. 솔로몬의 기브온 산당은 하나님을 만나고 하나님의 음성을 듣고, 하나님과 교제하며, 하나님으로부터 지혜와 지식을 받는 자리이다. 그러나 기브온 산당은 계속 머물러 있는 자리가 아니다. 예루살렘으로 돌아와야 한다. 하나님은 이 말씀을 통해 내 속에 무의식적인 이원론의 경향성이 여전히 있음을 보게 하셨다. 이원론은 일의 성과 속을 구별 짓는다. 하나님과 사귐, 하나님과 직접 관계하는 일은 성스럽고 귀하지만, 그 외의 시간, 그 외의 일은 소홀히 대하는 경향이 내게 깔려 있음을 알게 하셨다. 그러나 하나님은 모든 일 가운데, 모든 시간 안에, 모든 사람과 관계하는 거기에 계신다. 그러므로 진실로 하나님과 사귐이 있는 사람은 그의 공간이 하나님의 장소이고, 그의 시간은 하나님께서 일하시는 의미의 시간이 된다. 그가 일상에서 만나는 사람은 하나님께서 보내신 사람이며, 그의 일은 하나님의 일이 된다.

16세기 영적 지도자인 틴데일은 "모든 일은 하나님을 기쁘시게 하는 점에서 '하나'이다."라고 말했다. 하나님의 일은 교회 안에서 하는 일로 한정할 수 없는 것이다. 참된 그리스도인이라면 설교, 찬양, 예배, 봉사, 헌신뿐 아니라 각자에게 주어진 일상의 영역에서 하는 일도 하나님의 일이다. 교회 안에서만 하는 일을 가지고 "나는 하나님의 일을 한다."고 하는 통념은 잘못된 것이다. 진실한 그리스도인이라면 다르게 말해야 한다. 그가 무엇을 하든지 "나는 '~을 통해서' 하나님의 일을 한다."고 말해야 한다. 나는 공부를 통해서 하나님의 일을 한다. 나는 직장생활을 통해서 하나님의 일을 한다. 나는 연주를 통해서 하나님의 일을 한다. 나는 가사 일을 통해서 하나님의 일을 한다. 나는 상담을 통해서 하나님의 일을 한다. 나는 거리의 청소를 통해서 하나님의 일을 한다. 나는 서비스업을 통해서 하나님의 일을 한다. 나는 사업을 통해서 하나님의 일을 한다. 이것이 바른 고백이다.

루터가 말한 만인제사장직은 그리스도인에게는 모든 일이 하나님이 주신 일이며, 그 일을 통해서 하나님의 성품과 능력을 드러내야 한다는 점에서 의미가 있다.

4. 나의 묵상

나는 지난 월요일(10/19)부터 숙소에서 목사님 한 분과 지내고 있다. 그분과 새벽 기상을 같이 하고, 종일 공부를 같이 하고, 저녁에는 함께 산책도 하였다. 그런데 3일이 지난 오늘 새벽에야 진지하게 그분을 위해 기도드렸다. 그분을 같이 있게 하신 하나님께 감사하고, 동일한 영과 마음을 주신 것에 깊은 감사를 하였던 것이다. 이틀은 건성으로, 내 일에 바쁘고 내가 하고 싶은 말만 하였다. 그분이 하나님이 내게 보내신 분임을 잊고 있었던 것이다. 왕의 직무보다 기브온에서 만난 하나님이 우선되듯이, 그리스도인에게 하나님과의 사귐은 모든 일보다 우선해야 하는 복종이다. 그러나 하나님과의 사귐은 솔로몬이 예루살렘에 돌아왔듯이, 일상의 삶에서 지혜와 지식으로, 다스림으로 나타나야 한다. 하나님과의 사귐은 충실하면서 일상의 삶을 소홀히 하는 것은 이원론에 속임 당하는 것이다. 하나님과 사귐 없이 일상의 삶에만 충실한 것은 하나님과 무관한 삶으로 고통스럽고 허망한 결말을 낳는다.

그래서 참된 영성은 하나님과 사귐의 영성과 일상생활의 영성이 통합되는 데에 있다. 이것은 내게 주어진 새로운 영적 도전이며, 하나님께서 주신 지혜와 지식으로 힘 있게 감당해야 할 응전이다.

5. 묵상 기도

아버지… 아버지의 백성들을 위해 기브온 산당의 은혜를 주심을 감사합니다. 하나님과 사귐 안에서 살게 하심을 감사합니다. 그러나 일상을 소홀히 한 연약함을 발견합니다. 종을 불쌍히 여겨 주소서. 오늘 내게 주신 사람, 내게 주신 일, 내게 주신 모든 시간을, 다윗처럼 신실하게 성실한 마음으로 주와 함께 주 앞에서 행하게 하소서. 이를 위해 솔로몬처럼 듣는 마음을 구합니다. 아버지의 지혜와 지식을 구합니다. 기브온 산당에서 예루살렘으로 돌아온 솔로몬처럼, 하나님과 사귐에 신실할 뿐 아니라, 일상의 일과 일상의 사람들에게, 하나님의 성품이 드러나게 하소서. 그리하여 하나님과 사귐의 영성이 일상의 영성으로 통합되게 하소서. 예수 그리스도의 이름으로 기도드립니다. 아멘.

3부

온전한 신앙으로

the Joy of the Word from Heaven

7장
하나님과 사귐의 영성훈련

말씀묵상은 궁극적으로 하나님과 사귐의 영성으로 나타납니다. 이를 통해 양으로 생명을 얻게 하고 더 풍성하게 얻게 하는 예수님의 말씀이 성취됩니다(요 10:10). 하나님과 사귐의 영성훈련은 예배, 기도, 찬양을 포함한 신앙생활의 모든 영역을 새롭게 합니다. 다양한 영성적 활동은 하나님과의 친밀한 사귐을 누리게 하며, 삶의 현장에서 하나님의 뜻을 실현하게 합니다.

7장. 하나님과 사귐의 영성훈련

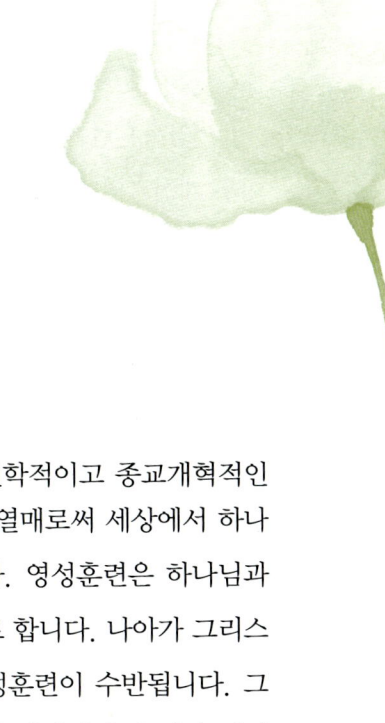

영성의 고찰을 통해 성경적이고 신학적이고 종교개혁적인 기독교 영성은 하나님과 연합하는 신앙 및 그 열매로써 세상에서 하나님의 뜻을 실현하는 행동임을 파악하였습니다. 영성훈련은 하나님과의 친밀한 삶의 관계를 개발하는 것을 우선으로 합니다. 나아가 그리스도인으로서 사회적 책무를 다하는 실천적 영성훈련이 수반됩니다. 그러므로 기독교 영성훈련은 인간의 존재 근거인 하나님과의 일치 경험일 뿐 아니라 동료 인간과 생명 전체로의 공감적 참여훈련이며 교류훈련입니다.362 본 장에서는 말씀묵상을 통해 실현되는 영성훈련의 실천 항목을 살펴봅니다. 하나님과의 사귐 안에서 이루어지는 영성훈련은 그 목적이 하나님과 사귐의 풍성함으로 이끌어갑니다(요 10:10). 하나님과 사귐에 기초한 영성훈련은 내적 훈련, 외적 훈련, 공동체 훈련의 범주로 나누어집니다. 내적 훈련으로 침묵, 기도, 금식, 학습훈련이 있고 외적 훈련으로 단순성, 고독, 섬김훈련이 있으며 공동체훈련으로 고백, 예배, 찬양훈련이 있습니다.

1. 침묵훈련

잠잠히 머물며 하나님의 음성을 듣다

침묵훈련은 명상훈련 또는 정관靜觀으로도 불립니다. 종교개혁 이후 개신교의 은혜의 방편은 주로 말씀이 그 중심이었습니다. 즉, 성경, 교리, 설교 등 '말의 종교'가 된 것입니다. 그 결과 개신교의 영성훈련 속에서 침묵, 명상, 정관 등 소리 없는 말의 영성은 사라져 가고 말로 표현되지 않는 참된 음성을 듣는 귀는 무디어졌습니다.[363] 엘리야가 하나님 앞에 섰을 때 강한 바람이 산을 가르고 바위를 부수었습니다(왕상 19:11). 그러나 하나님이 거기 계시지 않았습니다. 바람 후에 지진이 있었으나 하나님은 거기에도 계시지 않았습니다. 또 지진 후에 불이 있으나 하나님은 거기에도 계시지 않았습니다. 하나님은 불 이후에 세미한 소리로 임재하셨습니다(왕상 19:13). 한국 기독교는 침묵 속에 들려오는 세미한 음성을 듣기보다 산을 가르고 바위를 부수는 격정적 영성을 구해 왔습니다. 하나님을 고요히 만나는 새벽기도회를 통성기도의 격음장으로 바꾸어 버렸고, 일부 기도원은 종교적 광란의 소음장이 되고 말았습니다.[364] 때로 필요할 수 있는 격정의 영성이 주된 영성으로 자리매김하는 영적 현실이 우려됩니다. 이 점에서 한국 교회에 침묵의 영성이 요청됩니다. 침묵은 하나님 앞에 잠잠히 머물면서 소리 없는 참 음성에 귀 기울이는 영성훈련입니다.

침묵(명상)은 사랑과 겸손 안에서 끊임없이 하나님을 구하는 수련입니다. 하나님에 대한 어떤 열망도 없이 생기가 없고 공허한 명상은 정적주의靜寂主義로 비난받아 마땅합니다.[365] 명상에서 간과하지 말아야 할 것은 세상의 일들에 대한 명상입니다. 명상은 오늘 현재 일어나는 사건, 주변에서 일어나는 일, 국가적으로 정치적으로 일어나는 사건을 명상하고 그 의미를 추구하게 합니다. 이것은 세력을 얻기 위함이 아니며 영적 안목을 얻기 위함입니다. 토마스 머튼은 시대의 중대하고도 징조적이며 예언적인 실제의 무서운 사건을 되새겨야 진정한 영성으로 들어간 사람이라고 하였습니다.[366]

침묵, 영원의 심연으로 이끌다

침묵은 '깊은 데', 곧 심연深淵으로 들어가는 영성의 수단으로 활용됩니다. 시인은 "여호와여 내가 깊은 곳에서 주께 부르짖었나이다"(시 130:1)라고 외칩니다. 심연은 하나의 공간적 차원이지만 동시에 영적인 특징입니다. 영적인 의미로 사용되는 심연은 두 가지 뜻을 가지는데 '깊은' 또는 '높은'의 뜻입니다. 가시적인 것들은 표면에 속하며 모든 표면은 소멸합니다. 영성으로서 침묵은 표면의 깊이와 높이에 도달하게 하는데, 그때에는 표면적 상태에서 내린 결정이 그릇된 것이었음을 알게 됩니다. 그런데 더 깊은 심연이 발견되면 이것 역시 또 하나의 표면이 되고 맙니다. 만물 안에 속한 모든 것은 그것이 한동안 심연으로 여겨져도 결국 표면에 속하고 마는 것입니다.

그런데 다함이 없는 무궁한 심연이 있습니다. 그것은 만물에 속하지 않는 하나님의 심연입니다. 시편 130편의 시인이 깊은 곳에서 외치는 것은 곧 만물에 속하지 않으시는 하나님을 향하여 외치는 것입니다. 하나님의 심연은 온갖 존재의 기반을 가리킵니다. 이곳은 인간의 지각으로는 알 수 없으며 오직 성령으로 말미암아 아는 곳입니다. "오직 하나님이 성령으로 이것을 우리에게 보이셨으니 성령은 모든 것 곧 하나님의 깊은 것까지도 통달하시느니라"(고전 2:10).

모든 시대 하나님의 사람들은 흑암의 깊은 곳을 통하여 하나님의 깊은 곳에 들어갔습니다. 진리에 이르는 심연의 길은 궁극적으로 십자가의 그리스도입니다. 십자가에 달리신 그리스도는 그와 함께 십자가에 달리는 모든 사람을 하나님의 심연으로 이끌어갑니다. 그리스도의 십자가는 잠잠히 침묵하며 하나님의 구원을 앙모하는 자를 높고 깊은 심연의 성소로 이끌며, 영원의 아버지께로 이끌어갑니다. "나의 영혼이 잠잠히 하나님만 바람이여 나의 구원이 그에게서 나오는도다"(시 62:1). 심연의 마지막 지점은 영원으로, 모든 사람이 거기로부터 나왔으며 길 되신 예수 그리스도를 통하여 거기로 돌아가는 곳입니다. 그곳은 영원한 기쁨이 있는 곳입니다. 그래서 기쁨의 심연이 괴로움보다 더 깊습니다. 이것이 심연의 결국입니다. 무서운 정열로 심연에 이르고자 하다가 파괴적인 세력에 사로잡혀 고뇌하던 사람, 프리드리히 니체는 다음과 같이 말했습니다. "세계는 깊다. 날이 헤아릴 수 있는 것보다 더 깊다. 깊음은 헤아릴 수 없는 날들의 슬픔이다. 그러나 그런 슬픔보다 더 깊은 기쁨이 실재한다. 이제 슬픔은 말한다; 여기서 떠나라! 그러나 기쁨은 모든 영원을 원한다. 깊고 심오한 영원을 원한다."[367]

침묵의 영성을 통해 이르는 곳은 하나님의 심연으로 '영원'입니다. 영원한 기쁨에 다다릅니다. 이곳은 만물에 속한 표면으로는 결코 성취하지 못합니다. 만물에 속한 자를 만물 위로 이끄시는 그리스도의 십자가를 통하여 성취합니다. 영원의 심연 안에 변하지 않는 진리가 있으며 기쁨이 있으며 소망이 있습니다. "항상 기뻐하라. 쉬지 말고 기도하라.

범사에 감사하라. 이것이 그리스도 예수 안에서 너희를 향하신 하나님의 뜻이니라"(살전 5:16-18).

2. 기도훈련

기도는 하나님과의 교제의 수단이다

기도의 본질은 하나님과 소통하는 대화입니다. 기도는 신자가 하나님과 관계를 맺고 있다는 사실을 가장 잘 표현하는 영적 활동입니다. 기도는 그리스도 안에서 하나님과 인간 사이의 완전한 교제의 표현이며,[368] 인간이 은혜의 하나님을 체험할 때 드리는 사랑과 복종의 첫 체험입니다.[369] 본질상 기도는 다른 영성훈련과 영적 활동, 특별히 말씀과 예배, 때로는 독거와 금식 등과 병행합니다. 성경은 항상 기도할 것을 요청하는 바, 기도가 훈련으로써 수행되는 것은 부차적인 일입니다. 그럼에도 불구하고 기도는 영적 훈련이 될 수 있습니다. 그 일례로 제자들도 예수님께 기도 배우기를 요청하였습니다(눅 11:1). 또한 예수님은 제자들에게 "시험에 들지 않게 깨어 있어 기도하라."고 하셨습니다(마 26:41). 사도들은 시간을 정해 놓고 기도하였고(행 3:1), 신약의 서신서들은 기도할 것을 거듭하여 가르치고 있습니다(롬 12:12, 15:30; 고후 1:11; 엡 6:18; 빌 4:6; 골 4:2; 살전 5:17, 25; 살후 3:1; 딤전 2:1; 히 13:18; 약 5:13; 벧전 4:7). 기도하는 일이 배우는 과정과 단계가 있는 훈련이라는 사실을 알 때 우리는 기도를 거짓되거나 비현실적이라고 취급하는 오만에서 벗어날 수 있습니다.[370] 그러나 영성생활 자체가 그러하듯, 기도 또한 하나님께서 이끌어 가십니다. 즉, 우리가 어떤 식으로 기도를 시작하든지, 우리 안에 성령께서 활동하여 일어나는 행위라고 할 수 있습니다(롬 8:26).

교제로서의 기도, 하나님 자신을 구한다

기도는 그 목적에 있어 자신을 위한 기도와 다른 사람을 위한 중보기도로 나눕니다. 자신을 위한 기도는 그리스도 안에서 하나님과 교제하는 것이며, 하나님과 기도자 사이의 소통입니다. 교제로서의 기도는 하나님 자신을 받는 것이 그 응답입니다. 기도에 관한 글의 공통점을 보면 "기도의 가장 큰 선물은 바로 하나님 자신을 주시는 것이다."라고 되어 있습니다.[371] 시편 기자는 절망적인 상황에서 하나님의 능력이 아닌 하나님의 얼굴을 구합니다. "하나님이여 사슴이 시냇물을 찾기에 갈급함같이 내 영혼이 주를 찾기에 갈급하니이다. 내 영혼이 하나님 곧 살아 계시는 하나님을 갈망하나니 내가 어느 때에 나아가서 하나님의 얼굴을 뵈올까"(시 42:1-2). 마르고 황폐한 광야의 고통 중에 오직 하나님 자신을 구합니다. "하나님이여 주는 나의 하나님이시라. 내가 간절히 주를 찾되 물이 없어 마르고 황폐한 땅에서 내 영혼이 주를 갈망하며 내 육체가 주를 앙모하나이다"(시 63:1). 진정한 기도의 사람은 자신의 소원을 구하기보다 하나님 자신을 구하는 것을 우선합니다. 죽음의 위협 앞에 놓인 시인은 물리적 또는 상황적 구원이 아니라 오직 하나님만을 구합니다. "나의 영혼이 잠잠히 하나님만 바람이여 나의 구원이 그에게서 나오는도다"(시 62:1).

기도가 하나님과의 교제라는 사실을 알 때 우리는 내적 암시로부터 놓임 받습니다. 혹자는 기도하는 가운데 자기 내면에 모종의 암시를 주거나 내면을 훈련하여 스스로 만족하는 어리석음을 범합니다. 심지어 이것을 영적 성장의 지표로 삼기도 합니다. 그러나 진정한 기도는 내적인 암시가 아니라 기도시간에 우리 속에 들어오시는 초월적 존재이신 하나님의 실재를 경험하는 것입니다. 또한 교제로서의 기도는 우리의 소원과 필요를 구하는 강박적 신념에서도 자유하게 합니다. 물론 우리의 소원과 필요를 하나님께 구하는 것은 기도의 한 영역입니다. 그러나 교제로서의 기도는 필요를 구하고 응답받는 관계보다 훨씬 더 넓고 풍성합니다. 기도의 시간에 우리의 필요가 허상인 것을 발견하기도 하고, 우리의 필요보다는 우리가 하나님의 필요가 되어 그분의 뜻대로 쓰임 받도록 위탁할 수 있기 때문입니다. 예레미야는 장막이 무너지고 고통이 엄습하는 상황에서 기도하는데, 그 응답은 하나님께서 그의 인생을 하나님이 목적하신 인생으로 바꾸어 주신 것입니다. "여호와여 내가 알거니와 사람의 길이 자신에게 있지 아니하니 걸음을 지도함이 걷는 자에게 있지 아니하니이다"(렘 10:23).

중보기도, 벗됨이 아니라 강청함으로 인해 주리라

자신을 위한 기도가 하나님과 교제의 표현이라면, 다른 사람을 위한 중보기도는 사회적 특성을 표현하는 기도입니다. 곧 중보기도자는 다른 사람이나 공동체, 민족, 지구, 그리고 세상의 피조물에 관심을 가지고 있습니다. 자신을 위한 기도는 하나님과의 교제가 목적인 반면 중보기도는 기도 대상자의 필요를 구하는 것이 그 목적입니다. 예수께서는 비유를 들어 제자들에게 중보기도를 가르치셨습니다(눅 11:5-13). 밤중에 어떤 사람에게 친구가 찾아와 떡 세 덩이를 구합니다. 그러나 친구를 맞이한 사람은 가진 떡이 없습니다. 그래서 떡을 가지고 있는 다른 친구에게 찾아갑니다. 비유에는 떡이 필요한 친구(1), 떡이 없는 친구(2), 떡이 있는 친구(3) 등 세 친구가 등장합니다. 떡이 없는 친구(2)가 떡을 가진 친구(3)에게 떡을 달라고 구합니다. "내 친구가 여행 중에 내게 왔는데 내가 그에게 줄 떡이 없다"(눅 11:6). 그런데 떡을 가진 친구(3)은 처음에는 그 요청을 거절합니다. "나를 괴롭게 하지 말게. 문이 이미 닫혔고 아이들이 나와 함께 침실에 누웠으니 일어나 줄 수가 없다네"(눅 11:7). 하지만 친구(3)은 친구(2)가 친구(1)의 필요를 위해 강청하는 것을 보고 친구(1)에게 필요한 떡을 줍니다. "비록 벗 됨으로 인하여서는 일어나서 주지 아니할지라도 그 간청함을 인하여 일어나 그 요구대로 주리라"(눅 11:8).

중보기도는 다른 사람의 필요를 위해 하나님께 간청하는 기도입니다. 중보기도의 근거는 기도를 하고 응답을 받는 '관계'에 있으며, 그 응답은 '간청함'에 있습니다. 그래서 중보기도자에게 우선되는 것은 기도를 받으시는 하나님과의 친밀한 관계입니다. 리처드 포스터는 "다른 사람을 위해 기도하는 일에 있어서, 가장 중요한 측면 가운데 하나는 하나님과 접촉(관계)하는 일이다."[372]라고 말했습니다.

🌱 중보기도의 응답, 하나님과의 교제가 회복되다

비유에 있어 친구(3)이 친구(2)에게 주는 '떡 세 덩이'는 중보기도의 응답을 의미합니다. 그리고 예수께서는 이것을 가리켜 성령이라고 말씀하십니다(눅 11:13). 이것은 기도에 대한 비유의 해석이며, 기도에 대한 계시가 드러난 것입니다. 곧 기도 응답을 뜻하는 떡 세 덩이는 다름 아닌 성령을 통해 삼위 하나님과 연합에 이르게 하는 은혜라고 할 수 있습니다. 이것은 하나님께서 모든 사람에게 약속하시고 그 아들을 통해 성취하신 삼위 하나님 안에 거하는 영광입니다(요 17:24). 바울은 모든 사람이 구원을 받고 진리를 아는 것이 중보기도의 목적이라고 했습니다(딤전 2:5). "그러므로 내가 첫째로 권하노니 모든 사람을 위하여 간구와 기도와 도고와 감사를 하되… 하나님은 모든 사람이 구원을 받으며 진리를 아는 데에 이르기를 원하시느니라"(딤전 2:1, 4). 이로 보건대 중보기도의 응답 역시 개인기도와 마찬가지로 중보 대상자가 하나님과 연합하고 교제하는 것을 내용으로 하고 있습니다.

중보기도는 하나님을 알지 못하는 자를 위해서 뿐 아니라 이미 영생 얻은 자들을 위해서도 수행됩니다. 골로새 교회에 복음을 전파한 에바브라는 자신으로부터 복음을 듣고 영생 얻은 이들을 위해 기도로 투쟁하였습니다. "그는 항상 기도 안에서 씨름한다"He is always wrestling in prayer…(골 4:12, NIV). 에바브라는 영생 얻은 성도들이 하나님의 모든 뜻 가운데서 완전하고 확신 있게 서기를 '씨름하듯' 기도하였습니다. 그는 생명을 낳는 전도자의 사명뿐 아니라, 그를 통해 영생 얻은 자의 성숙과 확신을 위해 피땀 흘려 기도하는 자였습니다. 이 땅에서 영원한 생명으로 살아가는 것은 치열한 싸움입니다. 그들에게 에바브라와 같은 중보기도의 헌신자가 절실히 필요합니다.

3. 금식훈련

 금식, 하나님과의 은밀한 교제를 위한 수단이다

도덕적, 종교적 훈련으로서의 금식은 그 기원이 불확실합니다.

다만 원시시대에 있어 금식 수행자는 환상들과 꿈들을 보기 쉬운 상태로 유도되어서 영적 세계의 실체들과 직접적으로 가까이할 수 있는 방법으로 모색되었습니다.[373] 구약성경에서 금식은 계시 수령(출 34:28), 애도(느 1:4), 회개(욜 2:12), 재난(삼상 7:6; 대하 20:3)과 간절한 기원(삼하 12:16-23)들과 연관되어 이루어졌습니다. 신약시대에 있어 금식은 종교적 실천이나 훈련으로 정례화되었습니다. 바리새인은 일주일에 두 번씩 금식하는 규례를 지켰습니다(눅 18:12). 예수께서도 금식의 규례를 인정하였습니다(마 6:16-17). 하지만 인간에 의한 인간을 위한 인간이 영광을 받는 금식을 엄격히 금하시고, 은밀한 중에 하나님과 교제하는 수단이 되게 하였습니다(마 6:18). 예수께서는 금식의 규례보다 하나님과 실제적인 교제를 강조하였으며, 바리새인들이 지키는 정례적인 금식에 참여하지 않았습니다(막 2:18). 이에 바리새인들이 비난하자 금식은 신랑을 빼앗겼을 때에 하는 것이라고 하며 정례적 금식을 반박하였습니다(막 2:19).

한편 아더 월리스Arthur Wallis는 신랑이 떠나가고 없는 그날을 오늘날 교회시대로 보면서 금식훈련을 강조하였습니다. "교회는 여전히 '보라. 신랑이로다 맞으러 나오라.'(마 25:6)라는 한밤중의 외침을 기다리고 있다. 지금은 우리 주인께서 '그때에는 금식할 것이니라.'(막 2:20)라고 말하셨을 때 언급하신 교회의 시대인 것이다."[374] 그러나 금식에 대한 월리스의 해석은 상당한 무리를 안고 있습니다. 예수께서 다시 오시겠다고 하신 것은 종말의 때에 재림하는 것뿐만 아니라 부활하시고 승천하신 후 성령을 보내심으로써 다시 오겠다는 영적인 현존을 의미합니다. "내가 아버지께 구하겠으니 그가 또 다른 보혜사를 너희에게 주사 영원토록 너희와 함께 있게 하리니"(요 14:16). "조금 있으면 너희가 나를 보지 못하겠고 또 조금 있으면 나를 보리라 하시니"(요 16:16). 그러므로 성령께서 강림하신 후 신랑 되신 그리스도와 함께 있는 사람은 금식으로부터 자유합니다. 그래서 성경을 근거로 금식을 강요하거나 명령하는 것은 복음의 진리를 위협하는 것으로 통전적인 계시의 관점에서 보면 왜곡된 진리라고 할 수 있습니다. 이에 대해 리처드 포스터는 다음과 같이 말합니다. "엄격한 의미에서 예수님께서 금식을 명령하시지는 않았기 때문에 '명령'이라는 용어는 피하는 것이 좋을 줄로 안다. 그러나 예수님께서 하나님 나라의 자녀들은 금식한다는 원리에 입각하여 말씀하셨다는 사실은 명백하다. 하나님과 더욱더 친밀하게 동행하기를 갈망하는 사람들에게 있어서는 예수님의 그 대목의 말씀이 마음을 끄는 말씀이 된다."[375]

인간의 소원을 이루는 금식을 금하시다

금식은 하나님 중심이 되어야 하며 하나님과 친밀한 교제가 되어야 합니다. 하나님은 금식이 인간의 목적을 위한 것을 엄히 경계하셨습니다. "온 땅의 백성과 제사장들에게 이르라. 너희가 칠십 년 동안 다섯째 달과 일곱째 달에 금식하고 애통하였거니와 그 금식이 나를 위하여, 나를 위하여 한 것이냐"(슥 7:5). 그래서 만일 우리의 금식이 자기 유익, 사역의 성공, 능력을 받는 것, 영적 상승 등 자기를 위한 것이 되면 금식의 의미를 상실한 것입니다. 이것은 하나님 자신보다 하나님이 주신 어떤 것을 더 사랑하게 하는 미혹의 도구가 될 수 있습니다. 그럼에도 불구하고 한국 교회 안에서는 금식이 자기 목적을 이루는 기도 응답의 수단으로 사용되는 것이 뚜렷합니다. 곳곳의 금식기도원은 응답

기도원으로 불리기도 합니다. 하나님은 신자들이 밤낮 부르짖는 기도를 들으시며 그 기도에 경이롭게 응답하십니다(눅 18:7). 그러나 금식은 소원을 이루는 응답의 단계를 넘어 하나님과 교제로 나아가야 합니다. 그렇지 않으면 금식은 하나님 자신보다 하나님이 주시는 어떤 것을 더 사랑하게 함으로써 도리어 하나님을 멀리하게 하는 원인이 될 수도 있습니다.

하나님의 영광을 위한 금식

또한 금식 역시 궁극적으로 하나님께 영광이 되도록 해야 합니다. 이에 대해 존 웨슬리는 금식 교훈을 다음과 같이 정의하였습니다. "우리의 금식은 하나님이 받으실 만한 것이 되어야 한다. 먼저 우리의 눈을 오직 하나님에게만 고정시킨다. 그래서 우리의 의도가 하늘에 계신 하나님께만 영광이 되도록 한다. 그것은 그의 영광스런 법을 어긴 우리의 많은 허물로 인해 슬퍼하고 부끄러워하는 것이며, 우리의 죄를 정결케 하는 은혜를 기다리는 것이며, 우리의 사랑이 위(하나님)로 향하는 것이며, 우리의 기도를 더욱 진지하고 열정적이게 만드는 것이며, 그리하여 하나님의 진노를 우리에게서 돌이키는 것이다. 그 결과 예수 그리스도 안에서 하나님이 우리에게 주시는 위대하고 고귀한 모든 약속을 얻는 것이다."[376] 이처럼 올바른 영성에 기초한 금식은 인간의 관심사를 목적으로 하지 않습니다. 하나님의 관심사, 즉 하나님이 아들을 통해서 행하신 구속의 사건에 초점을 맞춥니다. 그 결과 하나님과의 보다 더 깊고 풍성한 교제로 들어가게 됩니다.

4. 학습훈련

영성훈련에서 학습훈련은 어떤 대상의 구조를 관찰하고 사고 작용을 일으켜 지혜를 주며 나아가 내적 변화를 가져옵니다. 학습의 대상은 언어로 표현되는 책들과 언어로 표현되지 않는 자연 등이 있습니다. 언어로 표현되는 책들은 성경을 포함하여 고전, 경건서적, 기타 모든 학문서적을 망라합니다.

학문에 대한 오해

한국 교회는 양적으로 많은 성장을 했음에도 불구하고 질적으로 신앙의 회의를 갖게 하는 경향이 있습니다. 그것의 한 가지 요인은 성경과 근본적인 신앙서적들을 제외한 책들에 대해 강박적으로 기피하는 경향으로 인함입니다. 심지어 어떤 교회에서는 오직 한 권의 책인 성경만을 붙들고 다른 모든 책들은 무익한 것으로 간주하는 경향이 있습니다. 기독교가 학문적 질문을 하게 되는 이유는 기독교 신앙을 이해하고 변증하는 데 학문적 요소를 배제할 수 없기 때문입니다. 예수 그리스도의 구원을 설명하는 신약의 언어들은 당시의 학문적, 상업적 언어들을 차용하였습니다. 예컨대, 구속은 상업적 용어이며, 칭의는 법률적 용어이고, 복음은 전쟁 용어입니다. 특히 초대교회는 두 가지 이유에서 학문적 필요에 직면하게 되었습니다. 첫째는 로마 제국의 박해에 맞서 기독교의 정당성을 변호해야 하는 호교론적護敎論的 입장 때문이었고, 다른 하나는 이단의 출현에 대해서 정통 기독교의 가르침을 밝혀야 할 필요성 때문이었습니다.[377]

중세시대에는 자연신학의 무궁한 가능성과 함께 철학과 신학의 조화가 기독교의 목표를 이루었습니다.[378] 이후 종교개혁 사상가들은 근본적으로 성경적 기독교의 회복을 원했지만 이를 위해서 인문주의의 도움을 받았습니다. 예컨대, 로마 가톨릭이 사용하던 라틴어 성경의 문제점을 희랍어 성경 연구 결과로 밝혀낼 수 있었고, 교황청이 법적 근거로 사용하던 고대의 문서들 역시 인문주의자들의 역사 연구를 통해서 그 허구성을 입증하게 되었습니다. 그러나 19세기 들어 개신교의 성경 연구는 신구약성경이 다른 종교의 경전들처럼 종교적 발전의 산물이라는 인식이 생겨나면서 절대 무오의 하나님의 말씀으로서 성경의 권위는 크게 위협받게 되었습니다. 이로 인해 개신교 내에서 학문적 탐구는 모험적인 것으로 간주하게 되었습니다. 그 결과 자유주의 신학은 크게 위력을 떨쳤습니다. 하지만 20세기 들어 계시로서의 성경의 권위를 확보한 현대 복음주의로 인해 그 힘이 약화되었습니다.

지혜와 계시의 영, 지성의 눈을 연다

기독교의 역사는 지적인 대답을 요구하는 시도들에 대해서 확실한 믿음으로 응답하였습니다. 그 믿음은 예수 그리스도만이 구원자요, 그를 믿음으로 말미암아 하나님 앞에 나아간다는 것이었습니다. 한국 교회는 이러한 고백을 한국인의 영성과 심성, 그리고 구원의 고백 속에서 대답할 요구를 받고 있습니다. 보수적이고 복음주의적인 한국 교회의 학문의 필연성은 바로 여기에서 시작됩니다. 한편 구약시대의 이사야 선지자는 생각이 없고, 지식이 없고, 깨달음이 없는 것을 매우 위험한 신앙으로 경고하였습니다(사 44:19-20). 신앙에서 생각과 지식을 배제하는 것은 무지로 인한 맹신에 빠지게 합니다. 하나님의 지혜와 계시의 영이 임하면 우리의 지성(헬, 디아노이아; 영-understanding)의 눈이 열립니다(엡 1:17-18). 그러므로 생각 없이 믿고, 지식 없이 믿는 이들은 자기 신앙의 실체를 파악하지 못합니다. 이사야의 탄식처럼 우상을 섬기면서도 그것을 정상적인 신앙생활로 착각합니다.

위로부터 난 지혜가 세상의 지혜를 사용한다

물론 모든 학문이 기독교 신앙에 도움이 되는 것은 아닙니다. 어떤 학문은 일부 자유주의 신학처럼 성경과 신앙을 왜곡시키는 모험성을 내포하고 있습니다. 여기서 학문이라고 주장하는 것은 인간의 지혜이며, 세상의 지혜입니다. 이와 대조되는 지혜는 하나님의 지혜입니다. 하나님의 지혜는 궁극적 지혜로서 십자가에 달리신 그리스도를 통해 드러났습니다(고전 1:24). 하나님의 지혜는 창세전부터 존재해 온 지혜이며 위로부터 난 지혜입니다(잠 8장). 이에 반해 제반 학문을 아우르는 세상의 지혜는 아래로부터 난 지혜입니다. 위로부터 난 지혜는 아래로부터 난 지혜를 사용하는 지혜입니다. 그래서 만일 위로부터 난 지혜가 없이 아래로부터 난 지혜를 얻으면 그 지혜는 우리를 통제하는 지혜가 되고 맙니다. 이에 대해 폴 틸리히는 다음과 같이 말합니다.

> 어떤 유한한 존재도 세상의 지혜와 능력을 대표하는 그리스도께서 십자가에서 깨어지셨듯이, 깨어지지 아니하면 무한한 것에 도달할 수 없다. 이것이 궁극적인 지혜인 십자가의 어리석음과 약함이다. 그리스도께서 십자가에서 깨어짐으로써 그가 세상의 지혜와 능력의 또 다른 담지자가 아니라,

하나님의 것이 되는 이유이다. 십자가는 그분을 하나님의 것으로 만든다. 그리고 이 어리석음으로부터 우리는 세상의 지혜를 우리의 것으로 사용하는 지혜를 얻게 된다. 심지어 철학까지도 말이다. 만일 세상의 지혜가 깨어지지 않으면, 그 지혜는 우리를 통제한다. 만일 깨어지면, 그것은 우리의 것이 된다. '깨어지다'라는 말은 축소되거나 쇠약해지거나 통제된다는 것을 의미하지 않는다. 오히려 그것의 우상숭배적인 주장을 무력화시키는 것을 의미한다.[379]

삼위 하나님과의 교제(요 17:3)에서 우러나오는 위로부터 난 지혜는 세상의 지혜를 사용하는 궁극적인 지혜가 됩니다. 궁극적 지혜 없는 세상의 지혜는 하나님의 것이 아니며 우리의 것이 아니고 도리어 우리를 지배하는 억압적 지혜로 변합니다. 그러므로 기독교 영성훈련에서 학습훈련은 영성의 본질인 하나님과의 관계성에서 습득되는 것을 전제로 합니다. 리처드 포스터는 실제적인 학습훈련으로 분리된 독서를 제시합니다. 첫째, 그 책의 저자가 무엇을 말하는지 이해하는 것, 둘째, 그 책을 해석하는 것, 셋째, 저자의 입장이 올바른가 올바르지 못한가를 평가하는 것을 목표로 합니다.[380]

학습훈련에는 우리의 제도와 문화, 권력이 어떻게 형성되었는가를 포함합니다. 거기서 다양한 이슈들에 대해 질문하고 고민하면서 진리와 일치하는 것은 무엇이고, 진리와 배치되는 것은 무엇인가 분별합니다. 그것은 세상과 인간은 질문을 던져 주지만, 그 응답은 궁극적 지혜인 말씀과 말씀을 조명하는 성령을 통해서 주어지기 때문입니다.

5. 단순성훈련

단순한 영성, 거룩한 중심점을 갖는 것이다

단순한 삶은 거룩한 순종의 마지막 열매입니다.[381] 단순성은 영적 성숙의 시작이며, 영적 성숙은 하나님의 나라를 위해 바삐 움직이는 종교적 사춘기 다음에 옵니다. 단순한 삶은 하나의 중심, 곧 거룩한 중심에서 이루어집니다. 거룩한 중심에 복종할 때 그의 삶은 단순해지며 객관적이고 온전한 시각을 소유하게 됩니다.[382] 단순성은 내면적 본질과 외면적 삶의 방식으로 드러납니다. 내면적 단순성은 거룩한 중심점을 갖는 것으로, 이는 하나님과의 실제적인 교제를 통해 주어집니다. 시편 기자는 거룩한 중심점은 지속적인 말씀묵상의 삶으로 나타나며, 시냇가에 심은 나무로 비유합니다(시 1:2-3). 말씀묵상은 삼위 하나님과의 교제를 통해 하나님이 우리 삶의 거룩한 중심점이 되게 하는 것이며, 모든 모호함이 사라지고 내면적 질서가 잡히도록 해 줍니다. 그래서 내면적 단순성을 획득하는 것은 순간의 은혜로 되는 것이 아니라 하나님과의 지속적인 사귐의 관계를 통해서 이루어집니다. 거룩한 중심점을 이루는 하나님과의 사귐은 철저한 의존과 철저한 순종으로 나타납니다. 신자는 복종하고, 하나님은 신자로 하여금 자신의 사랑 안에 거하게 하십니다(요 15:10). 복종하는 자는 그리스도와 함께 하나님 안에 감추어지고, 하나님께서 그의 내면에서 중심적 존재가 되십니다. 그래서 그는 삶의 모든 요구에 대해서 하나님 중심으로 반응하게 됩니다.[383]

한편 거룩한 중심점이 없는 자는 바람에 나는 겨와 같습니다(시 1:4). 거룩한 중심을 상실한 사람은 스스로 안전을 얻으려고 다른 사람들이

나 특정한 물건에 집착합니다. 뿐만 아니라 자신의 삶에 부과되는 모든 의무들에 대하여 '예'나 '아니오'라는 대답을 확실하게 하지 못하고 적당히 얼버무리거나 애매하게 처신합니다. 현실의 요구에 있어 하나님의 요구가 아닌 것에 대해 '예'와 '아니오'를 할 수 있는 능력은 거룩한 중심에서 나옵니다. 내면적 단순성은 물건이나 사람, 그리고 늘 변화하는 상황에 매달리지 않는 거룩한 중심으로 사는 것이며, 하나님을 신뢰하는 데에서 범사에 자족하는 삶을 사는 것이며, 인간의 요구가 아닌 하나님의 요구에 온전히 순종하는 것이라고 정의할 수 있습니다.[384]

의지의 가난, 지성의 가난, 존재의 가난

내적 실재가 거룩한 중심점에 이른 사람은 심령이 가난한 사람입니다(마 5:3). 마이스터 에크하르트는 심령의 가난은 의지의 가난, 지성의 가난, 존재의 가난이라는 세 차원을 아우른다고 하였습니다.[385] 의지의 가난이란 인간의 의지를 하나님의 뜻이라고 우기면서 하나님을 위해 무엇을 해드리려는 경건한 탐욕에서 해방된 상태입니다. 의지의 가난은 인간을 일체의 공로신앙에서 해방시키며 일을 성취하려는 욕망에서 자유롭게 합니다. 이것은 아무것도 바라지 않고 자신과 주변의 사람이나 상황을 있는 그대로 받아들이는 텅 빈 마음입니다. 지성의 가난은 이 세상과 하나님에 대하여 모든 것을 알고 있다는 자만과 더 많이 알려고 하는 지적 욕구에서 자유로워지는 것을 말합니다. 이것은 무지한 몽매주의와 전혀 다릅니다. 인간은 자기가 하나님에 대하여 알고 있다고 자신할수록 그만큼 하나님을 지배하고 조종할 수 있다는 잠재의식을 갖게 되고 하나님에 대한 경외심도 사라지게 됩니다. 지식 중에서 가장 높은 지식은 자기가 무지하다는 것을 아는 '무지의 지'知입니다. 또한 존재의 가난은 자기 존재가 가난해져서 아무것도 갖지 않은 상태를 말합니다. 욥은 사회적, 종교적 인간으로서 그럴듯하게 생각했던 자신의 존재가 티끌과 재임을 깨닫게 된 자리에서 하나님의 얼굴을 보았다고 고백합니다(욥 42:5-6). 이와 같이 세 가지 가난에 이른 심령이 가난한 자는 아무것도 원하지 않는 사람, 아무것도 알지 못하는 사람, 아무것도 갖지 못하는 사람입니다.[386]

외면적 단순성은 내면적 단순성의 열매이다

내면적 단순성은 외면적 단순성으로 나타납니다. 외면적 단순성은 단순한 생활양식이 그 전형입니다. 그의 말은 진실하고 정직하며, 그는 물질과 지위, 명예와 권력에 대한 욕심으로부터 벗어나 있습니다. 그는 어떠한 상황에 처하더라도 자족함의 상태를 누립니다. "내가 궁핍하므로 말하는 것이 아니니라. 어떠한 형편에든지 나는 자족하기를 배웠노니 나는 비천에 처할 줄도 알고 풍부에 처할 줄도 알아 모든 일 곧 배부름과 배고픔과 풍부와 궁핍에도 처할 줄 아는 일체의 비결을 배웠노라. 내게 능력 주시는 자 안에서 내가 모든 것을 할 수 있느니라"(빌 4:11-13).

마이스터 에크하르트는 가난한 심령이 가져온 외면적 단순성을 초탈Abgescheidenheit, Detachment의 상태로 부릅니다. 초탈은 무심無心, 초연超然, 무위無爲의 상태라고 할 수 있습니다.[387] 그에 대해 에크하르트는 다음과 같이 말합니다.

그 어떤 덧없는 애착이나 슬픔이나 명예나 비방이나 악에도 움직이지 않는 마음이야말로 진정으로 초탈에 이른 것입니다. 이는 미풍에 전혀 흔들림 없는 장대한 산과도 같습니다. 아무것도 영향 받지 않는 초탈은 인간으로 하여금 하나님을 닮게 합니다. 쏙 뺀 것처럼…. 그 닮음은 바로 초탈을 통해 이루어지며, 이때 그는 순수성으로부터 단순성으로, 단순성으로부터 불변성으로 나아갑니다. 그럼으로써 하나님과 인간은 서로 닮게 되는 것입니다.[388]

단순한 영성과 금욕주의

단순성의 영성은 금욕주의와 구별됩니다. 실제로 나타난 현상이나 행동으로 보면 이 둘은 비슷해 보이나 근본적인 차이를 갖고 있습니다. 금욕주의는 많은 것들 중에서 특히 소유물을 포기합니다. 하지만 단순성은 소유물을 올바른 시각에서 바라봅니다. 이에 대해 초대교회 교부 요한 크리소스톰John Chrysostom은 소유물에 대해 소유권과 사용권을 구별하며 다음과 같이 말합니다. "자기가 무엇을 소유했다고 해서 그것의 소유주라고 생각하는 것은 사람의 영혼이 하나님께로 나아가는 것을 막는 무서운 함정이다. 하나님께 나아가는 사람은 모든 소유물을 하나님께 빌려온 것으로 여긴다."[389]

단순성의 삶은 소유에 집착하는 것이 아니라, 그것을 사용함으로써 기뻐하는 삶입니다. 금욕주의는 '젖과 꿀이 흐르는 땅'에 대한 여지가 없지만, 단순성은 하나님의 손에 의한 그 은혜로운 준비를 기뻐할 수 있습니다. 금욕주의는 비천에 처할 때에만 만족을 얻을 수 있으나 단순성은 비천에 처할 때나 풍부에 처할 때나 언제나 만족할 줄 압니다.[390]

단순성의 영성은 모든 그리스도인들에게 주어진 소명입니다. 단순성의 증거는 성경 전통에 깊이 뿌리박고 있으며, 예수 그리스도의 삶에 완전하게 나타나 있습니다. 모든 신앙의 거장들은 어떤 형태로든 단순성을 필히 갖추어야 한다고 강조했습니다. 그리고 단순성은 복음이 우리 삶에 뿌리내릴 때 자연히 흘러나오는 영성입니다.[391]

6. 고독훈련

'홀로 있음'은 우리 영혼이 하나님과 연결되도록 돕는 영성훈련입니다.[392] 홀로 있음은 인간의 본질입니다. 하나님은 아담의 홀로 있음이 보기에 좋지 않아 아담의 몸에서 취한 뼈로 하와를 만들었습니다(창 2:18-25). 이것은 처음에는 그들이 '하나'였음을 보여 줍니다. 하나님은 인간을 홀로 있음의 존재로 지으셨고, 인간은 하나님 안에서만 홀로 있음이 가능합니다. 인간은 하나님의 형상대로 지음 받았는데 그 형상의 본체이신 그리스도는(고후 4:4), 홀로 있음의 실재가 하나님과 함께하는 것이라고 하였습니다. "보라 너희가 다 각각 제 곳으로 흩어지고 나를 혼자 둘 때가 오나니 벌써 왔도다. 그러나 내가 혼자 있는 것이 아니라 아버지께서 나와 함께 계시느니라"(요 16:32). 그러나 인간이 죄를 짓고 타락한 후 하나님과 분리되었습니다(롬 3:23). 하나님과 함께할 때에만 홀로 있음이 가능한데 하나님과 분리되니 홀로 있음이 불가능하게 된 것입니다. 그래서 인간은 하나님을 대신하는 그 누구 또는 그 무엇과 함께 있어야 하는 운명에 처하게 됩니다.

외로움인가? 고독인가?

홀로 있음의 고통은 '외로움'loneliness으로 표현됩니다. 그리고 홀로 있음의 영광은 '고독'solitude으로 표현됩니다.[393] 하나님과 분리된 자에게 홀로 있음은 외로움의 고통입니다. 그는 사랑하고 사랑받기 위한 시도가 좌절되면 외로움의 고통을 느낍니다. 그에게 외로움을 느끼지 않도록 허락된 사람들은 한시적인 '선물'에 불과합니다. 영원히 함께하지는 않습니다. 그런데 잠시 선물로 주어진 사람들이 떠남으로 인해 생긴 외로움은 비통함, 적대감, 복수심으로 악화되곤 합니다. 이것은 잠시 '선물'로 주어진 것을 영원한 '권리'로 생각하기 때문입니다. 사람이 떠나감으로 인한 외로움의 고통은 신경증으로 발전하며, 결국 내면세계의 균열을 가져오고 스스로를 외부와 격리시키는 악마적 힘의 희생양이 되게 합니다. 많은 사람들은 외로움의 고통에서 오는 불안증, 두려움, 우울증에 시달리고, 그로 인해 자살까지 이르는 현상이 이것을 증명합니다.

이에 반해 하나님 안에서 홀로 있음은 영광으로 표현되는 고독입니다. 그에게 있어 고독의 자리는 하나님을 만나는 신성한 장소입니다. 고독은 하나님과의 만남이 이루어지는 장소이며 여기에서 다른 모든 만남이 의미를 갖게 됩니다. 이에 대하여 리처드 포스터는 다음과 같이 말합니다.

> 고독은 하나님이 당신 자신을 우리와 함께 계시는 하나님으로, 우리의 창조주, 우리의 구세주, 그리고 우리를 거룩하게 하시는 하나님으로, 우리 존재의 원천이며 중심이요 그 목적이신 하나님으로, 당신 자신을 조건과 한

계가 없는 무한한 사랑으로 우리에게 내어 주기를 원하시는 하나님으로, 우리의 모든 마음과 우리의 영혼과 우리의 모든 정신으로 사랑받기를 원하시는 하나님으로 계시하시는 장소이다.[394]

고독이 하나님과의 만남이라면 그것을 통해 얻는 선물은 하나님 안에서 새로워지는 우리 자신입니다. 고독 안에서 우리는 참된 우리의 본성, 참된 우리 자신, 참된 우리의 정체성을 발견하게 됩니다. 곧 우리는 고독 안에서 하나님을 만날 수 있을 뿐 아니라 참된 우리 자신도 만나게 되는 것입니다.[395] 그때에 우리는 아무런 두려움 없이, 분노 없이, 그분의 사랑에 충만하게 응답하게 됩니다.

고독의 자리에서 말씀으로 충만하다

기독교 영성에서 고독은 무념무상의 상태를 지속하는 것이 아니라, 말씀을 통해서 하나님을 만나는 실재입니다. 이 점이 바로 타종교의 홀로 있음이나 독거와 다른 점입니다. 이에 대해 예레미야 선지자는 이렇게 고백합니다. "만군의 하나님 여호와시여 나는 주의 이름으로 일컬음을 받는 자라. 내가 주의 말씀을 얻어먹었사오니 주의 말씀은 내게 기쁨과 내 마음의 즐거움이오나 내가 기뻐하는 자의 모임 가운데 앉지 아니하며 즐거워하지도 아니하고 주의 손에 붙들려 홀로 앉았사오니 이는 주께서 분노로 내게 채우셨음이니이다"(렘 15:16-17). 예레미야는 박해받는 선지자로서 자신과 백성들의 상처와 고통을 안고 고독 속에서 말씀에 착념합니다. 그는 고독의 자리에서 하나님에 의해 정체성이 회복되며 다시 사명의 길을 걷게 됩니다.

고독은 영성적 요청이다

모든 그리스도인에게 고독은 영성적 요청입니다. 이는 고독의 자리에서만 경험하는 하나님의 은혜가 있기 때문입니다. 폴 틸리히는 그 은혜를 이렇게 말합니다.

> 하나님은 때로 우리를 고독의 자리에 처하게 하신다. 그분은 우리가 대부분의 사람들로부터 고립될 수 있는, 또 고독 안에서만 묻게 되는 진리의 물음을 제기하시기를 원하신다. 그분은 우리가 그로 인해 고통과 죽음을 자초할지도 모르는 정의의 문제를 제기하시기를 원하시며, 오직 고독 안에서 성숙하기를 원하신다. 그분은 우리가 불명예와 증오를 자초할지도 모르는 인간의 평범한 방식을 깨뜨리는 모험을 감행하며, 오직 고독 안에서만 가능한 돌파break-through를 원하신다. 그분은 우리의 존재의 경계들을 넘어서 생의 신비가 나타나는 곳에 이르기를 원하신다. 그리고 이 모든 일들은 고독의 순간에만 나타날 수 있다.[396]

고독은 홀로 있을지라도 하나님과 함께 있음으로 인해 외롭지 않은 경험이며 고독의 자리에서만 베푸는 하나님의 은혜를 경험하는 자리입니다. 고독의 영성은 고독의 빈곤 안에 모든 풍요로운 것들이 존재하는 영적 신비입니다.

7. 섬김훈련

영성훈련으로 섬김은 그리스도의 섬김에 근거하고 있습니다. 구약에서 이사야 선지자를 통해 예언된 그리스도는 여호와의 종으로 묘사됩니다(사 42:1-4). 그가 예언한 여호와의 종은 사람들에게 멸시를 받고 싫어 버린 바 되며(사 53:3), 죄인을 대신하여 질고를 지고 슬픔을 당하며(사 53:4), 죄인에게 평화를 주기 위해 징계를 받고 죄인을 낫게 하기 위해 채찍에 맞습니다(사 53:5). 종은 인간의 허물을 위하여 죽을 것이나(사 53:7-8), 다시 부활하여 그의 죽음의 결실을 볼 것입니다(사 53:11-12).

이사야가 예언한 여호와의 종은 하나님의 아들, 예수 그리스도이십니다(마 12:18-20). 그는 자신의 정체성을 섬기는 자로 묘사합니다. "… 나는 섬기는 자로 너희 중에 있노라"(눅 22:27). 그의 섬김은 죄인을 위한 죽음의 섬김이며 동시에 하나님을 향한 섬김입니다(막 10:45). 바울은 신자의 섬김은 그리스도의 죽음을 통한 섬김과 일치함을 강조하였습니다(빌 2:5-8). 그리스도의 죽음은 하나님에 의해 높임 받았고 하나님에 의해 만물의 주가 되게 하였습니다(빌 2:9-11). 그래서 그리스도인의 섬김은 십자가 죽음을 전제로 합니다. 그리스도와 함께 십자가에 못 박힌 자는 그 안에 그리스도께서 사신 자입니다(갈 2:20). 그는 굴욕적인 섬김을 하는 것이 아니라 주 되신 그리스도 안에서의 영광스러운 섬김을 하는 자입니다.

발 씻김의 섬김, 죽음으로 생명을 뜻하다

예수 그리스도의 섬김은 구체적인 행동을 통해서 드러났습니다. 그는 죽음을 앞두고 가진 마지막 만찬장에서 제자들의 발을 씻어 주시며 섬김을 가르치셨습니다. 그는 제자들에게 발을 씻기는 종의 모습을 보여준 후 그들에게도 종 된 삶을 요청하셨습니다. "내가 주와 또는 선생이 되어 너희 발을 씻었으니 너희도 서로 발을 씻어 주는 것이 옳으니라. 내가 너희에게 행한 것 같이 너희도 행하게 하려 하여 본을 보였노라"(요 13:14-15). 참된 주인, 참된 선생은 섬김을 받는 자가 아니라 발을 씻기는 섬기는 자입니다. 예수 그리스도의 발 씻김은 당시의 관례대로 더러운 것을 씻어 주는 의식이었으나, 본질적으로는 하나님의 목적을 향하고 있습니다. 그것은 발 씻김을 고사하는 베드로와 이에 답하는 예수 그리스도의 대답으로 알 수 있습니다.

예수께서는 "주여 주께서 내 발을 씻으시나이까?"(요 13:6)라는 베드로의 말에, "내가 하는 것을 네가 지금은 알지 못하나 이후에는 알리라"(요 13:7)라고 대답하십니다. 만일 발 씻김을 받지 않으면 베드로는 예수 그리스도와 아무 상관이 없는 자가 됩니다(요 13:8). 이로 보건대 예수 그리스도의 발 씻김은 단순한 종의 섬김이 아니라는 사실을 알 수 있습니다. 그가 발을 씻긴 일은 그가 스스로 한 일이 아니라 보내신 자, 하나님의 일입니다(요 5:19). 그리고 보내신 자의 일은 인간의 관점으로는 이해할 수 없고 감당할 수 없고 받아들일 수 없는 일입니다. 그러나 그 일(발 씻는 일)을 받아들인 자만이 하나님의 아들과 상관이 있게 됩니다. 발을 씻긴 일, 곧 보내신 이의 일은 성령께서 오신 후 성령께서 가르쳐야만 알 수 있는 일입니다(요 14:26; 16:13). 그래서 발씻김의 섬김은 자신의 죽음을 예표한 것이며, 그 결과 그를 믿게 된 자들이 영원한 생명을 얻는 것을 상징합니다. 곧 발 씻김을 받은 자는 하나님의 아들과 연합하여 그를 보내신 자 아버지 하나님 안에 거하게 됩니다. "인자가 온 것은 섬김을 받으려 함이 아니라 도리어 섬기려 하고 자기 목숨을 많은 사람의 대속물로 주려 함이니라"(막 10:45). 예수 그리스도의 섬김은 모든 사람을 위해 죽고자 하는 각오로 고백됩니다. 그의 삶에서 모든 것이 섬김이듯이 죽음의 각오도 만인을 섬기는 섬김입니다.[397] 그가 이 땅에 오신 목적은 자신의 죽음을 통해 하나님의 뜻인 영원한 생명을 부여하기 위함입니다(요 6:40). 그리고 그의 섬김은 하나님과의 사귐 안에서 하나님의 뜻과 일치된 섬김이었습니다.

그리스도인의 섬김, 궁극적으로 하나님을 위한 섬김이다

그리스도인의 섬김은 하나님과의 사귐을 전제로 합니다. 섬김의 대상은 하나님이며, 섬김의 목적은 섬김 받는 자로 하여금 영원한 생명을 얻게 하는 것입니다. 그러므로 섬기는 자의 영적 현존은 그리스도 안에서 하나님과 연합하는 데 있습니다. 그의 섬김은 그가 그리스도로부터 섬김을 받았듯이, 다른 영혼을 하나님께로 인도하여 그 영혼으로 하여금 영원한 생명을 얻게 하는 것이며, 하나님 안에 거하게 하는 것을 목적으로 합니다. 이 점에서 기독교적 섬김은 인간을 위한 섬김이 아니라 하나님을 위한 섬김이라고 할 수 있습니다. 만일 그리스도인의 섬김이 하나님과 연합되지 않은 데에서 나오게 되면, 사람의 필요를 위한 사람을 섬기는 일이 되며, 섬김을 통해서 자기의 의를 구하게 됩니다. 자기 의로 섬기는 것은 결과에 대해 지대한 관심을 가지며 상대방으로부터 보답이 돌아오기를 기대합니다.[398] 자기 의의 섬김은 결과가 기대 이하로 떨어질 때에는 자기 연민에 빠지거나 그가 섬긴 대상에 대한 질시를 갖도록 만듭니다. 또한 누구에게 봉사할 것인지 그 대상을 자의적으로 선택하기도 합니다. 그것은 섬김을 통해 자신에게 어떤 이득이 보장되거나 또는 자기의 겸손을 자랑할 수 있기 때문입니다. 진정한 섬김은 결과를 계산하는 일에서 벗어나 자유로우며 섬김 그 자체를 기뻐할 뿐입니다.

 영혼 구원을 목적으로 하는 섬김

그래서 그리스도인의 섬김은 하나님의 뜻과 일치되는 영혼의 구원을 목적으로 합니다. 바울은 자신이 전하는 복음을 통해 영혼들에게 하나님의 영광을 아는 빛이 비추어지기를 구하였습니다. 그는 그것을 섬김으로 표현합니다. "우리는 우리를 전파하는 것이 아니라 오직 그리스도 예수의 주 되신 것과 또 예수를 위하여 우리가 너희의 종 된 것을 전파함이라"(고후 4:5-6). 바울이 사람의 종이 되어 섬긴 것은 곧 예수 그리스도의 주 되심을 전파하는 것이었습니다. 인간의 본성은 사람들에게 영향력을 끼침으로써 그들을 설득하려 듭니다. 그러나 기독교의 진리는 사람들을 섬김으로써 그리스도의 주 되심을 전파하는 것입니다.

한편 그리스도인의 섬김은 말로 전하는 복음에 그치는 것이 아닙니다. 우리의 몸을 통한 섬김입니다. 헨리 나우웬Henri Nouwen은 기독교적 섬김은 그리스도와 연합되어 성전 된 우리 몸을 다른 사람에게 내어 주는 것이라고 하였습니다.

> 나는 그리스도의 몸과 하나가 됨으로써 비로소 내 몸의 의미를 온전히 알게 된다… 내 몸은 하나님이 당신의 거룩한 영광을 온전히 드러내 보이고자 하는 일종의 가정이다. 그리고 이 같은 진리는 가장 기저를 이루는 윤리 생활의 토대가 된다. 몸의 남용은 – 심리적인 것이든(일례로 공포감 주입), 육체적인 것이든(일례로 고문), 경제적인 것이든(일례로 수탈), 아니면 성

적인 것이든(일례로 동성애 쾌락 추구) 간에 - 육신을 지니고 하나님과 영원히 산다는 진정한 인간 목표에서 빗나가는 것이다. 그렇다고 하더라도 우리의 몸과 타인의 몸을 사랑으로 보살피는 것은 진실로 영적인 행위이다.[399]

그리스도인의 섬김의 원천은 말씀묵상을 통해 하나님과 연합하는 삶의 실제에 있습니다. 그리하여 하나님의 뜻과 일치된 섬김을 목적으로 하여 세상과 사람의 필요를 위해 자신의 삶을 기꺼이 내어 줍니다.

8. 고백훈련

영성훈련으로서 고백은 죄의 용서를 구하는 청구입니다. 죄의 고백은 하나님을 향한 것이며, 죄의 용서는 그리스도의 구속함을 근거로 하나님으로부터 오는 은총입니다. "만일 우리가 우리 죄를 자백하면 그는 미쁘시고 의로우사 우리 죄를 사하시며 우리를 모든 불의에서 깨끗하게 하실 것이요"(요일 1:9). 신자가 죄를 고백하고 하나님께서 죄를 용서하는 것은 신자를 변화시키는 영적 실제입니다.[400] 그러므로 십자가 구속을 배제한 고백의 훈련은 심리학적 치료에 불과합니다. 고백의 훈련은 하나님과 신자 사이의 관계에 있어 객관적인 변화를 내포하고 있고, 동시에 신자 안의 주관적인 변화를 내포하고 있습니다.[401] 그것은 영혼을 치료하고 변화시키는 하나의 방법입니다.

고백 훈련은 은밀한 고백의 단계를 넘어 공동체의 고백으로 나아갑니다. 그리스도를 따르는 사람들은, 죄의 고백을 받고 예수 그리스도의 이름으로 그 죄를 용서할 수 있는 권리를 부여받아 가지고 있기 때문입니다. 예수께서는 성령을 주시고, 동시에 공동체 안에 죄의 용서의 특권을 부여하셨습니다. "이 말씀을 하시고 그들을 향하사 숨을 내쉬며 이르시되 성령을 받으라. 너희가 누구의 죄든지 사하면 사하여질 것이요 누구의 죄든지 그대로 두면 그대로 있으리라 하시니라"(요 20:22-23).

사도 요한은 하나님과 사귐의 신앙은 공동체의 고백을 통해서 완성된다는 것을 강조하였습니다. "그가 빛 가운데 계신 것 같이 우리도 빛 가운데 행하면 우리가 서로 사귐이 있고 그 아들 예수의 피가 우리를 모든 죄에서 깨끗하게 하실 것이요"(요일 1:7).

고백과 용서의 공동체

디트리히 본회퍼Dietrich Bonhoeffer는 기독교 공동체는 서로의 죄를 고백하고 용서함으로써 하나님의 위대한 은총을 향해 나아가는 공동체라고 정의하였습니다.

> 죄를 고백하는 것으로 공동체에 이르는 길이 뚫린다Breaking Through to Community. 죄는 홀로 있는 사람과만 같이 머물려고 한다. 죄는 사람을 사귐에서 떠나게 한다. 외로우면 외로울수록, 죄의 세력은 사람에게 더욱더 파괴력을 발휘하는 것이다. 털어놓아 고백한 죄는 이미 그 힘을 다 잃어버리는 것이다…
>
> 죄를 고백하는 것으로 십자가에 이르는 길이 뚫린다Breaking Through to the Cross. 모든 죄의 뿌리는 교만이며, 죄의 고백은 교만을 찔러 위축시키고 형편없이 땅에 떨어뜨리는 것이다. 형제 앞에서 죄인으로 선다는 것은 견디

기 어려운 치욕이다. 하지만 그렇게 함으로써 옛 사람은 형제의 눈앞에서 죽는 것이다. 그렇게 죽는 것은 참으로 십자가를 그리스도와 함께 지는 것이다…

죄를 고백하는 것으로 새 생명에 이르는 길이 뚫린다Breaking Through to New Life. 죄가 미워서 고백하고 사함을 받을 때에 과거와의 완전한 절연(絕緣)이 이루어진다…

죄를 고백하는 것으로 확신에 이르는 길이 뚫린다Breaking Through to Certainty. 우리가 수없이 잘못을 되풀이하는 것은 죄를 자신에게 고백하고 자신이 용서하기 때문이다. 우리가 죄를 자백하고 용서받을 때 자기 자신이 아니라 살아계신 하나님 앞에 죄를 자백하고 용서받는다는 그런 확신을 누가 우리에게 주는가? 이 확신은 우리의 형제를 통해서 우리에게 주시는 것이다. 형제 앞에서 자기 죄를 고백하는 사람은 다른 사람의 실재 앞에서 하나님의 임재를 체험하는 것이다. 내가 혼자서 내 죄를 자백하는 한, 모든 것은 어두움에 덮여 있을 것이다.**402**

이렇게 기독교 공동체는 죄의 자백을 듣고 그리스도의 이름으로 죄를 용서하는 공동체입니다. 그러면 누구에게 죄를 고백할 것입니까? 하나님 아닌 다른 사람에게 죄를 고백하고 용서받는 것은 가톨릭교회의 고해성사와 유사하다는 점에서 저항을 가져옵니다. 성경의 진리는 오직 한 사람의 중보만을 필요로 합니다(딤전 2:5). 종교개혁의 위대함은 만인제사장직의 회복이며, 그것은 인간의 중보의 도움 없이 십자가를 통하여 하나님께 직접 나아가는 길이 열렸음을 확정한 것입니다. 사제가 아닌, 하나님께 직접 죄를 고백하는 진리의 복구는 교회의 고백제도

속에 숨어 있는 속박과 조작으로부터의 자유를 외친 나팔소리였습니다. 기독교에서 고백은 사제가 중보자를 대신하는 일방적인 고백과 다릅니다. 그것은 형제 상호간의 고백이며, 공동체 안에서의 고백입니다. 종교개혁 당사자인 루터는 대교리문답서에 다음과 같이 기록하였습니다. "그러므로 내가 당신에게 고백을 권면할 때 나는 당신이 그리스도인이 되라고 권면하는 것이다."[403]

성경에서 모든 신자가 왕 같은 제사장이 되었다고 진술하는 것은 신자 개개인이 하나님께 직접 나아가는 길이 열렸음을 의미합니다. 동시에 다른 신자의 죄를 듣고 그리스도의 이름으로 용서할 수 있는 직분을 부여받은 것입니다. 이에 대해 본회퍼는 계속해서 다음과 같이 말합니다. "우리의 형제는 하나님의 은혜와 진리의 표지로서 우리 앞에 서 있다. 그들은 우리에게 도움이 되기 위해 우리에게 주어졌다. 우리의 형제는 그리스도를 대신하여 우리의 죄의 고백을 듣고 우리의 죄를 용서한다. 우리의 형제는 하나님께서 우리의 고백의 비밀을 지키시는 것과 같이 우리의 고백의 비밀을 지킨다. 내가 나의 형제에게 고백하러 갈 때, 나는 하나님에게로 가고 있는 것이다."[404]

고백의 대상, 십자가 아래에서 사는 형제

죄를 고백하는 대상으로서의 신자는 예수님의 십자가 아래에서 사는 사람으로서 그에게는 어떤 죄도 남의 것이 아닙니다. 자신이 십자가에 죽기에 합당한 죄인임을 깨닫고 용서받은 자는 형제의 어떤 무서운 죄를 보고도 놀라지 않습니다. 그는 예수 그리스도의 십자가에서 영혼을 보고 이해하는 사람이며, 하나님께서 영원한 자비로 자신을 용서

하시고 용납하셨듯이, 죄를 자백하는 그 형제도 그렇게 용납 받았음을 아는 자입니다. 십자가 아래에 있는 형제만이 다른 사람의 죄의 고백을 들어 줄 수 있는 것입니다. 신앙의 경험이 아니라, 십자가 경험이 형제의 고백을 들어 줄 수 있는 사람으로 만드는 것입니다. 그가 사제이며 목사라도 십자가 경험이 없거나 십자가 아래에서 살고 있지 않다면 결코 죄의 고백을 들어 줄 수 없습니다. 그러므로 자기 죄를 고백하지 않는 사람은 결코 다른 사람의 죄의 고백을 들을 수 없는 것입니다. "그러므로 너희 죄를 서로 고백하며"(약 5:16).

한편 죄를 고백하는 사람은 그 일이 경건한 행위나 의식이 되지 않도록 조심해야 합니다. 오직 하나님에게서 오는 사죄의 은총과 도움과 용서만을 구하는 진지한 마음으로 고백해야 합니다. 나아가 죄의 고백은 거룩한 성만찬을 위한 준비로써 그리스도와 사귐에 기여합니다.405 서로 죄를 고백하고 서로 그리스도의 이름으로 용서하는 모임은 거룩한 성찬의 사귐에 참여하며(고전 11:23-29), 하나님과 그 아들 예수 그리스도와 함께하는 온전한 사귐에 이르게 됩니다(요일 1:3). 이로써 공동체의 목적이 실현되는데, 그것은 그리스도와 그의 공동체 안에서 기쁨이 완성되는 것입니다(요일 1:4). 말씀 아래서 더불어 사는 그리스도인의 삶은 성례전으로 그 완성에 이르게 됩니다.406

9. 예배훈련

봉사(service)로서 예배
예배는 하나님의 은총을 받기는 해도 본질상 우리의 몫이며, 그러기에 예배는 영성훈련이 될 수 있습니다.[407] 구약성경에서 '예배하다'는 히브리어로 '아바드'(섬기다) 또는 '히스타하바'(사하의 히필형 – 사역형 능동, '엎드리게 되다')로 표현됩니다.[408] 먼저 '섬기다'(아바드)로 표현되는 예배는 '봉사' service의 뜻으로 하나님과 예배자가 서로 봉사한다는 의미를 담고 있습니다.[409] 예배자는 예배를 통해서 하나님께 희생을 드리는 봉사를 합니다. 여기서 희생은 찬양과 감사를 드리는 희생, 온전히 자기 자신을 드리는 희생을 말합니다. 다시 말해 하나님의 말씀을 듣고, 이 세상을 향한 하나님의 계획에 따라 자신을 전적으로 내어 드리겠다는 결심을 통해 희생을 표현하는 것입니다. 예배자는 예배를 통해서 하나님의 봉사를 받습니다. 즉, 하나님은 우리가 그의 지으신 백성이며 기르시는 자녀임을 알게 하셔서 기쁨을 주시고(시 100:3), 우리를 용서하심으로써 우리의 영혼을 새롭게 해 주시고(시 51:10), 갈급한 마음속에 생명의 말씀을 공급해 주시고(사 55:1-3), 하나님의 보내심을 받은 사명자로 세상을 향하게 합니다(사 6:8).

하나님의 임재(쉐키나)로서 예배

또한 '엎드리게 되다'(히스타하바)로 표현되는 예배는 예배의 목적인 하나님의 쉐키나에 들어가는 것을 의미합니다. 쉐키나 Shekina는 '거주하는 것'이라는 뜻으로 성경에는 나오지 않으나 탈굼과 랍비문서들에서 하나님께서 자기 백성들과 경건하게 가까이 계심을 완곡하게 나타내는 말입니다.[410] 하나님의 쉐키나는 하나님의 백성 가운데 거하는 하나님의 영광(혹은 광채)이며, 하나님께서 추상적이거나 혹은 멀리 떨어져 계시는 분이 아니라 직접 임재하여 계시는 분이라는 것을 의미합니다.[411]

구약성경에서 이사야 선지자는 하나님의 쉐키나를 목격하였습니다(사 6:1). 이사야는 하나님의 쉐키나를 목도하며 죄악 된 자신의 실존을 발견하고 "화로다, 나여 망하게 되었도다"(사 6:5)라고 토설합니다. 그때에 사죄의 은총을 받습니다(사 6:7). 신약성경에서 하나님의 쉐키나는 그리스도의 몸 안에 거하는 하나님의 영광으로 표현됩니다. "말씀이 육신이 되어 우리 가운데 거하시매 우리가 그의 영광을 보니 아버지의 독생자의 영광이요 은혜와 진리가 충만하더라… 본래 하나님을 본 사람이 없으되 아버지 품속에 있는 독생하신 하나님이 나타내셨느니라"(요 1:14, 18). 하나님의 쉐키나를 경험하는 것은 삼위 하나님의 임재를 경험하는 것입니다. 하나님의 쉐키나 앞에서 예배자는 죄인임을 발견하고, 엎드려 하나님의 은총과 용서를 구합니다. 그것은 자비롭고 은혜로우신 하나님을 알고 신뢰하는 데 근거를 두고 있습니다.

모세가 시내산에 올라갔을 때 산 아래에 있던 백성들은 금송아지를 섬기면서 하나님께 범죄하였습니다(출 32장). 모세는 백성을 대신하여 용서를 구하고, 십계명이 기록된 돌판을 깨뜨립니다. 모세는 다시 돌판을 만들어 하나님께 나아갑니다(출 34:4). 그때 하나님은 모세에게 자신의 성품을 스스로 알리십니다. "여호와라. 여호와라. 자비롭고 은혜롭고 노하기를 더디 하고 인자와 진실이 많은 하나님이라. 인자를 천대까지 베풀며 악과 과실과 죄를 용서하리라. 그러나 벌을 면제하지는 아니하고…"(출 34:6-7). 이 말을 들은 모세는 급히 엎드립니다. "모세가 급히 땅에 엎드려 경배하며"(출 34:8). 그리고 사죄의 은총을 구하며, 하나님께서 동행해 주실 것을 구합니다(출 34:9). 하나님은 엎드려 구하는 모세의 기도를 들으시고, 언약을 갱신하십니다(출 34:10).

여기서 모세가 엎드려 '경배'(히스타하바)하는 것은 예배의 본질입니다. '엎드려 경배하는 것'은 예배자의 태도 이상의 의미를 가지며, 하나님의 현존 앞에서 죄인 된 존재가 반응하는 것을 뜻합니다. 그것은 공의로운 하나님 앞에서 형벌 받을 죄가 면제되지 않음을 아는 것이며, 하나님은 죄를 깨닫는 자에게 자비와 긍휼로 용서하시는 분임을 앎으로써 가능합니다.

영과 진리로 드리는 예배, 영생의 사귐이다

하나님은 예수 그리스도의 십자가를 통해 죄를 용서하시는 사랑을 드러내셨습니다(롬 5:8). 그러므로 예배의 중심은 십자가로 향합니다. 하나님의 임재(쉐키나) 앞에서 자신이 죄인임을 깨달은 자는 급히 엎드려 경배합니다. 하나님은 그런 죄인을 십자가로 이끄십니다(요 12:32). 그리고 아들의 죽음의 공로로 죄인을 용납하십니다. 이로써 죄를 용서받아 의롭게 된 자는 하나님 안에 거하며, 하나님의 임재(쉐키나) 안에 들어가게 됩니다.

하나님의 쉐키나에 참여하는 예배는 예수 그리스도께서 가르치신, 영과 진리의 예배입니다. 예수께서는 수가 성 여인이 '어디에서 예배드려야 할 것인가'를 묻는 질문에 '예배할 때'로 대답하십니다(요 4:20-21). 예배의 공간을 묻는 질문에 예배의 시간으로 답하신 것입니다. 그리고 하나님께서는 참되게 예배하는 자들이 영과 진리로 예배하는 때가 왔다고 선언하십니다(요 4:23). 이들은 하나님 아버지께서 찾으시는 예배자입니다.

이제 참된 예배는 특정한 공간에서 드리는 예배가 아니라 '영과 진리'가 실재하는 예배입니다. 그래서 영과 진리로 드리는 예배는 더 이상 공간에 얽매이지 않습니다. 요한복음에서 영은 하나님의 실재입니다(요 4:24; 하나님은 영이시니). 그리고 진리는 예수 그리스도의 실재입니다. 진리는 예수 그리스도의 가르침이나 예수에 대한 가르침이 결코 아닙니다. 예수 그리스도의 존재 자체가 진리인 것입니다. "내가 곧 길이요 진리요 생명이니…"(요 14:6). 예배는 그리스도와 함께 십자가에서 죽고(갈 2:20), 그리스도로 사는 자가 드리는 경배로써, 곧 그리스도의 경배입니다. 이로 보건대 영과 진리의 예배는 창세전부터 아들이 아버지와 함께 가졌던 사귐의 영광입니다(요 17:5). 이러한 영과 진리의 예배를 통해 하나님의 쉐키나가 실현됩니다. 그러므로 영과 진리로 드리는 예배는 하나님과 그의 아들 예수 그리스도와 더불어 갖는 사귐입니다. 이는 예수께서 말씀하신 영생의 본질이요(요 17:3), 후에 초대교회 공동체에서 실현된 영생의 사귐입니다(요일 1:3). 그러므로 신자 각자가 말씀묵상을 통해 갖는 영생의 사귐은 영과 진리의 예배라고 할 수 있습니다. 그리고 그들이 함께 모여 갖는 영생의 사귐은 하나님께서 찾으시는 영과 진리의 예배의 전형입니다.

하나님과 사귐으로서 예배는 성령이 임재함으로 실현됩니다. 이때 예배자는 아들 안에서 하나님께 감추어지고 오직 하나님 자신이 드러납니다(골 3:3). 그때 예배자는 아버지께서 창세전부터 아들을 사랑하여 그에게 주신 영광을 보게 됩니다(요 17:24). 회심한 노예 상인 존 뉴튼이 지은 찬송시는 영과 진리로 드리는 예배자의 영광을 다음과 같이 증언하고 있습니다.

> 나는 그분의 얼굴을 보는 것으로 만족하고,
> 그분의 즐거움을 위해 내 모든 것을 포기하리.
> 계절이 바뀌고 장소가 바뀌어도 나의 마음은 변치 않으리,
> 그분의 사랑을 느껴 행복할 때 인형 같은 궁전이 나타나리.
> 예수님이 나와 함께 거하신다면 감옥도 궁전이 되리.[412]

한편 공동의 예배 가운데 성령은 자유롭고 다양한 방법으로 역사하십니다. 그러므로 예배 중에는 물론 예배를 전후하여 개인적으로 묵상을 하거나, 자신이 드린 예배를 돌아보고 성찰하는 시간을 갖는 것이 의미 있는 일입니다.

10. 찬양훈련

찬양은 모든 영적 훈련의 완성으로서 의미를 가집니다. 축제의 기쁨이 없는 모든 영적 훈련은 현대판 바리새인들의 손에 잡힌 어두움을 불어넣는 도구가 되고 맙니다.[413] 찬양은 삶의 모든 영역에 기쁨을 가져다주며 우리가 하는 일을 지속시키는 힘을 부여합니다. 무엇이든 기쁨이 없으면 그 일을 오래 지속할 수 없기 때문입니다.

기독교의 전통은 죄책을 강조하고 기쁨을 억압하여 왔습니다. 교회의 전통과 체제, 신앙의 양심은 신자들로 하여금 세상의 관심사나 세상의 즐거움을 억압해 왔던 것입니다. 그런데 세상을 사는 기쁨이나 세상의 관심사를 억압하는 것은 은밀하게 또는 공개적으로 세상에 대한 증오를 낳게 됩니다. 나아가 그것은 신앙인들에게 수많은 신체적, 정신적

질병을 가져와 자기 파괴로 이어지게 합니다.

세상에서 얻는 재미(fun)는 하나님이 주시는 기쁨(joy)과 구별되며 쾌락의 요소를 가지고 있습니다. 그래서 그것을 의지하거나 그것을 위해 살아가는 것은 하나님을 욕되게 하는 일입니다. 하지만 세상 안에서 하나님께서 주시는 기쁨을 외면하거나 회피하는 것도 하나님을 욕되게 하는 것입니다.[414] 문제는 하나님께서 주시는 기쁨 없이 세상의 즐거움만을 추구하는 것입니다. 반대로 그것이 세상에서 누리는 것이라고 하여 그 자체를 거부하는 것도 삼가야 합니다. 그래서 폴 틸리히는 이렇게 말하고 있습니다. "우리는 (세상의) 즐거움 자체를 위해서 즐거움을 추구하는 자들뿐 아니라, 그것이 즐거움이라는 이유로 즐거움을 거부하는 이들에게도 도전해야 한다."[415]

하나님의 기쁨으로 세상 안에서 즐거워하다

일과 휴식, 먹고 마시는 것, 노는 것과 춤추는 것, 자연의 아름다움과 예술의 매력, 지식의 힘과 기술의 발전 등과 같은 세상의 일에는 유익이 있고 즐거움이 있습니다. 가족, 우정, 공동체가 제공하는 즐거움은 극히 자연스럽고 선합니다. 이 모든 것들은 하나님의 창조 영역 안에 내포된 선한 것들입니다. 바리새인들은 생의 자연스러운 즐거움을 누리던 예수님을 가리켜 "먹기를 탐하고 포도주를 즐기는 사람"이라고 비난하였습니다(눅 7:34). 그래서 만일 세상의 자연스런 욕구와 자연스러운 즐거움을 억압하는 것이 그리스도를 본받는 것이라면, 그리스도가 가장 먼저 비난받으셔야 마땅합니다. 그런데 삶의 기쁨, 일상의 즐거움, 세상의 즐거움은 그 자체로 선하거나 악하지 않습니다. 틸리히는 쾌락을 받아들이거나 거부하는 하나의 기준을 제시하고 있습니다. 즉, (하나님의) 기쁨과 함께하는 (세상의) 즐거움은 선하고, 하나님의 기쁨을 방해하는 세상의 즐거움은 악하다는 것입니다.[416] 여기서 하늘의 기쁨은 궁극적 실재이신 하나님과 연합하여 오는 영적인 기쁨입니다. "내가 아버지의 계명을 지켜 그의 사랑 안에 거하는 것 같이 너희도 내 계명을 지키면 내 사랑 안에 거하리라. 내가 이것을 너희에게 이름은 내 기쁨이 너희 안에 있어 너희 기쁨을 충만하게 하려 함이라"(요 15:10-11).

순종의 기쁨이 찬양을 가져온다

그리스도의 계명을 지켜 그의 안에 거하는 기쁨은 순종의 기쁨입니다. 퀘이커 교도였던 한나 스미스 여사는 기쁨에 대한 기독교의 고전으로 알려진 『그리스도인의 행복한 생활의 비결』에서 신앙생활의 으뜸가는 기쁨은 '순종의 기쁨'이라고 하였습니다.[417] 영적 삶에 있어서 진정한 기쁨은 바로 순종에서 오는 것입니다. 순종의 기쁨이 곧 찬양의 삶으로 표현됩니다. 순종은 언약관계를 유지하는 조건의 규정이기에 우리가 순종할 때 하나님 안에 거하게 되며 그로 인해 하나님을 기뻐하게 됩니다. 그러므로 진정한 찬양을 위해서는 우리의 일상생활의 구조 속에서 순종하는 일이 선행되어야 합니다. 순종하는 일이 없는 찬양은 자기도취에 빠진 공허한 소리에 불과합니다. 순종의 삶이 없이 특별한 노래를 부르거나 악기를 사용한다거나 성령의 비범한 은사를 행하는 것은 기쁨의 주사를 맞으려고 이곳저곳으로 돌아다니는 것으로, 이는 슬픈 일이 아닐 수 없습니다.[418]

여기서 진정한 찬양을 가져오는 순종은 율법적이고 행위적인 복종을 넘어섭니다. 그것은 삼위 하나님 안에 거하는 것입니다. 그것은 성자가 성부의 계명에 복종하여 성부의 사랑 안에 거함같이, 우리도 성자의 계명에 복종하여 그의 안에 거하고, 나아가 성부 안에 거함을 말합니다. 이는 매일 말씀의 규례를 통해서 구체적으로 실현됩니다. 사도 요한은 기쁨을 완성하는 것은 영생을 얻어 삼위 하나님과 사귐 안에 거하는 공동체 안에 있음을 강조하였습니다(요일 1:4). "We write this to make our joy complete."(NIV, 우리의 기쁨을 완성하려 함이라).

찬양, 하나님의 궁정에 들어가다

찬양은 하나님과의 사귐에서 오는 열매이지만, 동시에 하나님과의 사귐으로 들어가는 문이 됩니다. "감사함으로 그의 문에 들어가며 찬송함으로 그의 궁정에 들어가서 그에게 감사하며 그의 이름을 송축할지어다"(시 100:4). 기독교 신앙의 정점은 말씀을 통한 하나님과 사귐의 실재에 있습니다. 주야로 말씀을 묵상하는 자, 그는 찬양으로 하나님의 궁정에 들어가고, 하나님의 궁정에서 맛보는 기쁨을 다시 찬양으로 고백하는 자입니다. 그래서 찬양은 예배 그 자체이며(히 13:15), 예배의 완성입니다.[419] "그러므로 우리는 예수로 말미암아 항상 찬송의 제사를 하나님께 드리자. 이는 그 이름을 증언하는 입술의 열매니라"(히 13:15).

리처드 포스터는 찬양의 훈련을 모든 영적 훈련의 마지막 순서에 두고 있습니다. 그것은 이미 언급한 영적 훈련들이 우리의 생활 속에서 그 기능을 발휘한 결과, 최종적으로 기쁨이 오기 때문입니다.[420] 모든 영성훈련의 마침표는 바로 하나님으로부터 오는 기쁨이며, 그것은 찬양으로 고백되는 것이 분명합니다.

영원한 본향을 바라보는 공동체

공동체의 삶이란 결코 달콤하고 쉬운 것이 아닙니다. 공동체란 자신의 기쁨과 슬픔을 숨기지 않고 희망의 몸짓으로 그것을 서로에게 내보이는 사람들의 교제입니다.[421] 기독교 공동체에서 우리는 하나님을 통해서만 서로를 갈라놓는 많은 다리를 이을 수 있습니다. 하나님을 통해서만 우리는 서로를 같은 가족의 일원으로 인식할 수 있습니다. 하나님을 통해서만 우리는 서로에게 진정한 관심을 기울일 자유를 얻습니다. 서로 짐을 져 주고 서로 기쁨을 나누는 모습을 통해 이 세상에 하나님의 임재를 증거하는 것입니다.

기독교 공동체의 기초는 혈연, 사회적 경제적 평등, 공통된 압제나 불만, 서로 끌리는 매력 따위가 아니라, 하나님의 부르심에 있습니다. 기독교 공동체는 인간의 노력의 산물이 아니라, 하나님께서 우리를 구원하셔서 언약백성 삼으신 부르심의 결과입니다. 그러므로 그 주도권이 하나님께 있으며, 하나님께서 공동체의 근원이 되십니다. 우리는 함께하며, 서로 사랑과 선행을 격려하지만(히 10:23), 우리의 운명이 공존 이상의 것임을 서로 일깨워야 합니다. 공동체가 함께 바라보는 것은 우리가 이르게 될 영원한 본향입니다. 그러기 위해서 공동체를 이 땅의 안전한 쉼터나 편안한 패거리로 전락시키려는 이들을 끊임없이 비판해야 하며, 장차 올 세상을 고대하도록 늘 격려해야 합니다.[422]

8장
성숙한 신앙을 향하여

말씀묵상을 통해 실현되는 하나님과의 사귐의 신앙은 성령을 통해 그리스도 안에서 하나님과 연합을 이루게 합니다. 신자 개개인은 서로 사귐을 갖게 되며, 이를 통해 내재적 삼위일체의 공동체성과 통일성이 교회 공동체 안에서 실현됩니다. 이것이 하나님이 처음부터 의도하셨던 교회의 목적이며, 말씀묵상을 통해 실현되는 교회의 성숙입니다.

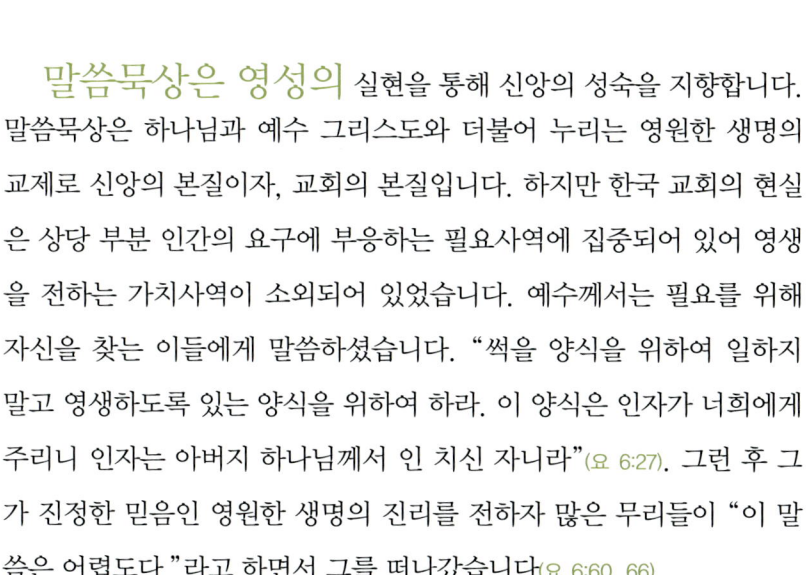

말씀묵상은 영성의 실현을 통해 신앙의 성숙을 지향합니다. 말씀묵상은 하나님과 예수 그리스도와 더불어 누리는 영원한 생명의 교제로 신앙의 본질이자, 교회의 본질입니다. 하지만 한국 교회의 현실은 상당 부분 인간의 요구에 부응하는 필요사역에 집중되어 있어 영생을 전하는 가치사역이 소외되어 있었습니다. 예수께서는 필요를 위해 자신을 찾는 이들에게 말씀하셨습니다. "썩을 양식을 위하여 일하지 말고 영생하도록 있는 양식을 위하여 하라. 이 양식은 인자가 너희에게 주리니 인자는 아버지 하나님께서 인 치신 자니라"(요 6:27). 그런 후 그가 진정한 믿음인 영원한 생명의 진리를 전하자 많은 무리들이 "이 말씀은 어렵도다."라고 하면서 그를 떠나갔습니다(요 6:60, 66).

어느 시대나 필요사역에서 가치사역으로 옮겨 가는 과정은 좁고 험한 길입니다. 사람은 자신의 필요에는 민감하지만 하나님께서 주시려는 필요에 대해서는 둔감하기 때문입니다. 그러나 한국 교회의 현실은 이제 필요사역이 그 한계를 드러내고 있습니다. 이제 신자들은 교회를 통해 그들의 필요를 절박하게 구하지 않게 된 것입니다. 그들의 내면에서는 보다 궁극적인 진리에 대한 목마름이 있습니다. 그들은 근원적인 목마름에 대해 갈망합니다. 말씀묵상을 통한 영성의 실현은 영원한 생명의 생수를 길어 내는 본질적이고 가치 있는 하나님의 사역입니다. 그럼에도 불구하고 여전히 필요사역에 치중하는 한국 교회의 현실은 영생의 교제로써 말씀묵상이 뿌리내리는 데 있어 극복해야 할 과제입니다. 말씀묵상을 통한 영성훈련을 통해 실현되는 교회의 성숙은 평신도와 목회자, 나아가 교회 공동체의 성숙을 실현합니다.

1. 평신도의 성숙

오늘날 교회에 들어가서 보면 두 부류의 신자를 발견합니다. 하나는 사역을 받는 평신도층이고 다른 하나는 사역을 베푸는 성직자층입니다. 그러나 성경의 세계로 들어가 보면 오직 한 백성, 곧 참 하나님의 백성 '라오스'(그 백성 가운데 지도자들이 함께 있다)밖에 없음을 발견하게 됩니다.[423] 초대교회에서는 사도들과 대조되어 평신도로 불렸던 스데반과 빌립이 복음을 힘 있게 전파한 것을 볼 수 있습니다(행 6:8-7:53; 8:5-13, 26-40). 평신도와 성직자의 대립 구도는 신약성경 내에서는 형성되지 않았으며, 신약성경 내에서 '평신도'(헬, 라이코스)라는 단어 자체가 나타나지 않은 것이 바로 이 사실을 뒷받침합니다.[424]

평신도와 성직자의 이중구조

평신도와 성직자의 구분은 A.D. 313년 콘스탄티누스가 기독교를 공인한 이후 생겨나게 됩니다. 그 후로 교회 역사에서는 성직자와 평신도가 분리되게 되었습니다. 이에 대해 폴 스티븐스는 다음과 같이 말합니다. "우리가 현재 쓰는 용어인 평신도란 말은 교회가 태동된 지 약 300년이 지난 후에 생겨났고, 그 의미는 전문 목회자보다 신학적으로 낮은 지식을 가진 덜 준비된 사람을 가리키는 것이었다."[425]

한편 중세를 지나면서 이러한 이중구조는 확고해졌으며 이 같은 교권에 도전하는 사람은 이단자로까지 여겨졌습니다. 윌리엄 틴데일은 "접시를 닦는 하찮은 일이든지 사도가 되어 말씀을 전하는 일이든지 다 하나님을 기쁘시게 하는 일이다."라고 말했는데, 그는 결국 성직자들의 권위에 도전했다는 이유로 화형을 당하였습니다.[426] 성직자와 평신도로 구분되는 성직의 질서는 종교개혁을 계기로 만인제사장직이 제기되면서 철폐되었습니다. 만인제사장직의 핵심은 그리스도 안에 있는 신자라면 누구든지 예수 그리스도를 통해 하나님께 나아가는 길이 열렸다는 데 있습니다. 그리고 영적 지도자의 사명은 하나님의 열심으로 열심을 내어 신자 한 사람 한 사람을 그리스도의 거룩한 신부로 중매하는 데 있습니다(고후 11:2).

평신도의 사역, 평신도의 성숙을 전제로

한국 교회의 평신도 운동은 1970년대 이후 평신도 제자훈련과 성경공부 및 말씀묵상 사역 등을 통해 활발하게 전개되었습니다. 이제 평신도가 말씀을 직접 묵상하고 하나님과 교제하는 길은 자연스러운 영성의 실제가 된 것입니다. 현재에는 평신도를 교회의 사역자로 삼는 셀 사역, 가정교회 사역들이 펼쳐지고 있습니다. 교회의 평신도 사역이 양적으로 외적으로 활성화되고 있는 점은 매우 고무적이라고 할 수 있습니다.

그런데 평신도가 수행하는 사역은 평신도의 성숙을 전제로 합니다. 에베소서 4장에서 바울은 성도가 온전케 된 후 봉사의 일을 하고 이로써 그리스도의 몸이 세워짐을 강조하고 있습니다. "이는 성도를 온전하게 하여 봉사의 일을 하게 하며 그리스도의 몸을 세우려 하심이라"(엡 4:12). 여기서 성도를 온전하게 하는 것은 다양한 직분을 가진 사람들이 수행하는 사역의 목표입니다. '온전하게 한다' 앞에 붙은 '프로스'(헬라어)는 목표를 지시하는 접두어입니다.[427] 그리고 성도가 온전하게 되는 도구는 하나님의 말씀입니다. "모든 성경은 하나님의 감동으로 된 것으로 교훈과 책망과 바르게 함과 의로 교육하기에 유익하니 이는 하나님의 사람으로 온전하게 하며 모든 선한 일을 행할 능력을 갖추게 하려 함이라"(딤후 3:16-17). 그러므로 평신도의 내적 성숙은 말씀을 통해서 이루어집니다. 하나님의 말씀은 교훈하고 책망하고 바르게 하고 의로 교육하여 하나님의 사람으로서 온전하게 되는 성숙에 이르게 하는 것입니다.

말씀묵상은 성경을 통해서 하나님의 사람으로 온전하게 하는 신앙의 본질입니다. 이는 신앙의 초보단계도 아니며, 단순히 말씀을 삶에서 적용하는 차원도 아닙니다. 말씀을 통해 자신의 죄악과 존재의 비참성을 발견하고 그리스도의 공로를 힘입어 온전하신 하나님께 나아가는 것입니다. 이로써 하나님으로부터 주어지는 신앙의 온전함에 이르게 됩니다. 곧 신자의 성숙은 자신의 공로나 행위로 얻어지는 것이 아니라, 아들 안에 거하여 하나님 안에 연합됨으로써 성취됩니다. "곧 내가 그들 안에 있고 아버지께서 내 안에 계시어 그들로 온전함을 이루어 하나가 되게 하려 함은 아버지께서 나를 보내신 것과 또 나를 사랑하심같이 그들도 사랑하신 것을 세상으로 알게 하려 함이로소이다"(요 17:23).

본 책에서 강조하는 말씀묵상 훈련은 말씀을 통해 하나님과 연합에 이르는 것을 목적으로 합니다. 이는 불완전한 존재인 우리가 완전한 존재이신 하나님 안에 연합됨으로써 하나님의 완전함에 거하는 것입니다. 이는 예수 그리스도로 말미암아 하나님과 개인적인 연합을 이루는 것으로, 기독교의 진정한 영성의 실현입니다.

2. 목회자의 성숙

주지한 바와 같이 초대교회는 성직자와 평신도의 구별이 없었습니다. 하지만 성도를 온전하게 하는 다양한 직책들이 있었습니다. 에베소서 4장 11절에 의하면 그 직책들은 선지자, 사도, 복음 전도자, 목사, 교사 등으로 표현됩니다. 예수 그리스도의 열두 제자와 바울 등 초대교회 사도들은 현대 교회 목회자의 표상이 됩니다. 목회자는 하나님께 부름을 받아 복음을 전하고 구원받은 성도를 온전하게 하는 영적 지도자입니다. 청교도 지도자인 리처드 박스터는 목회자의 이중적 직무를 강조합니다. 첫째 의무는 목회자 자신을 돌보는 것이며, 둘째 의무는 모든 양떼를 돌보는 것이라고 하였습니다.[428] 여기서 목회자의 자아성찰은 하나님과 개인적인 관계성에 초점을 맞춥니다. "무엇보다 남이 알지 못하는 기도와 묵상을 많이 하십시오. 거기에서 여러분의 제물을 태울 수 있는 하늘의 불을 얻게 될 것입니다."[429] 목회자의 자아성찰은 궁극적으로 주님의 영광과 진리의 영광이 그가 목양하는 양떼들보다 더 많이 임재하는 것을 목적으로 합니다.

 ### 목회자, 자아성찰이 목양 사역에 우선한다

한국 교회 목회자들은 자아성찰보다 양떼를 돌보는 사역에 치중하는 경향이 많습니다. 자아성찰의 규례인 말씀묵상과 기도생활은 사역으로 인해 쫓기듯이 수행됩니다. 공적인 일로 인해 하나님과 사적인 만남이 침해당하고 있는 실정인 것입니다.

유진 피터슨Eugene H. Peterson은 미국의 목회자들은 교회라는 상점을 관리하는 주인으로 변질되었다고 탄식하였습니다.[430] 그들은 고객에게 만족을 주는 법, 길 건너 상점의 손님들을 끌어오는 법, 손님들이 더 많은 돈을 지불하도록 상품을 포장하는 법 등에만 관심이 있다는 것입니다. 피터슨이 지적한 미국 교회 목회자들의 실정은 양적 성장을 목회자의 성공으로 인식하고 있는 한국 교회 목회자의 실정과 다를 바 없습니다. 피터슨은 목회자의 성숙은 외적인 사역이 아니라 하나님과의 관계에서 오는 세 가지 행동, 곧 기도와 말씀, 영적 지도에 있다고 말합니다.[431] 그리고 이 가운데 어느 것도 공적인 것은 없음을 강조합니다.

주해를 동반한 말씀묵상

목회자의 성숙에 있어 말씀묵상은 그 중심축에 위치합니다. 특히 한국 교회의 목회자는 말씀에 대한 열정이 많습니다. 그런데 목회만을 위한 말씀을 경계해야 합니다. 즉, 목회자들이 성경을 읽고 묵상할 때 목회에 유용한 무언가를 찾으려 하고, 그 결과 교인들이 갖고 싶어 하는 좋은 물건을 배달하는 사람처럼 되어서는 안 되는 것입니다. 목회자의 영적 성숙을 가져오는 것은 '주해를 동반한 말씀묵상'에 있습니다. 이는 성경에 대한 문법, 역사, 신학 등 모든 영역에서 가능한 한 많은 내용을 알고 그것을 기반으로 말씀을 묵상하는 것을 말합니다. 주해를 동반한 묵상은 하나님 자신의 내부에서부터 계시된 말씀을 듣는 것입니다. 이는 그 말씀이 주어진 최초의 형태로 받아들인다는 것입니다. 말씀이 말씀되어진 방식은 그 말씀이 들려 주는 내용 못지않게 중요합니다. 말씀이 주어진 최초의 형태를 바꾸는 것은 메시지를 바꾸거나 훼손할 수도 있습니다. 성경말씀은 성경 이야기 속에서 우리에게 주어졌습니다. 주해를 동반한 묵상은 그 이야기를 주의 깊게 듣는 것을 말합니다.[432]

만일 목회자가 정확한 주해 과정을 거치지 않으면 그것은 마치 의사가 소독하지 않은 더러운 메스로 수술을 집도하는 것이나 다름없는 것입니다.[433] 이 점에서 목회자의 말씀묵상은 평신도의 그것보다 더 깊고 강력한 헌신이 요구됩니다. 한편 기존의 큐티나 말씀묵상 사역은 말씀을 적용하는 데 중점을 두었고 주해는 별개의 성경 연구로 분류하였습니다. 이로 인해 큐티는 성경 연구가 아니라는 것이 공공연히 인식되고 있습니다. 그러나 목회자가 실천해야 할 말씀묵상은 주해를 근간으로 하여 평신도의 말씀묵상을 보완하고, 지도하고, 궁극적으로 평신도의 말씀묵상을 주해를 동반한 묵상으로 이끌어가야 합니다.

3. 교회의 성숙

교회는 구원받은 사람들의 무리이며 공동체의 성숙은 무리들의 질적 성숙을 뜻합니다. 하나님의 부르심을 받아 교회에 속한 사람들은 그리스도와 연합을 이루어 영원한 생명에 참여하게 됩니다(요일 1:1-3). 성도 개인은 하나님과의 교제를 실천하고 나아가 성도 상호간의 교제에 참여합니다. 그리하여 형제자매는 한 공동체를 이룹니다. 성도가 온전하게 되는 것은 서로를 섬기기 위함이며, 나아가 그리스도의 몸 된 교회를 세우기 위함입니다(엡 4:12). 이는 교회가 개인을 세우는 것이 아니라 개인이 세워지면서 교회가 세워진다는 것을 의미합니다.

양적 성장에서 질적 성숙으로

지난 120여 년간 한국 교회의 양적 성장은 괄목할 만합니다. 이제 주된 관심은 질적인 성숙에 있습니다. 사실 한국 교회가 짧은 역사 속에서 이렇게 성장할 수 있었던 대표적인 원인은 기독교의 복음적 메시지(곧 기독교의 영성)가 한국인의 종교적 심성(곧 한국인의 영성)에 부딪쳐서 긍정적인 스파크가 일어난 것에 있다고 볼 수 있습니다.[434] 기독교가 한국 종교의 영성과 결합된 결과 기복적 신앙, 타계주의 신앙, 율법적인 신앙의 현상이 드러났습니다.[435] 농부는 모판에서 모를 뽑아 논에 옮겨 심습니다. 한국 교회의 성숙은 한국 종교의 영성이라는 모판에서 모를 뽑아 진리의 논에 심겨지는 것을 과제로 하고 있습니다. 그 시작은 말씀과 기도, 교제가 중심이었던 본래의 교회 모습으로 돌아가는 것입니다.

사도시대, 교회를 뜻하는 헬라어 '에클레시아'는 '모임'이라는 뜻으로 단수와 복수를 병행하여 사용하였습니다(행 8:1, 9:31). 교회가 복수와 단수 등 두 가지 형태를 띠는 것은 교회가 곧 성도이고, 교회는 이 세상 안에 존재하는 성도의 공동체라는 뜻입니다.[436] 초대교회 공동체의 핵심에 서 있는 것은 하나님의 말씀의 선포와 가르침이었습니다.

"그들이 사도의 가르침을 받아 서로 교제하고 떡을 떼며 오로지 기도하기를 힘쓰니라"(행 2:42). 초대교회 신자들은 주로 집에서 모이며 말씀과 기도, 교제에 자신을 드렸습니다. 현대 교회의 상징인 건물과 조직의 교회는 초대교회에는 존재하지 않았던 것입니다.

새로운 전망, 삼위일체적 교회론

케빈 길레스Kevin Giles는 교회의 새로운 전망으로서 삼위일체적 교회론을 교회 성숙의 대안으로 제시합니다. 이는 본서의 핵심 주제인 말씀묵상을 통한 영성의 실현과 맥을 같이하고 있습니다. 곧 말씀묵상이 삼위 하나님과 연합의 실제라면, 말씀묵상을 통한 교회의 성숙은 삼위일체적 교회론을 지향하기 때문입니다. 삼위일체적인 교회론의 주된 관심사는 교회에 대한 그리스도 중심적 정의의 범위를 초월하는 것입니다.[437] 그 목표는 기독교 공동체의 등장과 삶에 삼위의 하나님 모두가 개입하셨다는 점을 강조하는 것입니다. 즉, 성부께서 백성을 구원하시려고 성자(아들)를 보내셨고, 성자는 구원을 이루기 위해 십자가에서 죽으셨으며, 이 일을 통하여 구원받은 공동체, 곧 교회를 위하여 성부께서 성자를 통하여 성령을 보내셨다는 것입니다. "하나님이 오른손으로 예수를 높이시매 그가 약속하신 성령을 아버지께 받아서 너희가 보고 듣는 이것을 부어 주셨느니라"(행 2:33).

부활하신 그리스도께서는 교회 공동체를 구성하게 될 제자들을 향해 "가서 모든 민족을 제자로 삼아 아버지와 아들과 성령의 이름(단수형 사용)으로 세례를"(마 28:19) 주도록 보내셨습니다. 그렇게 하여 그들은 기독교 공동체로 연합되었습니다. 바울 사도는 고린도 교회를 향해 '성령'의 은사로 '주님'을 섬기고, 그 일을 '하나님' 안에서 행함으로써 교회 공동체가 세워진다고 하였으며(고전 12:4-6), 교회를 향해 삼위일체적 축도를 수여하였습니다(고후 13:13).

삼위일체적 교회론은 창세전 삼위 하나님의 연합과 하나 됨에 기초합니다. 성부와 성자, 성령은 영원에서부터 하나를 이룬 영적 공동체로서 교회의 모형입니다. 아버지께서 아들 안에, 아들이 아버지 안에 있음으로 하나가 되었습니다. "내게 주신 영광을 내가 그들에게 주었사오니 이는 우리가 하나가 된 것 같이 그들도 하나가 되게 하려 함이니이다"(요 17:22). 이는 교회의 공동체성과 하나 됨을 표상하는 내재적 삼위일체의 존재 양식이며, 성도 개개인이 그리스도 안에서 하나님과 연합됨으로써 구현되는 교회의 실재입니다. 이 같은 교회는 아버지가 아들 안에, 아들이 아버지 안에 있는 것 같이 성도가 하나 되어 삼위 하나님 안에 거함으로써 세상에 아들을 증거하게 됩니다(요 17:21).

말씀묵상은 성도 개개인이 말씀을 통해 하나님과 연합을 이루는 영적 규례입니다. 말씀묵상을 통해 실현되는 하나님과 사귐의 신앙은 성령을 통해 그리스도 안에서 하나님과 연합을 이루게 합니다. 성도 개개인은 서로 사귐을 갖게 되며 이를 통해 내재적 삼위일체의 공동체성과 통일성이 교회 공동체 안에서 실현됩니다. 이것이 하나님께서 처음부터 의도하셨던 교회의 목적이며, 말씀묵상을 통해 실현되는 교회의 성숙입니다.

에필로그

　신구약성경은 예수 그리스도를 증거하는 복음입니다(요 5:39; 롬 1:2-4). 복음의 목적은 영원한 생명을 얻는 데에 있습니다(요 3:15; 딤후 1:10). 영원한 생명의 본질은 삼위 하나님과의 사귐에 있습니다(요일 1:1-3). 기독교 영성은 예수 그리스도를 통해 하나님과 연합하는 것입니다. 말씀묵상은 단순한 신앙행위가 아니라 기독교 영성을 실현합니다. 말씀묵상은 말씀을 통해 삼위 하나님과 연합되며 교제하는 영성의 실재입니다. 이는 그리스도께서 언명하신 영생의 본질로서 영원하신 하나님을 아는 것입니다(요 17:3). 하나님과의 사귐은 과거의 사건으로 정체되지 않으며 매일 새롭게 만나는 영적인 노정입니다. 말씀묵상은 모든 신자가 준행해야 하는 일상의 규례입니다. 하나님은 우리를 만나시되 날마다 만나시며 우리와 관계를 맺으시되 친밀하고 감격이 넘치는 생명의 사귐을 원하십니다.

　본서는 말씀묵상을 통해 성취된 영성의 표현을 하늘의 기쁨으로 보았습니다. 이는 땅의 고통까지도 기쁨으로 창조하는 하나님의 역사입니다. 이 같은 말씀묵상은 성경을 토대로 한 묵상의 요소를 반영할 때 주어집니다. 본서는 그것을 다루었고, 이어서 성경시대부터 한국 교회에 이르기까지 말씀묵상의 역사를 다루었습니다. 특히 초대교회는 말씀과 기도, 교제를 통해 영원한 생명이 풍성한 신앙생활을 하였습니다. 그러나 A.D. 313년 기독교가 공인되고 교회가 제도화되면서 영원한 생명의 거주지가 상실되고 말았습니다. 이를 계기로 말씀묵상 및 하나님과 연합의 영성은 제도권 교회보다는 사막의 교부와 수도원 전통으로 밀려나게 되었습니다.

13세기 들어 마이스터 에크하르트는 하나님과 연합되는 신비적 신앙을 강조하였고, 루터의 종교개혁은 그의 영향을 적잖이 받았습니다. 종교개혁의 중심 사상은 말씀의 회복과 누구든지 예수 그리스도를 통해 하나님과 사귐에 이르게 되는 만인제사장설에 있습니다. 하지만 종교개혁의 정신은 100년도 채 못 되어 변질되었습니다. 유럽의 개신교가 다시 새로운 교권주의로 자리매김을 하게 된 것입니다. 이에 청교도 운동과 경건주의 운동이 일어나게 되었습니다. 영국을 중심으로 한 청교도 운동은 말씀 규례를 중시하였고, 누구든지 하나님과 교제할 수 있다는 점을 파악하였습니다. 특히 청교도의 말씀묵상은 인간의 관심사가 아니라 하나님의 관심사인 그리스도의 구속사건이 그 중심이 되어야 할 것을 강조하였습니다. 한편, 독일에서는 요한 아른트와 그의 사상을 이어받은 필립 슈페너가 말씀을 통해 하나님과 직접교제에 이르는 신앙운동으로서 경건주의를 탄생시켰습니다. 이들은 당시 교권주의의 위협을 받았으나 초대교회 정신으로 돌아가야 한다는 정신 아래 기존 교회에 강력한 영향력을 끼치게 되었습니다. 경건주의 운동은 감리교의 탄생과 미국의 부흥운동에 영향을 주었고, 나아가 한국 교회에 복음이 전파되는 모체가 되기도 하였습니다.

한국 교회는 근대화의 시기를 거치면서 괄목할 만한 성장을 이루었습니다. 하지만 선교 1세기를 지나면서 위기를 맞이하고 있습니다. 많은 교회들은 인간의 필요를 채우는 사역을 통해 양적 성장을 꾀하여 왔으며, 기독교 신앙의 본질인 영원한 생명을 위한 가치사역을 도외시하여 왔습니다. 근자에 들어 복음을 강조하는 사역단체가 늘어나고 있는 점은 고무할 만한 일입니다. 하지만 복음의 궁극적인 목적인 영원한 생명의 실재와 그 본질인 하나님과 사귐의 신앙은 여전히 희미한 상태입니다. 예수 그리스도를 믿는 신앙의 목적인 하나님과의 연합의 믿음은 사사시대의 그것처럼 희귀한 상태가 된 것입니다.

필자는 20여 년간 복음의 진리에 대해 고민하면서 목회와 복음 사역의 현장에서 활동하였습니다. 복음을 전하는 사역에 매진하면서도 복음의 능력이 약화됨을 여실히 경험하였습니다. 그것은 복음의 궁극적인 목적인 영원한 생명의 진리가 부재한 것이고, 따라서 하나님과 교제의 진리 또한 피상적이라는 사실에 있었음을 깨달았습니다. 그 결과 말씀을 통한 영성의 회복은 기독교 신앙의 본질을 회복하는 것이며, 성도의 성숙이며, 목회자의 성숙이며, 교회의 성숙임을 확신하게 되었습니다.

이 책은 영원한 생명에 기초한 기독교 진리의 실현과 기독교 신앙의 본질을 제언합니다. 모든 신자는 복음을 통해 영원한 생명의 산 소망을 가져야 합니다. 복음은 파편적으로 적용될 것이 아니라 사도들이

전한 전승된 복음(고전 15:3-5)이 계시된 복음(갈 1:12)이 되어 예수께서 전한 하나님 나라의 복음(눅 4:43)을 성취해야 합니다. 그 결과 영원한 생명이 신앙의 실재가 되고, 교회는 영원한 생명의 복된 공동체가 되어야 합니다. 그리하여 모든 성도가 삼위 하나님과 연합에 이르는 존재의 본향을 찾고 서로 교제함을 통해서 삼위일체적 교회로 회복되게 됩니다. 그러므로 말씀묵상을 통한 영성의 실재는 위기의 기독교와 위기의 교회를 향한 새롭고 온전한 대안임이 분명합니다.

초월적 신비를 신뢰하며

이 책은 말씀묵상의 대상으로 기록된 말씀을 읽고 묵상할 수 있는 그리스도인들을 대상으로 합니다. 말씀을 들을 수 없고 읽을 수 없는 이들에 대해서는 논외로 합니다. 종교개혁이 기여한 말씀의 회복은 기록된 성경을 통한 하나님과의 만남을 강조하였습니다. 그러나 하나님의 인식과 만남은 한 방법, 한 형태, 한 모습으로 국한되지 않으며, 특히 기록된 말씀을 읽을 수 없고 들을 수 없는 계층들에게도 초월적 방식으로 주어집니다. 그러므로 말씀묵상을 통해 실현되는 영성은 말씀에 대한 식자층을 대상으로 합니다. 말씀을 읽고 쓸 수 있는 식자층은 거룩한 특권을 가지며 동시에 거룩한 의무도 가집니다. 그렇지 못한 계층들에 대한 하나님의 주권은 신비에 있음을 고백합니다. 그 신비에 대한 찬양으로 이 책을 마칩니다.

오, 하나님의 지혜와 지식의 부유함은 참으로 깊습니다! 하나님의 판단은 헤아릴 수 없으며, 그분의 길은 아무도 찾을 수가 없습니다. 누가 주님의 마음을 알았으며, 누가 그분의 의논 상대자가 되었습니까? 누가 먼저 하나님께 무엇을 드려서, 하나님의 답례를 받는단 말입니까? 이는 모든 것이 하나님께로부터 나왔고, 하나님의 보살핌으로 보존되며, 하나님의 영광을 위해 존재하기 때문입니다. 하나님께 영광이 영원토록 있기를 원합니다. 아멘.(롬 11:33-36, 쉬운성경).

부록

묵상 예시 6

진리를 알고 분별하는 일에 성숙한 자가 되라

1. 오늘의 말씀 : 고전 14:13-25 (2013년 11월 22일)

13 그러므로 방언을 말하는 자는 통역하기를 기도할지니 14 내가 만일 방언으로 기도하면 나의 영이 기도하거니와 나의 마음은 열매를 맺지 못하리라. 15 그러면 어떻게 할까. 내가 영으로 기도하고 또 마음으로 기도하며 내가 영으로 찬송하고 또 마음으로 찬송하리라. 16 그렇지 아니하면 네가 영으로 축복할 때에 알지 못하는 처지에 있는 자가 네가 무슨 말을 하는지 알지 못하고 네 감사에 어찌 아멘 하리요. 17 너는 감사를 잘하였으나 그러나 다른 사람은 덕 세움을 받지 못하리라. 18 내가 너희 모든 사람보다 방언을 더 말하므로 하나님께 감사하노라. 19 그러나 교회에서 네가 남을 가르치기 위하여 깨달은 마음으로 다섯 마디 말을 하는 것이 일만 마디 방언으로 말하는 것보다 나으니라. 20 형제들아 지혜에는 아이가 되지 말고 악에는 어린 아이가 되라. 지혜에는 장성한 사람이 되라. 21 율법에 기록된 바 주께서 이르시되 내가 다른 방언을 말하는 자와 다른 입술로 이 백성에게 말할지라도 그들이 여전히 듣지 아니하리라 하였으니 22 그러므로 방언은 믿는 자들을 위하지 아니하고 믿지 아니하는 자들을 위하는 표적이나 예언은 믿지 아니하는 자들을 위하지 않고 믿는 자들을 위함이니라. 23 그러므로 온 교회가 함께 모여 다 방언으로 말하면 알지 못하는 자들이나 믿지 아니하는 자들이 들어와서 너희를 미쳤다 하지 아니하겠느냐. 24 그러나 다 예언을 하면 믿지 아니하는 자들이나 알지 못하는 자들이 들어와서 모든 사람

에게 책망을 들으며 모든 사람에게 판단을 받고 25 그 마음의 숨은 일들이 드러나게 되므로 엎드리어 하나님께 경배하며 하나님이 참으로 너희 가운데 계신다 전파하리라.

2. 시작 기도

아버지! 당신의 인자와 긍휼은 심히 크시나이다. 풍랑의 연고로 바다에 던져진 요나를 위해 큰 물고기를 예비하셨나이다. 불순종한 그를 죽여야 마땅한데 말입니다. 나의 무지와 불순종으로 풍랑을 만난 자가 여기 있나이다. 하온데 어찌하여 아들의 무덤을 예비하사 다시 살게 하셨나이까? 그럼에도 불구하고 다시 나의 의로 형제를 시비하고 판단하였나이다. 교만한 자를 대적하여 심히 낮추심은 당신의 은혜이옵니다. 어리석은 자가 심히 겸비하여 당신의 긍휼을 구하나이다. 나를 불쌍히 여기사 오직 당신의 이름을 위하여 소생시켜 주소서. 예수님의 이름으로 기도드립니다. 아멘.

3. 본문 주해

모든 시대 기독교 복음은 토속종교의 토양 위에 심겨지고 발아된다. 그래서 기독교 신앙은 복음이 들어간 나라와 종족의 종교성과 결합된 혼합신앙의 양상을 보이게 된다. 이것은 어느 시대 어느 나라에나 불가피한 기독교 신앙의 현실이다. 바울이 복음을 전하여 세운 고린도 교회도 역시 혼합신앙을 피할 수 없었다.

특히 고린도 교회에 문제된 것은 영적 은사였고 그중에서도 방언의 은사였다. 방언은 알아들을 수 없는 비밀스런 언어로 하나님께 기도하는 은사이다. 그런데 방언은 초자연적인 특성으로 인해 외견상 이방종교에서 경험하는 신들린 현상이나 황홀경의 체험과 비슷한 것이었다. 방언의 초자연적인 기원을 부정하는 것은 아니나, 그것만으로 그리스도인이 되는 것은 아니다. 무엇보다 방언의 은사가 지닌 중대한 결함은 그 은사가 예수는 주라는 복음을 '명확하게' 표현해 내지 못한다는 데에 있다. 따라서 방언은 복음전파의 수단으로서는 매우 부적절한 것이다.

예언의 은사는 방언의 은사보다 상대적으로 우월하다. 영적 은사를 사모하는 고린도 교회 성도들은 교회의 덕을 세우는 예언의 은사가 풍성하기를 구할 것이다(12절). 신약성경이 확정되지 않은 당시 상황에서 '예언'은 그리스도에 대한 직접증거로서 그가 성취한 구원의 말씀이며, 그에 대한 가르침이다(4, 6절). 그러므로 알아듣지 못하는 방언을 하는 자는 통역하기를 구할 것이다(13절). 만일 방언으로 기도하면 사람의 영이 기도하는 것이나 그의 마음은 열매를 맺지 못한다(14절). 여기서 '마음'은 적절하지 못한 번역이며 '이성' 또는 '생각'(헬-누스. 영-mind, understanding)으로 번역함이 타당하다. 헬라어로 마음은 '카르디아'이며 영어 표현은 '하트'heart이다. "만일 내가 방언으로 기도하면 내 영은 기도할지라도 '내 이성'은 이해하지 못합니다"(두란노 우리말성경).

바울은 영으로 기도하고 이성으로 기도하고 영으로 찬송하고 또 이성으로 찬송한다(15절). 그렇지 않고 영으로만 감사(축복)하며 그것을 알아듣지 못하는 자가 어찌 아멘 할 것인가?(16절). 영으로 감사하는 자는 자기에게 덕을 세울지 모르나 다른 사람에게는 덕을 세우지 못한다(17절). 바울은 다른 사람보다 방언을 더 많이 하여 하나님께 감사한다(18절). 하지만 알아듣지 못하는 방언 일만 마디라도 알아듣는 다섯 마디 말보다 더 못하다(19절).

바울은 '형제들아'라고 하며 애정을 갖고 간곡히 부탁한다. 지혜에는 아이가 되지 말고 악에는 어린아이가 되어야 할 것이다. 지혜에는 장성한 사람이 되어야 할 것이다. 헬라어에서 '지혜'는 '소피아'를 사용한다. 그런데 여기서 '지혜'로 번역된 헬라어는 신약성경 전체에서 본 절에서만 2번 나오는 단어로서 '페렌'φρεν이다. 그 뜻은 '인식하고 분별하는 기능'the faculty of perceiving and judging을 말한다. 곧 '페렌'은 생각하는 기능으로서, '이성'understanding, mind, thinking에 있어 장성한 자가 되라고 충고한다.

바울은 신들린 현상이나 황홀경의 체험을 좋아하는 성도들에게 애정으로 권면한다. 그들이 진리에 대하여, 복음에 대하여 인식하고 분별하는 이성적 능력을 갖추라고 말한다. 그렇지 않은 신앙은 끝까지 유아기 수준에 머물기 때문이다. "형제들이여, 생각하는 데는 어린아이가 되지 마십시오. 악한 일에는 어린아이가 되고 생각하는 데는 어른이 되십시오"(20절, 우리말성경). 계속해서 바울은 방언의 또 다른 한계점을 설명한다. 율법에 기록된 대로 방언은 믿는 자들을 위하지 아니하고 믿지 아니하는 자를 위하는 표적이다(21-22절). 바울이 인용한 율법은 '이사야 28장 11절'이하이다. 원래 율법은 모세오경을 지칭했는데, 랍비들은 선지자들을 모세 율법의 해석자로 보았다. 그래서 선지자들의 말도 '율법'이라고 하고, 가끔 구약 전체를 율법이라고 칭하기도 한다. 이런 언어 관행에 따라 바울은 이사야 선지자의 말을 '율법'이라고 칭한다.

방언이 불신자에 대한 표적인 것은 그들이 방언하는 자를 보고 '미쳤다'고 하기 때문이다. 온 교회가 모여 방언만 하면 방언을 하지 못하는 자나 불신자는 이것을 보고 '너희가 미쳤다'고 한다는 것이다(23절). 그러나 교회가 모여서 다 예언을 하면 불신자나 방언을 하지 못하는 자들도 양심의 책망을 받는다. 그로 인해 심판에 이르고 그 마음의 숨은 일들이 드러나므로 엎드려 하나님을 두려워한다. 그러면서 '하나님이 참으로 너희 가운데 계신다'고 외칠 것이다(25절).

바울은 크게 두 가지 면에서 예언의 은사가 방언의 은사보다 낫다고 말한다. 첫째, 방언의 은사는 개인에게 덕을 세우나 예언의 은사는 교회에 덕을 세우기 때문이다(4절). 둘째, 방언의 은사는 불신자를 믿음으로 이끌지 못하나 예언의 은사는 불신자를 믿음으로 이끌기 때문이다. 예언의 은사가 믿는 자에게 표적이 되는 것은 죄를 깨닫고 회개케 하여 믿음으로 이끌 수 있는 힘을 가져 사람들(불신자를 포함)로 하여금 믿는 자가 되게 하기 때문이다. 예언의 은사가 방언의 은사보다 더 중요한 것은 두 번째 이유 때문이다.

오늘 말씀에서 예언의 본질이 더욱 분명히 드러난다. 그것은 은사로서 예언이 개인사를 말하거나 장래 일을 말하는 것이 결코 아니라는 사실이다. 예언은 그 마음의 숨은 일들을 다 드러내어 죄를 깨닫게 하고 심판에 이르게 하는 말씀이다. 이는 히브리서 4장 12-13절에서 언표한 하나님의 말씀이다. 하나님의 말씀은 하나님 자신의 현존이며(살았고), 심판을 집행하는 말씀이다(운동력 있으며). 이 말씀은 좌우에 날선 검보다 예리하며 혼과 영과 및 관절과 골수를 찔러 쪼개기까지 한다. 곧 만물이 벌거벗은 것 같이 우리 마음의 생각과 뜻까지 드러내어 심판한다. 하지만 대제사장 되신 그리스도는 말씀 앞에서 두려워하며 떠는 자, 심령이 상한 자를 동정하시며 함께 느끼신다. 나아가 그를 용서하시고 은혜의 보좌, 지성소에 계신 아버지께로 이끄신다(히 4:16, 10:19-22). 그러므로 숨은 죄를 드러내어 심판에 이르게 하는 예언의 말씀은 심판하시기 위해 현존하시는 하나님 자신으로서 말씀인 것이다.

이 모든 것은 말씀을 깨닫고 분별하는 지성(이성)으로부터 비롯된다. 그래서 바울은 고린도 교회 성도들을 형제로 부르면서 이 점에서 성숙한 자가 되라고 촉구하고 있다. 성도 개인의 성숙은 교회의 성숙과 직결된다. 교회는 진리에 무지한 대중의 상태에 묶여 있지 않으며, 성도 한 사람 한 사람의 각성을 통해 성숙의 자리로 나아간다. 그것은 감정의 기능이 아니라 이성의 기능에서 발현된다.

부활하신 예수께서 제자들에게 사명을 주실 때 그들의 이성을 열어 주셨다. "이에 그들의 마음을 열어 성경을 깨닫게 하시고"(눅 24:45). "Then he opened their minds so they could understand the Scriptures"(NIV). '마음'으로 번역된 헬라어는 '누스'이며 깨닫고 분별하는 이성을 말한다. 이제 우리에게는 부활하신 그리스도께서 보내신 성령, 진리의 영이 계셔서 성경을 깨닫게 하신다. 하나님께서 지혜와 계시의 영을 주사 하나님을 알게 하시되, 이성(헬 디아누스, '누스'(이성)의 파생어)의 눈을 열어 주시는 것이다(엡 1:17-18). 우리 성경에는 '마음의 눈'으로 번역되어 있는데 원문의 직역은 '이성의 눈'the eyes of your understanding이다(KJV). 그리 할 때 죄를 깨닫고 십자가로 나아가며 십자가를 통하여 하나님께 나아간다. 그 결과 창세전 하나님께서 주신 약속, 소망으로서 영생의 부요함을 누리며, 죽음에서 살리신 부활의 권능을 힘입어 승리하게 되는 것이다(엡 1:18-19).

바울이 애정을 다하여 외치는 말씀은 오늘 한국 교회를 향한 외침이다. 거대한 양적 성장에도 불구하고 토속적 종교성과 감정적 은사, 나아가 신비적 체험에 몰입하는 한국 교회와 성도들은 마땅히 깨어날 때가 되었다. 이제는 진리를 깨닫고 분별하는 지성에 있어 성숙한 자가 되지 않으면 안 되는 때가 된 것이다. 참으로 가슴 아픈 일은 진리를 깨닫고 분별하는 지성을 일부 목사들까지도 등 돌린다는 것이다. 목사들 안에 진리에 대한 반지성주의가 팽배하고 기독교 신앙을 이성과 상반되는 감정적 신비적인 것으로 표현하는 경향이 농후하다. 그런 목사들은 평신도들로 하여금 자신의 설교만으로, 자신의 가르침에 매달리게 한다. 평신도들이 성경의 진리를 알고 나아가 신학에 관심을 가지면 위험한 것으로 치부하기까지 한다. 그러다 보니 많은 성도들이 성경과 신학에 있어서, 기독교 가치관과 세계관에 있어서 무지 속에 갇혀 있다. 진리에 대해 알지 못하는 신앙의 반지성주의는 필경 신앙의 미신화를 가져온다.

이러한 현상들은 개신교의 기본적인 원칙을 저버리는 처사이다. 곧 성도 각 사람이 하나님께 나아가는 새 언약백성의 본분을 저버리게 하는 몰각한 행태인 것이다. 그러다 보니 성도들은 계속 미숙한 상태에 머물고 위기의 홍수가 범람하면 교회 전체가 소용돌이친다. 무엇보다 진리 안에서 즐거워하는 신앙의 절대적 가치를 망실한 채 세상의 재미에 목을 축이며 갈수록 비참한 상태로 전락하고 만다.

그렇다고 희망은 없지 않다. 곳곳에 숨은 진실한 종들, 목회자들이 포진하고 있다. 이들은 자신의 성도를 주님의 양으로 알고, 그들을 주님께로 인도한다. 이들의 관심은 더 이상 양적 성장이 아니라 성도들이 복음을 바로 알고 합당한 삶을 살도록 하는 데 있다. 세상의 재미가 아닌 말씀을 즐거워하며 말씀을 양식 삼는 성도 되기를 사모한다. 교회 역사에서 볼 때 아무리 캄캄한 흑암의 시대에도 하나님은 일하셨다. 지극히 소수라도 진리를 알고 분별하고 행하는 남은 자를 두셨다. 하나님 나라의 새 언약백성은 생명의 말씀으로 오늘도 창조된다.

4. 나의 묵상

말씀 앞에 서면 무지한 것뿐이다. 쥐구멍이라도 있으면 들어가고 싶은 심정이다. 예언도 말씀도 지식도 이성도 지혜도 무엇인지 모르고 달려온 목사였다. 위에서 질타한 반지성주의 목사는 다름 아닌 나의 자화상이었다. 수십 명밖에 안 되는 성도를 대상으로 목회하면서 그러하였다. 얼마나 자만하고 교만했던지 성도들이 내 설교만 듣고 신앙생활하기를 바랐다. 다른 채널을 통해 은혜 받은 표시를 하면 낮은 자존감에서 뿜어나오는 시기, 분노로 일그러졌다. 성도들을 주님의 양으로 대하지 않고 목회의 효율성의 도구로 전락시켰다. 주일성수 잘하고 봉사 잘하면 좋은 성도요, 그렇지 못하면 나쁜 성도였다. 십일조 잘하면 믿음 좋은 성도요, 목사에게 순종하면 복 받는 성도였다. 그들이 날마다 말씀을 통해 새 언약백성으로 사는 신앙의 원칙에는 관심조차 없었다.

양의 탈을 쓴 이리 같은 목사가 바로 나였다! 정말 몰라서 그랬다. 진리를 알았더라면 이렇게까지 하지 않았으리라! 하나님께서 공의로우시다면 어찌 그런 나를 심판하지 않으시겠는가? 내가 심판대 앞에 서지 않았다면 하나님의 공의는 거짓이었으리라! 엄중하고 가혹한 심판이 임했다. 홍수가 나 보니 모래 위에 지은 집이라는 것을 알게 되었다. 말씀으로 살지 않고 말씀으로 지어진 집이 아닌데, 무너지지 않는 것이 불의였다. 말씀 없이 자기주장 의지로 해온 목회와 인생의 터전이 무너져 내렸다. 불순종한 요나처럼 바다에 던져 죽기에만 합당한 자였다.

그런데 요나를 위해 큰 물고기를 예비하신 하나님…! 그분은 불순종하여 심판받은 나를 위해 아들의 무덤을 예비하셨다. 아들의 무덤에서 심판을 아멘으로 받게 하시고 새 생명으로 이끄셨다. 새 언약백성 삼으시어 날마다 말씀으로 살게 하셨다. 아들을 통해 아버지께 나아가게 하신 그 크신 일을 감사하고 찬양할 뿐이다!

5. 묵상 기도

아버지여… 진리를 알고 분별하는 데 심히 어린아이였습니다. 그러면서도 어떻게 목사라고 하고 목회를 한다고 떠들어댔는지요! 아, 저 자신이 수치스럽고 경멸스러울 따름입니다. 어찌하여 그리도 오래 참으셨나이까? 무지 속에 갇혀 광란의 질주를 하던 자, 어찌하여 십 수 년을 참으셨나이까? 참으로 몰라서 그랬나이다! 주를 사랑하여 주께 바친 인생일진대 몰라서 그러했나이다.

아버지… 심판의 자리에서 깨닫게 하신 은혜가 기이합니다. 이미 말씀하셨으나 황폐한 자리에서 비로소 깨달았나이다. 이는 당신의 고의가 아니라 나의 완고함이 하늘을 찔렀기 때문입니다. 죽기에만 합당한 자, 아들의 무덤을 예비하셨나이다. 그 안에서 영원한 생명을 알고 살게 하셨나이다.

아버지여… 이 땅을 돌아보소서. 당신의 교회와 당신의 백성들을 돌아보소서. 저들의 이성을 깨우소서. 진리를 알고 분별하는 생각을 깨우소서. 통속적인 신앙 습속에 물들어 있는 수많은 백성들을 깨워 주소서. 여전히 토속적 신앙에 매몰되어 있는 이들을 일으켜 세우소서. 지혜와 계시의 영을 보내사 생각의 눈, 이해의 눈을 여소서. 주여, 종을 불쌍히 여기심같이 저들도 불쌍히 여기소서. 특별히 알지 못해서 행하는 당신의 종들을 깨워 주소서. 주께서 원하시면 그리하소서. 주여, 원컨대 불쌍히 여기소서. 예수 그리스도의 이름으로 기도드립니다. 아멘.

창세전 그리스도 안에서 주신 은혜가 나타나다

1. 오늘의 말씀 : 딤후 1:9-18(2013년 5월 12일)

9 하나님이 우리를 구원하사 거룩하신 소명으로 부르심은 우리의 행위대로 하심이 아니요 오직 자기의 뜻과 영원 전부터 그리스도 예수 안에서 우리에게 주신 은혜대로 하심이라. 10 이제는 우리 구주 그리스도 예수의 나타나심으로 말미암아 나타났으니 그는 사망을 폐하시고 복음으로써 생명과 썩지 아니할 것을 드러내신지라. 11 내가 이 복음을 위하여 선포자와 사도와 교사로 세우심을 입었노라. 12 이로 말미암아 내가 또 이 고난을 받되 부끄러워하지 아니함은 내가 믿는 자를 내가 알고 또한 내가 의탁한 것을 그 날까지 그가 능히 지키실 줄을 확신함이라. 13 너는 그리스도 예수 안에 있는 믿음과 사랑으로써 내게 들은 바 바른 말을 본받아 지키고 14 우리 안에 거하시는 성령으로 말미암아 네게 부탁한 아름다운 것을 지키라. 15 아시아에 있는 모든 사람이 나를 버린 이 일을 네가 아나니 그중에는 부겔로와 허모게네도 있느니라. 16 원하건대 주께서 오네시보로의 집에 긍휼을 베푸시옵소서. 그가 나를 자주 격려해 주고 내가 사슬에 매인 것을 부끄러워하지 아니하고 17 로마에 있을 때에 나를 부지런히 찾아와 만났음이라. 18 (원하건대 주께서 그로 하여금 그 날에 주의 긍휼을 입게 하여 주옵소서.) 또 그가 에베소에서 많이 봉사한 것을 네가 잘 아느니라.

2. 시작 기도

아버지여! 내가 행한 일을 돌아보니 심판의 무덤에 있음이 합당합니다. 내 입을 땅의 티끌에 대고 잠잠히 멍에를 메겠나이다. 스스로 나의 행위를 살피니 죄악뿐이오니 나의 탄식과 부르짖음에 귀를 기울이소서. 오직 아들의 공로 힘입어 당신께 돌아갑니다. 오늘도 진멸되지 아니함은 당신의 인자와 긍휼이 무궁하기 때문입니다. 아들의 죽음과 무덤 안에 거하여 새 생명으로 살게 하소서. 주여, 나를 불쌍히 여기소서. 주여, 나를 도우소서. 속히 도우소서. 예수님의 이름으로 기도드립니다.

3. 본문 주해

사도 바울은 믿음의 아들 디모데에게 서신을 쓴다. 본 서신은 로마 옥중에서 순교를 감지하고 쓴 서신으로 추정된다. 평생 그리스도의 신실한 사도로 살다가 그리스도의 결말처럼 죽음 앞에 서 있다. 그의 사도됨은 창세전 하나님의 뜻과 그리스도 안에 있는 생명의 약속대로 되었다(1절). 그는 자신의 사도직을 영광스럽게 생각하며 디모데에게 그것을 전수한다. 자신이 평생 그러했던 것처럼 복음과 함께 고난을 받으라고 격려한다(8절).

디모데는 하나님의 능력을 따라 복음과 함께 고난을 받을 것이다. 하나님의 능력은 그리스도의 구원의 사건에 나타났다. 이제 그 능력이 복음을 전했던 자신과 이제는 자신을 승계하여 복음을 전하는 디모데에게 나타날 것을 확신한다. 신약성경에서 '하나님의 능력'이라는 말은 그 본질이 그리스도 사건에 나타난 하나님의 구원 행위와 연관된다. 다시 말해 하나님의 구원을 가져오는 능력으로서 복음을 지칭하는 것이다(롬 1:16; 고전 1:18). 하나님의 능력은 복음으로 말미암아 구원을 가져오게 한다. 이로써 하나님의 능력은 창세전에 계획된 하나님의 뜻(목적)을 성취한다.

오늘 본문 '9-10절'은 하나님의 능력이 근거한 구원의 복음, 그 핵심을 증거한다. 하나님의 능력이 가져오는 하나님의 행위는 '구원하고' '부르시는' 일로 묘사된다(9절). 여기서 구원은 하나님께서 창세전(영원 전) 계획하신 그리스도 사건을 통해서 주어지는 '구원'을 지칭한다. 또한 부르심은 구원의 과정을 지칭하는 술어로서 거룩한 삶(소명)이 그 목적이다. 신약성경에서 교회(헬, 에클레시아)는 '…으로부터 부름 받은 공동체'이며, 그 목적은 하나님의 구원 사건에 참여하고 그것을 전파하는 데 있다.

이 같은 구원과 부르심(소명)은 사람의 행위가 아니라 하나님의 뜻과 은혜로 주어진 것이다(10절). 오직 하나님의 목적과 창세전부터 그리스도 예수 안에서 우리에게 주신 은혜대로 하신 것이다. 그러므로 우리의 구원은 창세 이후 만물 안에 속한 것이 아니며, 결코 우연한 것도 아니다. 그것은 '창세전 하나님의 목적과 그리스도 예수 안에서 주신 은혜'에 따른 것이다. 이로써 구원의 신비와 그 부요함은 창세전 하나님의 목적과 은혜를 간과해서는 결코 알 수 없다.

창세전 삼위 하나님이 존재하셨다. 이를 가리켜 내재적 삼위일체라고 칭한다. 성부 하나님은 완전하고 절대적이며 유일하신 주권자요 초월자이시다. 성부 하나님은 자기 속에 있는 생명(영생-하나님의 생명)을 아들에게 주셔서 아들 안에 생명이 있게 하셨다(요 5:26, 1:4). 성자는 이단자 아리우스의 주장대로 '완전한 피조물'이 결코 아니며 하나님에게서 '태어난 생명'으로서 '아들'이다. 하나님의 아들은 영원에서 '낳은 존재'인 것이다.

성령은 성부 하나님에게서 '태어난 존재'가 아니라 '내쉬어진(발출된) 존재'이다. 성부 하나님에게서 내쉬어지는 성령은 '태초에 있는 로고스'(요 1:1), 또는 '태초부터 있는 생명의 말씀'(요일 1:1)이 나올 때 동시에 내쉬어졌다. 성부 하나님은 '신적 로고스'를 통해 자기를 계시하시고 후에 세계를 창조하셨다(요 1:1-3). 성자 하나님은 '탄생'하며 성령 하나님은 '로고스'와 더불어 '발출'하였다. 그러므로 성령은 '하늘에 속한 말씀'(생명의 말씀, 영원한 생명)이 증거될 때 동시에 역사하며 그 말씀을 증거한다.

또한 '경륜적 삼위일체'는 창조와 구원의 사건에 있어서 활동하는 삼위 하나님의 특성을 묘사한다. 삼위 하나님은 창세전 '내재적'으로 존재하시나 동시에 '경륜적'으로 존재하신다. 경륜적 삼위일체의 하나님은 창세전 사람에게 '영생'을 주시기로 약속하셨다(딛 1:2). 이것은 오직 하나님의 목적과 하나님의 은혜로 주어진 것이다. 그리고 그 은혜는 아버지가 아들에게 주신 '영생'의 은혜이다.

성부 하나님은 아들에게 자기 생명(영생)을 주신 것 같이 아담에게도 자기 생명(영생)을 주시기로 계획하셨다. 아담이 받아야 하는 영생은 하나님으로부터 직접 태어나는 생명이 아니라, 아들 안에 있는 생명으로 태어나는 것이다. 하나님에게서 '직접' 태어나는 '독생자'는 로고스가 육신이 되어서 세상에 오신 예수 그리스도뿐이시다(요 1:14, 18; 3:16). 아담을 비롯한 모든 사람은 아들 안에서 태어나야 하는 존재이다. 첫째 아담은 만들어진 존재이나, 마지막 아담 그리스도는 '영생'을 주시는 영이시다(고전 15:45). 하나님에게서 만들어진 생명 아담은 하나님에게서 태어난 존재 그리스도에게서 성취된다. 그리스도는 아담이 되어야 할 존재로서 '본질적 인간'이며 '완전한 인간'이다. 아담은 곧 장차 오실 자 그리스도의 모형인 것이다(롬 5:14).

그러므로 '만들어진' 생명 아담에게 창세전 하나님의 목적과 그리스도 안에서 주신 은혜가 나타나야 한다(딤후 1:10a). 그리스도 안에서 주시는 은혜란 만들어진 생명 아담에게 태어난 생명 그리스도가 영생(하나님의 생명)을 주는 것을 말한다. 그때는 '구주' 그리스도 예수가 나타나심으로 말미암아 하나님의 목적과 은혜가 나타나는 때이다(10절 참고). "이제는 우리 구주 그리스도 예수의 나타나심(헬, 에피파네이아)으로 말미암아 나타났으니(헬, 파네로스)"(10절). 구주는 신성을 뜻하는 칭호이며 그의 나타나심(헬, 에피파네이아)은 그의 '역사적 출현'이다. 그의 역사적 출현은 죽음과 장사됨, 부활과 현현의 복음의 사건으로서의 나타남이다. 이로써 하나님의 목적과 영생을 주시고자 하신 은혜가 나타났다(헬, 파네로스). 곧 '그리스도의 사건'(역사적 출현)은 '하나님의 은혜가 나타난 것'과 분리될 수 없다. 여기서 그리스도의 출현은 하나님의 예정된 은혜의 현현이다. 그러므로 그리스도의 죽음과 장사됨, 부활에 연합된 자는 하나님께서 창세전 목적하신 은혜인 영원한 생명을 얻는다.

이것은 사망을 폐하신 구원의 사건이다(죽음과 부활). 그 결과 복음으로써 생명과 썩지 아니할 것이 드러났다. 유명한 WBC주석가 '마운즈'는 생명과 썩지 아니할 것의 결합어가 '영생'이라고 하였다. 곧 복음으로써 영생이 드러났다. '드러났다'(헬, 포티조)는 '빛이 비추다'의 뜻이다. 이는 그리스도의 나타나심, 곧 그의 죽음과 장사됨과 부활의 사건으로써 복음은 창세전 하나님이 사람에게 주시기로 목적하신 바, 영원한 생명의 빛을 비추는 것이다.

이렇게 진정한 복음은 창세전 영생의 실재를 비춘다. 그리하여 창세전 성부가 성자를 사랑하사 그에게 주신 영광을 보게 한다(요 17:24). 곧 복음의 빛은 그리스도의 얼굴에 있는 하나님의 영광을 아는 빛을 우리 마음에 비추는 빛이다. "어두운 데에 빛이 비치라 말씀하셨던 그 하나님께서 예수 그리스도의 얼굴에 있는 하나님의 영광을 아는 빛을 우리 마음에 비추셨느니라"(고후 4:6). 바울은 그 영광의 복음을 전하는 사도로 부름 받았다. 창세전 하나님의 뜻대로, 창세전 그리스도 안에 있는 생명의 약속대로 그리스도의 사도가 되었다(1절). 이제 순교로 결말짓는 죽음 앞에서 디모데에게 복음의 핵심 진리를 다시 깨우친다. 그는 '이 복음', 창세전 하나님의 영광에 참여케 하는 이 복음을 위해 선포자와 사도와 교사로 세우심을 입었다고 한다(11절).

이 같은 소명은 그 자신뿐 아니라 창세전 하나님의 목적과 은혜대로 구원받은 모든 사람의 소명이다(9절). 그러므로 신자는 그가 있는 자리, 그가 하는 모든 일을 통해서 영원의 세계, 만물 위의 세계를 보고 증거해야 한다. 그리하여 복음을 통하여 영생을 얻게 하는 진리의 증거자가 되어야 한다. 영생을 얻게 하는 복음은 고난을 대가로 증거된다. 그러나 복음으로 인해 받는 고난을 부끄러워하지 말 것이다. 그것은 그를 사도로 부르신 그리스도를 그가 알기 때문이다. 또한 그리스도께서 복음을 전하는 그 사명을 세상 끝날까지 안전하게 지켜 주시기 때문이다(12절).

디모데는 오직 그리스도 안에 있는 믿음과 사랑으로서 복음을 전할 것이다. 또한 다른 교훈을 버리고 영생의 증인된 바울로부터 전해 받은 바른 교훈을 지킬 것이다. 무엇보다 그 안에 있는 성령께 도우심을 구하며 맡겨진 사명을 다할 것이다. 위대한 사도라 불린 바울도 오직 주님을 신뢰하고 성령의 도우심을 받으며 사명을 다하였다. 그의 곁에 있던 자들이 다 떠나갔다. 아시아에 있는 모든 사람들이 그를 버렸다(15절). '심지어' 부겔로와 허모게네마저도 그를 떠나갔다. 이들은 평생을 같이할 동역자였음이 분명하다. 그와 함께한 자가 모두 그를 버렸으나 오직 주께서 그 곁에서 힘을 주셨다(딤후 4:16-17).

그런데 오네시보로를 기억하며 그를 위해 기도한다. 그는 여러 번 바울을 찾아와 격려해 주었고, 그가 감옥에 갇힌 것도 부끄럽게 생각하지 않았다(16절). 그는 로마에 왔을 때, 사방으로 찾아다닌 끝에 바울을 만났다(17절). 그는 에베소에 있을 때에도 바울을 위해 봉사하였다. 주님이 다시 오시는 날, 그에게 긍휼을 베풀어 주시기를 기도한다(18절). 오네시보로는 복음으로 고난당한 사도를 끝까지 격려하고 돌본 동역자이다. 그가 있는 자리에서, 그가 할 수 있는 일로 복음에 수종을 든 자였다.

4. 나의 묵상

나는 오래도록 구원의 도, 영생의 진리에 무지한 사역자였다. 치명적인 무지는 '창세전' '영생의 진리'에 무지한 것이었다. 그것은 하나님의 목적이요 은혜이며, 사람에게 주시는 최상의 복이었다. 창세전 영생의 진리를 알지 못하니 나의 신앙은 만물 안에 갇혀 있었다. 세상에서 보란 듯이 성공하고 풍요로운 삶을 추구하였다. 내게 주어진 모든 것으로 최선을 다하여 현세적인 삶을 사는 것을 목적으로 하였다. 신앙의 목적은 만물에 속한 것, 곧 상황 해결, 감정체험, 삶의 질의 고양이 전부였다. 구원은 생명으로 사는 것이 아니라, 죽어서 가는 천국 티켓의 확보 정도로 생각하였다. 무엇보다 하늘에 속한 진리는 관념이고 추상적으로 들렸다. 모르는 것이 용감하다고…

무지 속에서 맹신하는 자였다. 사역의 중심은 땅의 일, 사람의 일이 전부였다. 그 일을 하면서 말씀을 증거삼아, 말씀을 도둑질하는 자였다.

하나님의 심판이 진리대로 임하였다. 내게 임한 죽음은 아들의 죽음과 무덤으로 들어가는 은혜가 되었다. 비로소 창세전 하나님의 목적과 아들 안에서 주시는 은혜가 성취되었다. 영원한 생명의 진리가 빛으로 임하고 영원을 현재로 사는 자 되었다. 매일 말씀묵상을 통해 하나님의 영광을 보는 영생의 삶에 참여하게 되었다.

복음으로써 영생을 얻는 진리… 그것을 살고 전하는 길은 말할 수 없는 고난의 길이다. 가장 극심한 고난은 영생의 눈먼 자에게 영생의 말씀을 보게 하는 것이다. "그러나 너희 눈은 봄으로, 너희 귀는 들음으로 복이 있도다. 내가 진실로 너희에게 이르노니 많은 선지자와 의인이 너희가 보는 것들을 보고자 하여도 보지 못하였고 너희가 듣는 것들을 듣고자 하여도 듣지 못하였느니라"(마 13:16-17).

영생의 말씀은 오직 성령의 증거로만 깨닫는다. 이를 위해 두렵고 떨림으로 사명에 충성한다. 들어도 깨닫지 못하고 보아도 보지 못하는 사역의 현실 앞에서 암담함이 밀려오곤 한다. 주여… 언제까지입니까? 황폐한 곳이 많을 때까지라고 하신다(사 6:12). 환영받지 못하고 보상받지 못하고 도리어 오해를 받고 외면당하는 복음 전도의 현실 앞에서 마땅히 복음과 함께 고난 받는 자가 된다.

그래도 중단 없이 부끄러움 없이 이 길을 가는 것은… 내가 믿는 자는 오직 그리스도임을 알기 때문이다. 그리고 사역이 다하는 그 날까지 만물의 머리 되신 그리스도께서 능히 지키실 줄을 알기 때문이다. 내게서 떠나가는 부겔로도 있고 허모게네도 있다. 끝까지 함께하는 오네시보로도 있다. 중요한 것은 주께서 영원히 내 곁에 서서 힘을 주시는 것이다. 나의 결말, 홀로 남아도 영원히 함께 계실 주님으로 인해 부요하다. 그를 의지하고 그가 지키시기에 오늘도 타협하지 않고 영생의 진리를 전한다.

5. 묵상 기도

아버지여… 창세전 당신의 목적과 은혜가 나타났습니다. 아담에서 나타내시고자 하셨던 그 은혜가 나타났습니다. 그것은 아들을 보내시고 그를 죽음에 내어 주신 것입니다. 죽은 그를 장사지내게 하시고 부활하신 것입니다. 이제 아들의 나타남으로 말미암아 당신의 목적과 은혜가 만방에 드러났습니다.

아버지여… 복음을 통하여 생명을 얻는 은혜, 창세전 약속하신 은혜이옵니다. 예수님을 믿으나 그 은혜에 무지하여 광분하던 자였습니다. 복음을 안다고 자신하였으나 영생의 진리에는 눈먼 자였습니다. 결국 땅의 일, 사람의 일에 매진하는 자 되었습니다. 내게 임한 심판은 진실로 합당하였습니다.

아버지여… 당신의 인자와 긍휼이 한이 없나이다. 심판을 통해 의를 세우시고 영생의 진리를 아는 빛을 비추셨습니다. 이제 거룩하신 소명으로 부르셨으니 그 일에 충성합니다. 하지만 세상의 현실로 인해 무시로 낙심이 되고 위축이 됩니다. 들어도 깨닫지 못하며, 보아도 보지 못합니다. 이것이 심연의 고통입니다. 주여 나를 불쌍히 여기소서. 복음과 함께 고난 받기를 마땅히 여기게 하소서. 이는 내가 믿는 자를 알고 그가 맡기신 것을 끝날까지 지키시기 때문입니다. 주여, 나를 불쌍히 여기소서! 주여, 나를 도우소서! 예수 그리스도의 이름으로 기도드립니다. 아멘.

영생의 사귐, 그 기쁨이 충만하다

1. 오늘의 말씀 : 요일 1:1-10(2012년 12월 17일)

1 태초부터 있는 생명의 말씀에 관하여는 우리가 들은 바요 눈으로 본 바요 자세히 보고 우리의 손으로 만진 바라. 2 이 생명이 나타내신 바 된지라. 이 영원한 생명을 우리가 보았고 증언하여 너희에게 전하노니 이는 아버지와 함께 계시다가 우리에게 나타내신 바 된 이시니라. 3 우리가 보고 들은 바를 너희에게도 전함은 너희로 우리와 사귐이 있게 하려 함이니 우리의 사귐은 아버지와 그의 아들 예수 그리스도와 더불어 누림이라. 4 우리가 이것을 씀은 우리의 기쁨이 충만하게 하려 함이라. 5 우리가 그에게서 듣고 너희에게 전하는 소식은 이것이니 곧 하나님은 빛이시라. 그에게는 어둠이 조금도 없으시다는 것이니라. 6 만일 우리가 하나님과 사귐이 있다 하고 어둠에 행하면 거짓말을 하고 진리를 행하지 아니함이거니와 7 그가 빛 가운데 계신 것 같이 우리도 빛 가운데 행하면 우리가 서로 사귐이 있고 그 아들 예수의 피가 우리를 모든 죄에서 깨끗하게 하실 것이요 8 만일 우리가 죄가 없다고 말하면 스스로 속이고 또 진리가 우리 속에 있지 아니할 것이요 9 만일 우리가 우리 죄를 자백하면 그는 미쁘시고 의로우사 우리 죄를 사하시며 우리를 모든 불의에서 깨끗하게 하실 것이요 10 만일 우리가 범죄하지 아니하였다 하면 하나님을 거짓말하는 이로 만드는 것이니 또한 그의 말씀이 우리 속에 있지 아니하니라.

2. 시작기도

아버지! 욥이 두 번째 인생을 살았듯이, 종이 생명을 얻고 두 번째 인생을 사나이다. 하오나 구습을 좇는 옛 사람의 힘이 여상하며, 그것과 단절하는 것이 고통입니다. 오늘도 십자가로 가오니 옛 사람과 거기 속한 육신의 생각을 멸하소서. 말씀 앞에서 드러나는 것은 죄악뿐이요, 토설하오니 사하여 주옵소서. 아들의 죽음으로 주신 영생을 살게 하소서. 그것은 하나님과 아들과의 사귐이요, 영생의 지체들과 더불어 사귀는 것입니다. 거기 하늘의 기쁨이 충만합니다. 예수님의 이름으로 기도드립니다. 아멘.

3. 본문 주해

사도 요한의 제자는 소아시아(현재 터키)의 서머나 교회 감독인 폴리캅이다. 그는 황제 숭배를 거부하여 화형으로 순교당한다(165년). 폴리캅의 제자 이레니우스(120-202)는 초대교회 최초의 성서학자로 불린다. 그는 요한서신(요한일서, 요한이서, 요한삼서)을 사도 요한이 저작한 것으로 확정하였다. 사도 요한은 그의 말년(70~100년)을 소아시아의 에베소에서 보낸 것으로 전승된다. 요한일서는 그가 95~100년경 기록한 것으로 추정한다. 당시 소아시아 전역에는 소위 영지주의 기독교가 위세를 떨치고 있었다. 영지주의는 영은 선하고 물질은 악한 것으로 규정한다. 그 결과 영혼은 선하고 물질에서 나온 몸은 악하다고 간주한다.

영지주의적 기독교는 영지주의에 영향을 받은 신앙의 조류이다. 영지주의적 구원은 몸으로부터 해방되는 것이며, 그것은 그리스도를 믿는 것이 아니라 '영적 지식'을 아는 것으로 이루어진다. 영지주의 기독교는 두 가지 이유를 들어서 예수 그리스도의 신성을 부정하였다. 먼저 예수 그리스도는 실재가 아닌 가현적 존재라는 것과 다음으로 신적 그리스도는 그가 세례 받을 때 임하였고 십자가에서 죽기 전 떠났다고 말한다. 그러다 보니 악한 물질인 몸은 죄악에 무력하며 몸으로 죄를 짓는 것은 얼마든지 용납한다.

사도 요한은 이런 배경에서 본 서신을 기록하였다. 먼저 본 서신은 불신자가 아니라 예수님을 믿어 영생을 얻은 신자를 위한 서신이다. 이들을 영지주의적 기독교로부터 보호하고 참 신앙으로서 영생의 삶을 지도하기 위한 책이다. 영생 얻은 신자는 교회 안의 거짓 교사들을 분별하여야 한다(2:26). 이로 보건대 예수께서 육체로 오신 것을 부인하는 영은 적그리스도이다(4:1-2). 또한 성육신의 그리스도를 확고히 증거함으로써(1:1-2) 하나님과 사귐에 이르는 참 신앙의 회복을 촉구한다(1:3-4).

요한은 성육신하신 하나님의 아들을 친히 보고 목도하고 만져 보았다(1절). 그는 창세전(태초)부터 '생명의 말씀'(로고스)으로 존재하셨으며 마침내 육신을 입고 오셨다(2절). 그 안에 하나님의 생명인 영원한 생명이 있으며 이는 아버지와 함께 계시다가 우리에게 나타난 생명이다(2절). 태초에 하나님의 아들이 하나님 아버지와 함께 계셨다. 성부께서 자기 속에 있는 생명을 아들에게 주심으로써 아들 안에 생명이 있다(요 5:26). 이는 아버지 안에 감추어진 생명이며, 아들의 복종과 아버지의 사랑으로 관계하는 생명이다(요 15:10). 이때 아버지는 아들을 사랑하시어 아들을 통해 자신의 본질을 계시하신다(요 17:24). 이것이 아들에게 영광이 된다(요 17:5, 24).

하나님께서 사람을 지으신 것은 바로 아들 안에 있는 생명, 영생을 주시고자 함이시다(딛 1:2). 그러나 아담의 범죄로 인해 사람은 영생을 얻지 못하게 되었다. 그러나 하나님은 자신의 의로써 아들을 보내시고 죄사함과 영생의 은혜를 주셨다. 영생은 죽어서 가는 천국이 아니라 지금 현재에서 경험되는 실제이다. 요한은 이것을 보고 증언하여 성도들에게 전한다. 그것은 그들과 영생의 사귐을 갖기 위함인데, 이 사귐은 하나님 아버지와 그의 아들 예수 그리스도와 더불어 사귀는 것이다(3절).

예수 그리스도는 제자들에게 최후의 강론을 하실 때 영생의 본질을 말씀하셨다. 영생은 곧 유일하신 참 하나님과 그가 보내신 아들과의 사귐이다(요 17:3). 하나님의 아들이 십자가에서 죽으시고, 그 죽음 안에 거하는 자는 영생을 얻는다(요 3:14-15). 이 같은 영생의 사귐은 하늘의 기쁨으로 충만하다(4절). 그의 죽음으로 영생 얻은 자들이 영생의 공동체로서 교회를 세우게 된 것이다.

요한은 1-4절의 서문에 이어 영생의 사귐에 대해 구체적으로 증거한다. 하나님은 빛이시며 그에게는 어둠이 조금도 없으시다(5절). 만일 우리가 하나님과 사귐이 있다 하고 어둠에 행하면 거짓말을 하고 진리를 행하지 않는 것이다(6절). 영생의 사귐은 빛 가운데에서 행하여지며 그때 예수 그리스도의 피가 우리를 모든 죄에서 깨끗하게 한다(7절). 생명의 말씀은 죄를 밝히 드러낸다. 만일 죄가 없다고 하면 스스로 속이는 자요 하나님을 거짓말하는 자로 만드는 것이다(8, 10). 그에게는 하나님의 말씀도 진리도 결코 존재하지 않는다(8, 10절). 그러나 말씀을 통해 죄를 깨닫고 자백하면 미쁘시고 의로우신 하나님께서 용서하신다(9절).

영생의 사귐은 그 본질이 서로 죄를 자백하고 서로 용서하는 데에 있다. 그러므로 죄의 고백과 용서는 개인적이며 은밀한 단계를 넘어 공동체로 나아가야 한다. 즉, 생명을 가진 자는 서로 죄의 고백을 받고 동시에 서로 예수 그리스도의 이름으로 그 죄를 용서할 수 있는 권리를 부여받고 있다. 예수께서는 성령을 주시고, 동시에 공동체 안에 죄의 용서의 특권을 부여하신 것이다(요 20:22-23).

독일의 신학자, 본회퍼는 이러한 공동체를 가리켜 '고백공동체'로 불렀다. 그는 서로 죄를 자백하고 서로 용서할 때 그 공동체는 하나님의 위대한 은총을 향하여 가는 공동체라고 하였다. 더불어 스스로 죄를 자백하는 자는 어둠에 갇혀 있다고 경고하였다. "죄를 고백하는 것으로 확신에 이르는 길이 뚫린다Breaking Through to Certainty. 우리가 수없이 잘못을 되풀이하는 것은 죄를 자신에게 고백하고 자신이 용서하기 때문이다. 우리가 죄를 자백하고 용서받을 때 자기 자신이 아니라 살아계신 하나님 앞에 죄를 자백하고 용서받는다는 그런 확신을 누가 우리에게 주는가? 이 확신은 우리의 형제를 통해서 우리에게 주시는 것이다. 형제 앞에서 자기 죄를 고백하는 사람은 다른 사람의 실재 앞에서 하나님의 임재를 체험하는 것이다. 내가 혼자서 내 죄를 자백하는 한, 모든 것은 어둠에 덮여 있을 것이다"(신도의 공동생활, Life Together).

313년, 콘스탄티누스 황제는 기독교를 공인하였다. 이로 인해 핍박은 그쳤으나 영생의 거주지를 상실하고 말았다(진 에드워드, 『하나님의 생명 체험하기』). 영생의 공동체는 건물 교회로 대체되고 생명력 있는 신앙은 제도권 신앙으로 전락되고 말았다. 그럼에도 불구하고 모든 시대마다 영생의 공동체는 존재해 왔으니, 이는 하나님의 특별한 섭리이다. 그것은 수도원 운동을 통해, 종교개혁을 통해, 청교도와 경건주의 운동을 통해 지속되어 온 것이다.

4. 나의 묵상

작금의 교회 상황은 제도권 교회가 주류를 이룬다. 영생의 사귐은 성경 안에 갇혀진 화석화된 진리가 되고 있다. 복음으로 생명을 얻어야만 가능한 영생의 사귐은 부재하고 다만 파편화된 복음이 무기력하게 전파될 뿐이다. 복음으로 생명을 얻는다. 복음은 다른 것을 향하지 않는다.

조금 전 오후 시간에 인천에 있는 순회선교단(요셉의 창고)을 방문하였다. 그곳의 스태프들과 짧은 시간이었으나 의미 있는 교제를 나누었다. 복음을 위해 평생을 헌신하는 그들은 그 자체로 감동을 주었다. 이들은 최근에 24,365(24시간 365일) 기도운동에 주력하고 있는데, 이는 복음이 가져오는 가장 효과적이고 가시적인 결과라고 말하였다. 나는 그들 몇몇 분에게 복음의 목적이 생명 얻는 것임과 생명으로의 길이 영생의 사귐으로써 말씀묵상이라고 나누었다.

하나님이 허락하시면 그들의 표현대로 서로의 '연합과 섬김'을 통하여 복음의 목적이 뚜렷하게 증거되기를 기원하였다.

이 시대의 관건은 제도권 교회가 어찌하면 영생의 공동체가 되느냐에 있다. 그것은 생명의 말씀이 성령으로 증거되어 듣고 보고 만지는 역사로부터 시작된다. 이 일은 사도 요한처럼 그 실재를 먼저 경험한 이들로부터 증거된다. 그 결과 각자가 말씀 앞에서 자기 죄를 깨닫고 자백하며 용서받고,

그것이 공동체 안에서 완성된다. 이것을 내용으로 하지 않는 공동체는 결국 세속적인 것을 나눔의 대상으로 취한다. 말씀은 형식적인 것이 되고 서로 땅의 일을 나누고 서로 영광을 구하는 패역을 저지르게 된다.

소수의 무리가 서울과 제주에서 영생의 공동체를 세워 가고 있다. 각자 교회도 다르고 신앙의 경륜도 다르고 깨닫는 말씀도 다르다. 그러나 이들은 오직 말씀 앞에서 죽기에만 합당한 죄인임을 깨닫고 자백한다. 그때 그리스도의 구속의 은총을 통해 하나님 품에 들어간다. 하나님과 그 아들과 더불어 사귀는 영생의 사귐은 진실로 실재한다.

5. 묵상 기도

아버지여… 심판으로 의를 세우시고 생명을 주시니 감사합니다. 생명의 삶으로 영생의 사귐을 갖게 하시니 그 은혜 한량없나이다. 하오나 시간이 흐르고 힘이 분산되며 세속 가운데 있다 보니 본질이 흐려갑니다. 말씀묵상과 나눔이 빛 가운데에서 행해져야 하고 죄의 자백과 용서가 이루어져야 합니다. 그러나 어느새 형식으로 전락되고 본질마저 퇴색하고 있습니다.

아버지여… 종을 불쌍히 여기소서. 영생의 말씀으로 살게 하시고 증거하게 하소서. 이 땅에서 혼돈의 신앙을 물리치시고 당신의 백성을 생명으로 이끄소서. 저들이 영생의 사귐을 통해서 하늘의 기쁨을 누리게 하소서.

아버지… 언제부터인지 죄가 희미해집니다. 말씀은 묵상하나 하나님의 빛이 희미해집니다. 이내 어둠에 속한 자가 되고 맙니다. 오, 아버지… 말씀의 빛을 비추소서. 나의 죄악을 보게 하소서. 겸손한 태도 속에 숨은 교만함, 소탈한 모습 속에 감추어진 탐욕을 보게 하소서. 오늘도 십자가를 떠나 한시도 살 수 없는 비참한 종입니다. 주여 불쌍히 여기소서. 내 죄를 사하소서. 당신의 품을 앙모합니다. 예수 그리스도의 이름으로 기도드립니다. 아멘.

참고문헌

1. 국내서적

김경재. 영성신학서설. 서울: 대한기독교출판사, 1985.
_____. 그리스도인의 영성훈련. 서울: 대한기독교서회, 1988.
_____. 이름 없는 하느님. 서울: 삼인, 2002.
김계환. "묵상의 이론과 실제" 석사학위논문. 감리교신학대학 신학대학원, 1988.
김세윤. 바울복음의 기원. 서울: 도서출판 엠마오. 1994.
_____. 복음이란 무엇인가. 서울: 두란노, 2003.
_____. 고린도전서 강해. 서울: 두란노아카데미, 2007.
김영택 "가톨릭의 영성." 기독교사상. 2002년 9월호.
김용규. 데칼로그. 서울: 바다출판사, 2002.
김주한. 마르틴 루터의 삶과 신학이야기. 서울: 대한기독교서회, 2002.
김준호. "목회자의 단순한 삶에 관한 연구." 박사학위논문. 서울신학대학교 목회대학원. 1994.
김중기. 삶에 적용하는 구약. 서울: 두란노, 2009.
김창락. 새로운 성서해석 – 무엇이 새로운가?. 서울: 한국신학연구소, 1987.
김춘기. 요한복음연구. 서울: 도서출판 한들, 1993.
김형길. "묵상– 성서의 개념에서부터 영성학파들에 이르기까지." 석사학위논문, 부산가톨릭대학 대학원, 1998.
김홍정. "한국 교회 영성에 관한 연구." (박사학위논문. 서울신학대학교 신학전문대학원, 2004.
노영상. "십자가는 영생의 에온으로 들어가는 문." 기독교사상. 2001년 4월.
민경배. 한국기독교회사. 서울: 대한기독교출판사. 1982.
박근원. 한국 교회 성숙론. 서울: 대한기독교출판사, 1986.
_____. "한국 그리스도교 영성의 뿌리." 기독교사상. 1987년 7월호.
박노권. 렉시오 디비나를 통한 영성훈련. 서울: 한들출판사, 2008.
박봉랑. "종교개혁자들의 은혜관." 기독교사상. 1977년 10월호.

박용규. 초대교회사. 서울: 총신대학출판부, 1994.
박종현. "기독교와 학문: 기독교의 뿌리를 찾아서." 신앙세계. 2000년 12월호.
배경식. 경건과 신앙. 서울: 한국장로교출판사, 1998.
베네딕트 왜관수도원. 베네딕도의 수도규칙. 왜관: 분도출판사, 1974.
서승동. 묵상, 하나님을 알아가는 시작입니다. 서울: 예수전도단, 2001.
손희송. "어제와 오늘의 평신도." 신학과 사상. 1995년 6월호.
송제근. 오경과 구약의 언약신학. 서울: 두란노, 2003.
심상법. "열린예배에 대한 성경적 평가와 전망." 신학지남. 2001년 봄호.
엄두섭. 수도생활의 향기. 서울: 보이스사, 1989.
_____. "한국 개신교의 영성." 기독교 사상. 2002년 9월호.
오대원. 묵상하는 그리스도인. 양혜정 역. 서울: 예수전도단, 2005.
오성종, "구약으로부터 하나님의 말씀 설교하기." Kingdomizer 강의안. 2012.
오성춘. 영성과 목회. 서울: 장로회신학대학교 출판부, 1985.
오창록. "존 오웬을 통해 본 말씀과 성령." 한국복음주의신학회 48차 신학포럼 2007. 12.
오형국. "묵상의 진보." 큐티저널. 창간호. 2009년.
유해룡. "영성훈련 방법 중 묵상에 관한 연구 – 말씀묵상을 중심으로." 석사학위논문. 장로회신학대학교 대학원, 1987.
윤희정. "개혁주의 영성과 교회성장에 관한 연구." 석사학위논문. 고신대학교 선교대학원, 2003.
이성덕. "칼 바르트의 경건주의 비판에 대한 비판적 고찰." 한국기독교신학논총, 2003년.
이영식. "동방교회의 영성: 예수의 기도." 신학전망. 1986년 여름호.
이종성, 전호진, 나일선. 교회성장론. 서울: 정음출판사, 1983.
이형기. 세계교회사 1. 서울: 한국장로교출판사, 2002.
이형우 역주. 베네딕도 수도규칙. 왜관: 분도출판사, 1999.
이후정. "경건주의자들의 영성." 기독교 사상. 1995년 8월호.
조용기. "오중복음과 삼중축복." 신학논문총서 조직신학 19. 서울: 학술정보자료사, 2003.

지형은. "초대교회로 돌아가자." 활천. 1996년 4월호.
_____. 경건주의 연구, 갱신·시대의 요청. 서울: 한들출판사, 2003.
탁석산. 한국인은 무엇으로 사는가. 파주: 창비, 2008.
하용조. 큐티하면 행복해집니다. 서울: 두란노서원, 2008.
기독교대백과사전편찬위원회. 기독교대백과사전 2권. 서울: 기독교문사, 1985.
기독교대백과사전편찬위원회, 기독교대백과사전 16권. 서울: 기독교문사, 1985.
한국브리태니커회사. "사랑." 브리태니커 세계 대백과사전 10권

2. 번역서적
Armstrong, Karen. 신화의 역사. 이다희 역. 서울: 문학동네, 2005.
Arndt, Johann. 진정한 기독교. 노진준 역. 서울: 은성, 1988.
Baker, William. 하나님의 형상. 김성웅 역. 서울: 생명의말씀사, 1994.
Barth, Karl. 교회교의학 I /1. 박순경 역. 서울: 대한기독교서회, 2003.
Battles, Lewis. ed. 칼빈의 경건. 이형기 역. 서울: 크리스챤 다이제스트사, 1989.
Baxter, Richard. 참목자상. 박형용 역. 서울: 생명의말씀사, 1970.
Beeke, J.R. 개혁주의 청교도영성. 김귀탁 역. 서울: 부흥과개혁사, 2009.
Berkhof, Louis. 성경해석학. 김진홍. 김의환 역. 서울: 성광문화사, 1965.
Bianchi, Enzo. 말씀에서 샘솟는 기도. 이연학 역. 왜관: 분도출판사, 2001.
Blakney, Raymond B. 마이스터 에크하르트 1권. 이민재 역. 서울: 다산글방, 1994.
_____. 마이스터 에크하르트 2권. 이민재 역. 서울: 다산글방, 1994.
Boman, Thorleif. 히브리적 사유와 그리스적 사유의 비교. 허혁 역. 왜관: 분도출판사, 1982.
Brunner, Emil. 에밀 브루너의 신학입문. 이원규 역. 서울: 백합출판사, 1973.
Bultmann, Rudolf. 예수 그리스도와 신화. 이동영 역. 서울: 한국로고스연구원, 1994.
Calvin, John 외 3인. 칼빈의 성경관. 풍만출판사 편역. 서울: 도서출판 풍만, 1986.
Calvin, John. 기독교강요 하. 김종흡, 신복윤, 이종성, 한철하 역. 서울: 생명의

말씀사, 2006.
Chrysostom, John. 단순하게 살기. 이현주 역. 서울: 아침이슬, 2008.
Cully, Iris V. 영적 성장을 위한 교육. 오성춘, 이기문, 류영모 역. 서울: 대한예수교장로회 교육부, 1986.
Cunningham, Loren "하나님의 음성듣기 2." 큐티와 목회의 실제. 서울: 두란노서원, 2009.
Ebert, Klaus. 토마스 뮌처. 오희천 역. 서울: 한국신학연구소, 1994.
Edwards, Gene. 하나님의 생명 체험하기. 조계광 역. 서울: 생명의말씀사, 2003.
Forest, James. 지혜로운 삶, 토마스 머튼의 생애. 심정순 역. 왜관: 분도출판사, 1994.
Forster, Richard J. 영적훈련과 성장. 권달천 역. 서울: 생명의말씀사, 1986.
_____. 심플 라이프. 윤종석 역. 서울: 규장, 2003.
Giles, Kevin. 신약성경의 교회론. 홍성희 역. 서울: 기독교문서선교회, 1999.
Gnilka, Johakim. 에베소서 주석. 국제성서주석 시리즈. 강원돈 역. 서울: 한국신학연구소, 1989.
Gonzalez, Justo L. 종교개혁사. 서영일 역. 서울: 은성, 1987.
Greidanus, Sidney. 구약의 그리스도, 어떻게 설교할 것인가. 김진섭, 류호영, 류호준 역. 서울: 이레서원, 2002.
Grun, Anselm. 예수, 생명의 문. 김선태 역. 왜관: 분도출판사, 2004.
Guillermou, Alain. 로욜라의 성 이냐시오와 예수회. 김정옥, 한국예수회 역. 왜관: 분도출판사, 1981.
Hall, Thelma. 깊이 깊이 말씀 속으로. 차덕희 역. 서울: 성서와 함께, 2002.
Hayek, Friedrich. 치명적 자만. 신중섭 역. 서울: 한국경제연구원, 1996.
Heschel, Abraham Joshua. 안식. 김순현 역. 서울: 복있는사람, 2009.
Hoekema, Anthony A. 개혁주의인간론. 류호준 역. 서울: 기독교문서선교회, 1990.
Jones, Lloyds. 청교도신앙의 기원과 계승자들. 서문강 역. 서울: 생명의말씀사, 2005.
Jones, Lloyds. 십자가. 서창원 역. 서울: 두란노, 1987.

Kelly, Thomas. 영원한 현재. 최대형 역. 서울: 은성출판사, 2004.
Kidder, Annemarie. 홀로 있음. 김주성 역. 서울: 정림출판, 2007.
Kostin, Andrew. 마르틴 루터의 경건과 기도. 전순영 역. 서울: 생명의말씀사, 1990.
Leith, John. 개혁주의란 무엇인가. 오창윤 역. 서울: 풍만, 1989.
Loyola, St. Ignatius De. 영신수련. 윤양석 역. 서울: 한국천주교중앙협의회, 1985.
Macaulay, Ranald & Barrs, Jerram. 인간, 하나님의 형상. 홍치모 역. 서울: IVP, 1992.
Martens, E. A. 구약에 나타난 하나님의 계획과 목적. 김지찬 역. 서울: 생명의 말씀사, 1993.
Mayer, Herbert. 성서해석학. 엄현섭 역. 서울: 컨콜디아사, 1983.
Merton, Thomas. 묵상의 능력. 윤종석 역. 서울: 두란노, 2006.
_____. 명상이란 무엇인가. 오무수 역. 서울: 가톨릭출판사, 1986.
Michel, Otto. 히브리서 주석. 국제성서주석 시리즈. 강원돈 역. 서울: 한국신학연구소, 1987.
Mounce, William. 목회서신. *World Biblical Commentary*. vol. 46. 채천석, 이덕신 역. 서울: 솔로몬, 2009.
Moltmann, Jurgen. "하나님의 기쁨의 광활한 공간 속에서" 서울신대 영성과 신학 강좌(2013. 10). 11.
_____. 삼위일체와 하나님의 나라. 김균진 역. 서울: 대한기독교출판사, 1982.
Mouw, Richard. 왜곡된 진리. 오수미 역. 서울: CUP, 1999. 114.
Murray, Iain. 분열된 복음주의. 김석원 역. 서울: 부흥과 개혁사, 2009.
Nouwen, Henri. "공동체." 기도의 삶. 윤종석 역. 서울: 복 있는 사람, 2001.
Nouwen, Henri J. M. "고독과 공동체." 로마의 어릿광대. 김광식 역. 서울: 가톨릭대학교출판부, 2004.
_____. "부활, 고난과 섬김에서 드러나는 생명의 빛." 소금과 빛. 2000년 4월호.
Nygren, Anders. 아가페와 에로스. 고구경 역. 고양: 크리스챤 다이제스트, 2003.
Ott, Heinrich. 살아계신 하나님. 김광식 역. 서울: 대한기독교서회, 1973.
Otto, Rudolf. 성스러움의 의미. 길희성 역. 왜관: 분도출판사, 1987.

Packer, J. I. 청교도사상. 박영호 역. 서울: 기독교문서선교회, 1992.

Peterson, Eugene. 균형 있는 목회자. 차성구 역. 서울: 좋은씨앗, 2002.

Piper, John. 하나님이 복음이다. 전의우 역. 서울: IVP, 2006.

Rice, Howard. 개혁주의 영성. 황성철 역. 서울: 기독교문서선교회, 1995.

Ricoeur, Paul. 악의 상징. 양명수 역. 서울: 문학과지성사, 1994.

Richards, Lawrence. 신앙성숙과 영성훈련. 지상우 역. 서울: 여수룬, 1989.

Schwarz, Hans. "초월." 한인철 역. 세계의 신학. 1997년 여름호.

Sire, James. 기독교세계관과 현대사상. 김헌수 역. 서울: 한국기독학생출판부, 1985.

Smail, Tom. 잊혀진 아버지. 정옥배 역. 서울: IVP, 2005.

Smith, Hannah. W. *The Christian's Secret of a Happy Life*. New Jersey: Barbour and Company, 1985.

Solle, Dorothee. 신비와 저항. 정미현 역. 서울: 이화여대출판부, 2007.

Spener, Philip. 경건한 소원. 엄성옥 역. 서울: 은성, 1996.

Stemberger, Gunter. 미드라쉬 입문. 이수민 역. 서울: 바오로딸, 2008.

Stevens, Paul. 내 이름은 야곱입니다. 최동수 역. 서울: 죠이선교회, 2005.

_____. 21세기를 위한 평신도신학. 홍병룡 역. 서울: IVP; 2001.

Stevens, Paul & Phil Collins, 평신도를 세우는 목회자. 최기숙 역. 서울: 미션월드 라이브러리, 1997.

Stott, John. 성령세례와 충만. 김현희 역. 서울: IVP, 2002.

Thomas, Gary. 영성에도 색깔이 있다. 윤종석 역. 서울: CUP, 2003.

Tillich, Paul. 조직신학 제2권. 김경수 역. 서울: 성광문화사, 1983.

Thompson, Marjorie. 영성훈련의 이론과 실천. 고진옥 역. 서울: 도서출판 은성, 1996.

Walker, Williston. 기독교회사. 송인설 역. 고양: 크리스챤 다이제스트, 1997.

Walsh, Brian & Richard Middleton, 그리스도인의 비전. 황영철 역. 서울: IVP, 1987.

Weiser, Autur. 시편주석 (1). 국제성서주석 시리즈. 김이곤 역. 서울: 한국신학연구소, 1992.

Wesley, John. *Sermons on Several Occasions*. London: The Epworth Press. 1956.

Williamson, G. I. 웨스트민스터 신앙고백서 강해. 나용화 역. 서울: 성광문화사, 1980.

Wallis, Arthur. 하나님이 기뻐하시는 금식. 장기순 역. 서울: 기독교문서선교회, 1983

Willard, Dallas. 영성훈련. 엄성옥 역. 서울: 은성, 1993.

Winter, Ralph D. 교회의 이중구조. 백인숙 역. 서울: IVP, 1993.

Wolters, Albert. 창조 타락 구속. 양성만, 홍병룡 역. 서울: IVP, 2007.

Young, Edward. 구약신학입문. 김정훈 역. 서울: 도서출판 바울, 1994.

동방교회의 어느 수도승. "동방교회 영성의 본질(1)." 세계의 신학. 1996년 가을호.

동방교회의 어느 수도승. "동방교회 영성의 본질(2)." 세계의 신학. 1996년 겨울호.

시오노 나나미. 로마인 이야기 13권. 김석희 역. 서울: 한길사, 2005.

3. 외국서적

Aumann, Jordan. *Spiritual Theology*. London: Sheed and Ward, 1980.

Barrett, Charles. 고린도전서 주석, 국제성서주석 시리즈. 한국신학연구소 역. 서울: 한국신학연구소, 2006.

Bachmann, Theodore., ed. *Luther's Works*. Philadelphia: Fortress Press, 1960.

Bonhoeffer, Dietrich. *Life Together*. trans. John W. Doberstein. New York: Harper & Brothers, 1954.

Brown, Dale. *Understanding Pietism*. Grand Rapids: Eerdman Publishing Co., 1978.

Brunner, Emil. *The Christian Doctrine of Creation and Redemption*. trans. Olive Wyon. London: Lutterworth Press, 1952.

_____. *The Mediator*, trans. Olive Wyon (London: Lutterworth Press, 1934),

Calvin, John. *Institutes of the Christian Religion*. vol. one. trans. Henry

Beveridge London: James Clarke & Co.., Ltd, 1962.

Goold, William H, ed. *The Works of John Owen vol. 4, 12*. Edinburgh: Banner of Truth Trist, 1966.

Hanson, P. D. *Dynamic Transcendence*. Philadelphia: Fortress Press, 1978.

Holmes, Urban. *A History of Christian Spirituality*. New York: The Seabuy Press, 1980.

_____. *Spirituality for Ministry*. San Francisco: Harper & Row Publishers, 1982.

Kittel, Gerhard. *Theological Dictionary of New Testament vol. 3*. trans. Geoffrey W. Bromily. Grand Rapids: Eerdmans Publishing, 1965.

Kung, Hans. *On Being a Christian*. trans. Edward Quinn. New York: Doublyday & Company Inc, 1966.

Maslow, A. H. *Motivation and Personality*. New York: Harper & Row Pub, 1970.

Rhodes, ed., Harry A. History of the Korean Mission Presbyterian Church U.S.A. 1884-1934. Seoul: The Chesen Mission Presbyterian Church, 1965.

Smith, Hannah. W. *The Christian's Secret of a Happy Life*. New Jersey: Barbour and Company, 1985.

Tillich, Paul. *The New Being*. New York: Charles Scribner's Sons, 1963.

_____. *The Eternal Now*. New York: Charles Scribner's Sons, 1963.

_____. *The Shaking of the Foundation*. New York: Charles Scribner's Sons, 1948.

_____. *The Courage to Be*. London: Yale University Press, 1952.

The Anchor Bible Dictionary Vol 1. New York: Bantam Doubleday Dell Publishing, 1992.

Wakefield, Gorden S. *A Dictionary of Christian Spirituality*. London: SCM Press, 1983.

주

1. Jurgen Moltmann, "하나님의 기쁨의 광활한 공간 속에서" 서울신대 영성과 신학강좌 (2013. 10). 11.
2. 같은 책, 12.
3. Karen Armstrong, 『신화의 역사』(*A Short History of Myth*), 이다희 역 (서울: 문학동네, 2005), 14.
4. 김경재, 『이름 없는 하느님』(서울: 삼인, 2002), 21.
5. Richard Mouw, 『왜곡된 진리』(*Distorted Truth*), 오수미 역 (서울: CUP, 1999), 114.
6. 김용규, 『데칼로그』(서울: 바다출판사, 2002), 58.
7. Anders Nygren, 『아가페와 에로스』(*Agape and Eros*), 고구경 역 (서울: 크리스챤 다이제스트, 1998). 524.
8. John Piper, 『하나님이 복음이다』(*God is the Gospel*), 전의우 역 (서울: IVP, 2006), 175.
9. 김경재, 『그리스도인의 영성훈련』(서울: 대한기독교서회, 1988), 95.
10. Lawrence O Richards, 『신앙성숙과 영성훈련』, 지상우 역 (서울: 여수룬, 1989), 20.
11. 김경재, 『영성신학서설』(서울: 대한기독교출판사, 1985), 170.
12. Edward J. Young, 『구약신학입문』, 김정훈 역 (서울: 도서출판 바울, 1994), 93.
13. 김중기, 『삶에 적용하는 구약』(서울: 두란노, 2009), 22.
14. Edward J. Young, 『구약신학입문』, 44.
15. E. A. Martens. 『구약에 나타난 하나님의 계획과 목적』(*Plot and Purpose in the Old Testament*), 김지찬 역 (서울: 생명의 말씀사, 1993), 19.
16. 같은 책, 83.
17. 송제근, 『오경과 구약의 언약신학』(서울: 두란노, 2003), 149.
18. Thorleif Boman, 『히브리적 사유와 그리스적 사유의 비교』(*Das Hebraische Denken im dem Vergleich mit dem griechischen*), 허혁 역 (5판; 왜관: 분도출판사, 1982), 78.
19. 같은 책, 77.
20. 같은 책, 80.
21. E. A. Martens, 『구약에 나타난 하나님의 계획과 목적』, 285.
22. Artur Weiser, 『시편주석(1), 국제성서주석 시리즈』, 김이곤 역 (서울: 한국신학연구소, 1992), 141.
23. 같은 책, 141.
24. Thomas Merton, 『묵상의 능력』(*The Inner Experience*), 윤종석 역 (서울: 두란노, 2006). 33.

25. 김춘기, 『요한복음연구』 (서울: 도서출판 한들, 1993), 72.
26. 같은 책, 74.
27. Jurgen Moltmann, 『삼위일체와 하나님의 나라』, 김균진 역 (서울: 대한기독교출판사, 1982), 203.
28. 김춘기, 『요한복음연구』, 75.
29. Anselm Gruen, 『예수, 생명의 문』 (Jesus-Tur Zum Leben), 김선태 역 (왜관: 분도출판사, 2004), 78.
30. Paul Tillich, 『조직신학 제 2권』, 김경수 역 (서울: 성광문화사, 1983), 208.
31. 같은 책, 228.
32. The Anchor Bible Dictionary, Vol 1, (New York: Bantam Doubleday Dell Publishing, 1992). 309.
33. 같은 책, 309.
34. 같은 책, 309.
35. John R. W. Stott, 『성령세례와 충만』 (Baptism and Fullness), 김현희 역 (서울: IVP, 2002), 49.
36. 유해룡, "영성훈련 방법 중 묵상에 관한 연구 - 말씀묵상을 중심으로" (석사학위논문, 장로회신학대학 대학원, 1987), 27.
37. Gene Edwards, 『하나님의 생명 체험하기』 (The Highest Life), 조계광 역 (서울: 생명의 말씀사, 2003), 177.
38. 같은 책, 179.
39. 같은 책, 179.
40. 같은 책, 182.
41. 시오노 나나미, 『로마인 이야기 13권』, 김석희 역 (서울: 한길사, 2005), 316. 콘스탄티누스는 기독교를 종교의 하나로 공식적으로 인정하게 되었다. 기독교를 공인한 밀라노칙령은 다음과 같이 명기되어 있다. "오늘부터 기독교든 다른 어떤 종교든 관계없이 각자 원하는 종교를 믿고 거기에 수반되는 제의에 참가할 자유를 완전히 인정받는다. 그것이 어떤 신이든, 그 지고의 존재가 은혜와 자애로써 제국에 사는 모든 사람을 화해와 융화로 이끌어 주기를 바라면서."
42. 같은 책, 342.
43. 같은 책, 326.
44. 같은 책, 349.
45. Gene Edwards, 『하나님의 생명 체험하기』, 82.
46. 지형은, "초대교회로 돌아가자," 「활천」, 1996년 4월호, 64.
47. 김경재, 『영성신학서설』, 127.
48. 동방교회의 어느 수도승, "동방교회 영성의 본질(1)," 「세계의 신학」, 1996년 가을호, 85. "이 글은 Orthodox Spirituality: An Outline of the Orthodox Ascetical

and Mystical Tradition by A Monk of the Eastern Church (Crestwood, NY.: St.Vladmir's Seminary Press, 1987)의 제 2장 "The Essentials of Orthodox Spirituality"를 완역한 것이다"

49. 같은 책, 86. 원문의 번역에서 "하느님"으로 되어 있는 것을 필자는 "하나님"으로 변경했음.
50. 같은 책, 98.
51. 같은 책, 99.
52. 같은 책, 100.
53. 같은 책, 100.
54. 동방교회의 어느 수도승, "동방교회 영성의 본질(1)," 91.
55. 이영식, "동방교회의 영성: 예수의 기도," 「신학전망」, 1986년 여름호, 103.
56. 엄두섭, "한국개신교의 영성," 「기독교 사상」, 2002년 9월호, 30.
57. 김형길, "묵상— 성서의 개념에서부터 영성학파들에 이르기까지" (석사학위논문, 부산가톨릭대학 대학원, 1998), 11.
58. 김형길, "묵상— 성서의 개념에서부터 영성학파들에 이르기까지," 12.
59. Ralph D. Winter, 『교회의 이중구조』 (The Two Structures of Gods Redemptive Mission), 백인숙 역 (서울: IVP, 1993), 14.
60. 같은 책, 16.
61. 같은 책, 17.
62. 박용규, 『초대교회사』 (서울: 총신대학교출판부, 1994), 484-485.
63. 베네딕트 왜관수도원, 『베네딕도의 수도규칙』 (왜관: 분도출판사, 1974), 2-3.
64. 이형기, 『세계교회사 1』 (서울: 한국장로교출판사, 2002), 374.
65. 엄두섭, 『수도생활의 향기』 (서울: 보이스사, 1989), 665.
66. 이형우 역주, 『베네딕도 수도규칙』 (왜관: 분도출판사, 1991), 25.
67. Iris V. Cully, 『영적성장을 위한 교육』 (Education for Spirituial Growth), 오성춘, 이기문, 류영모 역 (서울: 대한예수교장로회 교육부, 1986), 101.
68. 같은 책, 102.
69. 같은 책, 102.
70. 김경재, 『영성신학서설』, 124-126.
71. 같은 책, 126.
72. 박노권, 『렉시오 디비나를 통한 영성훈련』 (서울: 한들출판사, 2008), 11.
73. Marjorie J. Thompson, 『영성훈련의 이론과 실천』 (Soul Feast), 고진옥 역 (서울: 도서출판 은성, 1996), 57.
74. 박노권, 『렉시오 디비나를 통한 영성훈련』, 11-12.
75. Thelma Hall, 『깊이 깊이 말씀 속으로』 (Too Deep for Words), 차덕희 역 (서울: 성서와함께, 2002), 47.

76. 같은 책, 59.
77. 박노권, 『렉시오 디비나를 통한 영성훈련』, 30.
78. Thelma Hall, 『깊이 깊이 말씀 속으로』, 63.
79. 같은 책, 68.
80. 같은 책, 68.
81. 박노권, 『렉시오 디비나를 통한 영성훈련』, 38.
82. 같은 책, 38.
83. Thelma Hall, 『깊이 깊이 말씀 속으로』, 79.
84. 같은 책, 79.
85. Thomas Merten, 『수도사의 조공』, 페트릭 하트 편집(Sheed & Ward, Inc., 1974), 88-89. 테드 홀, 『깊이 깊이 말씀 속으로』에서 재인용.
86. Thelma Hall, 『깊이 깊이 말씀 속으로』, 84.
87. 같은 책, 86.
88. 박노권, 『렉시오 디비나를 통한 영성훈련』, 23.
89. Marjorie Thompson, 『영성훈련의 이론과 실천』, 57.
90. 박노권, 『렉시오 디비나를 통한 영성훈련』, 23.
91. 같은 책, 24.
92. 유해룡, "영성훈련 방법 중 묵상에 관한 연구 – 말씀묵상을 중심으로," 62.
93. St. Ignatius De Loyola, 『영신수련』(The Spiritual Exercises), 윤양석 역 (서울: 한국천주교중앙협의회, 1985), 10.
94. 같은 책, 10.
95. 같은 책, 15.
96. 같은 책, 16.
97. Alain Guillermou, 『로욜라의 성 이냐시오와 예수회』(St Ignace De Loyola), 김정옥, 한국예수회 역(왜관: 분도출판사, 1981), 76.
98. 같은 책, 77.
99. Iganatius De Loyola, 『영신수련』, 12-15.
100. 같은 책, 100-123. 로욜라의 영신수련 규칙은 넷째 주간의 첫째 기도 방식에 십계명에 대하여(241), 셋째 기도 방식에 그리스도의 생애와 신비적 기적들(261), 성령 잉태(262), 그리스도의 세례 받으심(273), 최후 만찬(289), 예수 부활(299)이 들어 있다.
101. 같은 책, 87-88.
102. 같은 책, 38.
103. 같은 책, 85.
104. Enzo Bianchi, 『말씀에서 샘솟는 기도』(Pregare La Parola), 이연학 역 (왜관: 분도출판사, 2001), 27.
105. 김영택, "가톨릭의 영성," 「기독교사상」, 2002년 9월호, 61.

106. 김경재, 『영성신학서설』, 170-171.
107. Urban. Holmes, *A History of Christian Spirituality* (New York: The Seabuy Press, 1980), 125.
108. 같은 책, 125.
109. Williston Walker, 『기독교회사』 (*A History of Christian Church*), 송인설 역 (고양: 크리스챤 다이제스트, 1997), 351-354. 도미니칸 수도회는 도미니쿠스(Domonic de Guzman)에 의해 1216년 교황 호노리우스 3세의 승인으로 설립되었다. 수도회의 신학자들로 알레르투스 마그누스와 토마스 아퀴나스가 있고, 신비주의자들로 마이스터 에크하르트와 요하네스 타울러가 있으며, 개혁자인 지롤라모 사보나롤라와 같은 인물들이 있다.
110. 같은 책, 354.
111. 김계환, "묵상의 이론과 실제" (석사학위 논문, 감리교신학대학 신학대학원, 1988), 36.
112. 김주한, 『마르틴 루터의 삶과 신학이야기』 (서울: 대한기독교서회, 2002), 52.
113. R. H. Bainton, *Studies on the Refomation* (Boston: Beacon Press,1963), 3-12; Joroslav Pelikan, LW: Companion volume, 5-136. 김주한, 『마르틴 루터의 삶과 신학이야기』, 59에서 재인용.
114. Theodore Bachmann, ed., *Luther's Works* (Philadelphia: Fortress Press, 1960), 132.
115. Paul Althaus, *The Heology of Martin Luther*, 74-78. 김주한, 『마르틴 루터의 삶과 신학이야기』, 55에서 재인용.
116. 김주한, 『마르틴 루터의 삶과 신학이야기』, 64.
117. Andrew Kostin, 『마르틴 루터의 경건과 기도』 (*Devotions and Prayers of Martin Luther*), 전순영 역 (서울: 생명의말씀사, 1990), 46.
118. Gorden S. Wakefield, *A Dictionary of Christian Spirituality* (London: SCM Press, 1983), 64.
119. Justo L. Gonzalez, 『종교개혁사』 (*The Story of Christianity*), 서영일 역 (서울: 은성, 1987), 104.
120. 워커의 『기독교회사』를 번역한 송인설은 '데보티오 모데르나' 운동의 번역을 "기독교대백과사전"에서 채택한 '현대 신심'이라는 용어를 사용하였다(기독교문사, 『기독교대백과사전』 16권, 461). 그러나 송인설은 '새로운 헌신'이 더 적절한 표현이라고 각주하였다(Walker, 기독교회사, 409).
121. Justo L. Gonzalez, 『종교개혁사』, 104.
122. Gorden S. Wakefield, *A Dictionary of Christian Spirituality*, 113.
123. Williston Walker, 『기독교회사』, 414.
124. 같은 책, 415.
125. 박봉랑, "종교개혁자들의 은혜관," 「기독교사상」, 1977년 10월, 48.
126. John Calvin, *Institutes of The Christian Religion* vol. one, trans. Henry

Beveridge (London: James Clarke & Co.., Ltd, 1962), 1:1
127. Lewis Battles, ed., 『칼빈의 경건』(The Piety of John Calvin), 이형기 역(서울: 크리스챤 다이제스트사, 1989), 72.
128. 같은 책, 75.
129. 같은 책, 75.
130. John Calvin외 3인, 『칼빈의 성경관』, 풍만출판사 편역 (서울: 도서출판 풍만, 1986), 12.
131. 같은 책, 13.
132. 같은 책, 13.
133. J. I. Packer, 『청교도사상』(Among the God's Giants), 박영호 역 (서울: 기독교문서선교회, 1992), 19.
134. D. M. Lloyds Jones, 『청교도신앙의 기원과 계승자들』(The Puritans: Their Origins and Successors), 서문강 역 (서울: 생명의말씀사, 2005), 341.
135. 같은 책, 342.
136. J. I. Packer, 『청교도사상』, 23.
137. 같은 책, 34.
138. J .R. Beeke, 『개혁주의 청교도영성』(Puritan Reformed Spirituality), 김귀탁 역 (서울: 부흥과개혁사, 2009), 140.
139. 같은 책, 143.
140. 같은 책, 165-167.
141. Thomas Brooks, The Works of Rev, 1:8, 291. Beeke, 『개혁주의 청교도영성』, 168에서 재인용.
142. 오창록, "존 오웬을 통해 본 말씀과 성령," 한국복음주의신학회 48차 신학포럼 강의집 (2007. 12), 2.
143. 같은 책, 8.
144. 같은 책, 9.
145. 같은 책, 11.
146. 같은 책, 12.
147. 배경식, 『경건과 신앙』(서울: 한국장로교출판사, 1998), 35.
148. J. Wallmann, Der Pietismus, Die Kirche in ihrer Geschichte, Ein Handbuch, Hrsg., B. Moeller, Bd. 4., Vandenhoeck & Ruprecht in Gottingen, 1990, 7. 배경식, 『경건과 신앙』, 35에서 재인용.
149. Williston Walker, 『기독교회사』, 522.
150. 같은 책, 651.
151. 이후정, "경건주의자들의 영성," 「기독교 사상」, 1995년 8월호. 216
152. Johann Arndt, 『진정한 기독교』(True Christianity), 노진준 역 (서울: 은성, 1988), 352

153. 같은 책, 100.
154. 같은 책, 61.
155. 같은 책, 327.
156. 같은 책, 350.
157. 같은 책, 352-354.
158. Williston Walker, 『기독교회사』, 654.
159. 같은 책, 654.
160. 이후정, "경건주의자들의 영성," 219.
161. 배경식, 『경건과 신앙』, 36.
162. Philipp Jakob Spener, 『경건한 소원』(Pia Desideria), 엄성옥 역 (서울: 은성, 1996), 102.
163. 같은 책, 115-157. 말씀을 제외한 나머지 제안은 2) 만인제사장직의 실천, 3) 실천적 신앙, 4) 불신자들에 대한 사랑의 실천, 5) 경건한 삶에 비중을 두는 신학교육, 6) 속사람을 성숙케 하는 설교와 성례 등이다.
164. 지형은, 『경건주의 연구, 갱신·시대의 요청』(서울: 한들출판사, 2003), 312.
165. 같은 책, 312.
166. Theodore G. Tappert, "서문," 『경건한 소원』, 33.
167. 같은 책, 33.
168. Johannes, Wallmann, *Kirchengeschichte Deutschlands seit der Refomation*(3판; Tubingen: J. C. B. Mohr/Paul Siebeck, 1998), 197-207. 지형은, 210에서 재인용.
169. Ernest Stoeffler, *Continental Pietism and Early American Christianity* (Grand Rapids: Eerdmans Publishing Co., 1976). 82에서 재인용.
170. 배경식, 『경건과 신앙』, 65-71.
171. Williston Walker, 『기독교회사』, 655.
172. Dale Brown, *Understanding Pietism* (Grand Rapids: Eerdman Publishing Co., 1978), 10.
173. 이성덕, "칼 바르트의 경건주의 비판에 대한 비판적 고찰,"「한국기독교신학논총」28집 (2003). 166.
174. 같은 책, 161.
175. 같은 책, 161.
176. 민경배, 『한국기독교회사』(서울: 대한기독교출판사, 1982), 148.
177. 같은 책, 148-149.
178. 지형은, 『경건주의 연구, 갱신·시대의 요청』, 85.
179. Dale Brown, *Understanding Pietism*, 15.
180. 김홍정, "한국 교회 영성에 관한 연구," (박사학위논문: 서울신학대학교 신학전문대학원, 2004), 62.

181. 하용조, 『큐티하면 행복해집니다』 (서울: 두란노서원, 2008), 39-40.
182. 성서유니온 소개, Online: http://www.su.or.kr.
183. 오형국, "묵상의 진보," 「큐티저널」, 창간호(2009), 2.
184. 같은 책, 2-3.
185. 같은 책, 5.
186. 하용조, 『큐티하면 행복해집니다』, 116-131.
187. 같은 책, 19.
188. 같은 책, 34.
189. 예수전도단 소개, Online: http://www.ywamkorea.org/?url=ywam_intro
190. 오대원, 『묵상하는 그리스도인』, 양혜정 역 (서울: 예수전도단, 2005), 28. 오대원(David E. Ross)은 1961년 미국 남장로회 선교사로 한국에 파송되어 1972년 한국예수전도단을 설립하였다.
191. 서승동, 『묵상, 하나님을 알아가는 시작입니다』 (서울: 예수전도단, 2001), 71.
192. 같은 책, 72.
193. 같은 책, 84.
194. Loren Cunningham, "하나님의 음성듣기 2," 『큐티와 목회의 실제』 (서울: 두란노서원, 2009), 202.
195. G. I. Williamson, 『웨스트민스터 신앙고백서 강해』 (*The Westminster Confession of Faith*), 나용화 역 (서울: 성광문화사, 1980), 9.
196. Sidney Greidanus, 『구약의 그리스도 어떻게 설교할 것인가』, 김진섭, 류호영, 류호준 역 (서울: 이레서원, 2002), 97.
197. Gunter Stemberger, 『미드라쉬 입문』, 이수민 역 (서울: 바오로딸, 2008), 345.
198. 오성종, 구약으로부터 하나님의 말씀 설교하기. Kingdomizer 강의안, 2012. 10.
199. 김균진, 『20세기 신학사상 I』 (서울: 연세대학교 출판부, 2003), 45.
200. Emil Brunner, *The Mediator*, trans. Olive Wyon (London: Lutterworth Press, 1934), 435.
201. Emil Brunner, *The Mediator*, 435.
202. Lloyds Jones, 『십자가』 (*The Cross*), 서창원 역 (서울: 두란노, 1987), 27.
203. 노영상, "십자가는 영생의 에온으로 들어가는 문," 「기독교사상」, 2001년 4월호, 40.
204. William H. Goold ed., *The Works of John Owen* vol. 12 (Edinburgh: Banner of Truth Trist, 1966), 52.
205. 오창록, "존 오웬을 통해 본 말씀과 성령," 14.
206. Karl Barth, 『교회교의학 I/1』 (*Die Kirchliche Dogmatik*), 박순경 역 (서울: 대한기독교서회, 2003), 134.
207. 같은 책, 150.
208. Louis Berkhof, 『성경해석학』 (*Principles of Biblical Interpretation*), 김진홍 김의

환 역 (서울: 성광문화사, 1965), 52..
209. 같은 책, 154.
210. Herbert T. Mayer, 『성경해석학』 (Interpreting The Holy Scriptures), 엄현섭 역 (서울: 컨콜디아사, 1983), 12.
211. Paul Tillich, 『조직신학 Ⅰ』 (Systematic Theology Vol. Ⅰ), 유장환 역 (서울: 한들출판사, 2001), 257-259.
212. Thorleif Boman, 『히브리적 사유와 그리스적 사유의 비교』, 80.
213. Paul Tillich, 『조직신학 Ⅰ』, 260.
214. Otto Michel, 『히브리서 주석, 국제성서주석 시리즈』, 강원돈 역 (서울: 한국신학연구소, 1987), 280.
215. Gerhard Kittel, *Theological Dictionary of New Testament* vol. 3, trans. Geoffrey W.Bromily (GrandRapids: Eerdmans Publishing, 1965), 943.
216. 같은 책, 943.
217. Herbert T. Mayer, 『성경해석학』, 13.
218. 김창락, 『새로운 성서해석 - 무엇이 새로운가?』 (서울: 한국신학연구소, 1987), 11.
219. Louis Berkhof, 『성경해석학』, 60.
220. 같은 책, 23.
221. Paul Tillich, 『조직신학 Ⅰ』, 14.
222. 같은 책, 15.
223. Rudolf Bultmann, 『예수 그리스도와 신화』 (*Jesus Christ and Mythology*), 이동영 역 (서울: 한국로고스연구원, 1994), 66.
224. 같은 책, 68.
225. 김창락, 『새로운 성서해석』, 11. "Anrede" - 칼 바르트는 "하나님의 말씀은 하나님이 우리에게 말씀해 '오심'(anrede)을 의미한다"고 하였다(Barth, 교회 교의학 1/1, 112).
226. Louis Berkhof, 『성경해석학』, 113.
227. Enzo Bianchi, 『말씀에서 샘솟는 기도』, 32.
228. Thelma Hall, 『깊이 깊이 말씀 속으로』, 59.
229. Paul Tillich, *The Eternal Now* (New York: Charles Scribner's Sons, 1963), 123.
230. Thomas R. Kelly, 『영원한 현재』 (*Testament of Devotion*), 최대형 역 (서울: 은성출판사, 2004), 79.
231. Abraham Joshua Heschel, 『안식』 (*The Sabbath*), 김순현 역 (서울: 복 있는 사람, 2009), 49.
232. 같은 책, 174.
233. 같은 책, 181.
234. 같은 책, 181. 아브라함 헤셸은 공간의 시간에 존재하는 사물을 총칭하여 하나님과 구별하여 '존재물'로 부른다.

235. Thomas Kelly, 『영원한 현재』, 79.
236. Paul Tillich, "The Eternal Now," *The Eternal Now*, 131.
237. Howard L. Rice, 『개혁주의 영성』, 132-133.
238. Inst(기독교 강요). I. ix. 3.
239. 같은 책, vii.
240. 같은 책, ix. 1.
241. 김경재, 『영성신학서설』, 176.
242. Inst. I. ix. 2.
243. William H. Goold ed., *The Works of John Owen* vol. 4, 150.
244. Herbert T. Mayer, 『성경해석학』, 57.
245. 김경재, 『영성신학서설』, 179.
246. William H. Goold ed., *The Works of John Owen*, 148.
247. Rudolf Otto, 『성스러움의 의미』 (*The Idea of the Holy*), 길희성 역 (왜관: 분도출판사, 1987), 65, 79.
248. 같은 책, 49-62.
249. 김경재, 『영성신학서설』, 179.
250. Rudolf Otto, 『성스러움의 의미』, 79.
251. 같은 책, 36.
252. Paul Ricoeur, 『악의 상징』 (*Symbolique du mal*), 양명수 역 (서울: 문학과지성사, 1994), 10.
253. 같은 책, 93.
254. 같은 책, 82.
255. 같은 책, 108.
256. James W. Sire, 『기독교세계관과 현대사상』 (*The Universe Next Door*), 김헌수 역 (서울: 한국기독학생출판부, 1985), 160.
257. 김세윤, 『복음이란 무엇인가』, 122.
258. 김세윤, 『고린도전서 강해』 (서울: 두란노아카데미, 2007), 360.
259. Charles Barrett, 『고린도전서 주석, 국제성서주석 시리즈』, 한국신학연구소 역 (서울: 한국신학연구소, 2006). 386.
260. 같은 책, 388.
261. John Piper, 『하나님이 복음이다』, 208.
262. 김세윤, 『복음이란 무엇인가』, 150.
263. William D. Mounce, 『목회서신』 (*Pastoral Epistle*), World Biblical Commentary, vol. 46 채천석, 이덕신 역 (서울: 솔로몬, 2009), 940.
264. Paul Tillich, "The Eternal Now," *The Eternal Now*, 125.
265. 같은 책, 127.

266. Abraham Joshua Heschel, 『안식』, 82.
267. Paul Tillich, "Meditation: The Mystery of Time," *The Shaking of the Foundation* (New York: Charles Scribner's Sons, 1948), 34-35.
268. Heinrich Ott, 『살아계신 하나님』 (*GOTT*), 김광식 역 (서울: 대한기독교서회, 1973), 69.
269. Paul Tillich, "Salvation," *The Eternal Now*, 114.
270. Jordan Aumann, *Spiritual Theology* (London: Sheed and Ward, 1980), 17.
271. 같은 책, 17.
272. P. Evdokimov, *The struggle with God* (New York: Paulist Press, 1966), 41. Aumann, "Spiritual Theology," 18에서 재인용.
273. Urban Holmes, *A History of Christian Spirituality*, 1.
274. 오성춘, 『영성과 목회』 (서울: 장로회신학대학교 출판부, 1985), 60.
275. 같은 책, 67-69.
276. Thomas Merton, 『묵상의 능력』, 표지글.
277. 김경재, 『그리스도인의 영성훈련』, 125.
278. 같은 책, 126.
279. Urban Holmes, *Spirituality for Ministry* (San Francisco: Harper & Row Publishers, 1982), 12.
280. 같은 책, 12.
281. Plato, *Symposium*, 201. Anders Nygren, 『아가페와 에로스』, 179에서 재인용.
282. Anders Nygren, 『아가페와 에로스』, 179.
283. 같은 책, 83.
284. Urban Holmes, *Spirituality for Ministry*, 14.
285. 한국브리태니커회사, "사랑," 『브리태니커 세계 대백과사전 10권』, 685.
286. Anders Nygren, 『아가페와 에로스』, 83. 213.
287. Urban Holmes, *Spirituality for Ministry*, 15.
288. Teresa of Avila, *The Interior Castle* trans. Kieran Kavanaugh, O,C,D., and Otilio Rodriguez, O,C,D., IV. Holmes, *Spirituality for Ministry*, 16에서 재인용.
289. Urban Holmes, *Spirituality for Ministry*, 17.
290. 같은 책, 18.
291. 김경재, 『그리스도인의 영성훈련』, 89.
292. 같은 책, 120-124.
293. 박근원, "한국 그리스도교 영성의 뿌리," 「기독교사상」, 1987년 7월호, 28-29.
294. 김홍정, "한국 교회 영성에 관한 연구," 63.
295. 같은 책, 56-60.
296. 같은 책, 63.

297. Harry A. Rhodes, ed., *History of the Korean Mission Presbyterian Church U.S.A. 1884-1934* (Seoul: The Chesen Mission Presbyterian Church, 1965), 252-253.
298. 김홍정, "한국 교회 영성에 관한 연구," 69.
299. 같은 책, 74.
300. 조용기, "오중복음과 삼중축복," 「신학논문총서」 조직신학 19, (서울: 학술정보자료사, 2003), 38.
301. Iain H. Murray, 『분열된 복음주의』, 김석원 역 (서울: 부흥과 개혁사, 2009), 56-60.
302. 같은 책, 29.
303. 같은 책, 56-60.
304. Gary Thomas, 『영성에도 색깔이 있다』 (*Sacred Pathways*), 윤종석 역 (서울: CUP, 2003), 71.
305. 같은 책, 33.
306. 탁석산, 『한국인은 무엇으로 사는가』, 86.
307. 심상법, "열린예배에 대한 성경적 평가와 전망," 「신학지남」, 2001년 봄호, 193.
308. 같은 책, 194.
309. Howard L. Rice, 『개혁주의 영성』 (*Reformed Spirituality*), 황성철 역 (서울: 기독교문서선교회, 1995), 123.
310. 같은 책, 122.
311. 윤희정, "개혁주의 영성과 교회성장에 관한 연구," (석사학위논문: 고신대학교 선교대학원, 2003), 34.
312. Howard L. Rice, 『개혁주의 영성』, 134.
313. John H. Leith, 『개혁주의란 무엇인가』 (*Introduction to the Reformed Tradition*), 오창윤 역 (서울: 풍만, 1989), 96.
314. Howard L. Rice, 『개혁주의 영성』, 202.
315. 이종성, 전호진, 나일선 공저, 『교회성장론』 (서울: 정음출판사, 1983), 267.
316. Paul D. Hanson, *Dynamic Transcendence*, (Philadelphia: Fortress Press, 1978), 15.
317. 탁석산, 『한국인은 무엇으로 사는가』, 129-130.
318. 같은 책, 150.
319. Friedrich A. Hayek, 『치명적 자만』 (*The Fatal Conceit*), 신중섭 역 (서울: 한국경제연구원, 1996), 263.
320. Abraham. H. Maslow, *Motivation and Personality*, 80-91.
321. 탁석산, 『한국인은 무엇으로 사는가』 (파주: 창비, 2008), 17.
322. Emil Brunner, 『에밀 브루너의 신학입문』 (*The Scandal of Christianity*), 이원규 역 (서울: 백합출판사, 1973), 44.
323. 같은 책, 46.

324. 같은 책, 70.
325. 같은 책, 58.
326. Tom A. Smail, 『잊혀진 아버지』 (The Forgotten Father), 정옥배 역 (서울: IVP, 2005), 27.
327. William Baker, 『하나님의 형상』 (In The Image of GOD), 김성웅 역 (서울: 생명의말씀사, 1994), 41.
328. Karl Barth, Church Dogmatics, Ⅲ/1, 195. Anthony A. Hoekema, 『개혁주의인간론』, 류호준 역 (서울: 기독교문서선교회, 1990), 90에서 재인용.
329. Ranald Macaulay & Jerram Barrs, 『인간, 하나님의 형상』 (Being Human: The Nature of Spiritual Experience), 홍치모 역 (서울: IVP, 1992). 16.
330. H. D. Mcdonald, The Christian View of Man (Westchester : Ill.: Crossway, 1981), 39-41. William Baker, 『하나님의 형상』, 44에서 재인용.
331. William Baker, 『하나님의 형상』, 18.
332. Emil Brunner, The Christian Doctrine of Creation and Redemption trans. Olive Wyon (London: Lutterworth Press, 1952), 58.
333. 김경재, 『영성신학서설』, 97.
334. 같은 책, 100.
335. 김경재, 『이름 없는 하느님』, 139.
336. 같은 책, 139.
337. Hans Schwarz, "초월," 한인철 역, 「세계의 신학」, 1997년 여름호, 269.
338. Raymond B. Blakney, 『마이스터 에크하르트』 (Meister Eckhart) 2권, 이민재 역 (서울: 다산글방, 1994), 194.
339. 같은 책, 323.
340. Raymond B. Blakney, 『마이스터 에크하르트』 (Meister Eckhart) 1권, 이민재 역 (서울: 다산글방, 1994), 153.
341. 같은 책, 154.
342. Paul Tillich, The Courage to Be (London: Yale University Press, 1952), 155.
343. 같은 책, 164.
344. 같은 책, 181.
345. 같은 책, 182.
346. Dorothee Solle, 『신비와 저항』 (Mystik und Widerstand), 정미현 역 (서울: 이화여대출판부, 2007), 115.
347. Paul D. Hanson, Dynamic Transcendence, 13.
348. 같은 책, 16.
349. 같은 책, 21-22.
350. Klaus Ebert, 『토마스 뮌처』 (Thomas Muntzer), 오희천 역 (서울: 한국신학연구소,

1994), 100.
351. Brian J. Walsh & J. Richard Middleton, 『그리스도인의 비전』 (The Transforming Vision), 황영철 역 (서울: IVP, 1987), 109-110.
352. Albert M. Wolters, 『창조 타락 구속』 (Creation Regained, 2nd Edition), 양성만, 홍병룡 역 (서울: IVP, 2007), 140.
353. Thomas Kelly, 『영원한 현재』, 94.
354. Paul Tillich, "Our Ultimate Concern," The New Being, 157.
355. 같은 책, 158.
356. 같은 책, 160.
357. 김경재, 『그리스도인의 영성훈련』, 127.
358. Paul Stevens, 『내 이름은 야곱입니다』 (Down to Earth Spirituality) 최동수 역 (서울: 죠이선교회, 2005), 16.
359. James H. Forest, 『지혜로운 삶, 토마스 머튼의 생애』 (Living with Wisdom, A Life of Thomas Merton), 심정순 역 (왜관: 분도출판사, 1994), 178-179.
360. 김세윤, 『복음이란 무엇인가』 (서울: 두란노, 2003), 109.
361. 같은 책, 110-111.
362. 김경재, 『그리스도인의 영성훈련』, 89.
363. 같은 책, 103.
364. 같은 책, 103.
365. ThomasMerton, 『명상이란 무엇인가』 (what is contemplation?), 오무수 역 (서울: 가톨릭출판사, 1986), 74.
366. Merton, Spiritual Direction and Meditation, 88-89, Forster, 58에서 재인용.
367. Paul Tillich, "The Depth of Existence," The Shaking of the Foundation (New York: Charles Scribner's Sons, 1948), 63.
368. 기독교대백과사전편찬위원회, 『기독교대백과사전 2권』 (서울: 기독교문사, 1985), 885. "The Christian Doctrine of the Church, Faith, and Consummation," 335 by Emil Brunner.
369. 같은 책, 887. "Church Dogmatics" by Karl Barth.
370. Richard J. Forster, 『영적훈련과 성장』 (Celebration of Discipline), 권달천 역 (서울: 생명의 말씀사, 1986), 67.
371. 오성춘, 영성과 목회, 313.
372. Richard Forster, 『영적훈련과 성장』, 68.
373. 기독교대백과사전 2권, 827.
374. Arthur Wallis, 『하나님이 기뻐하시는 금식』 (God's Chosen Fast), 장기순 역 (서울: 기독교문서선교회, 1983), 33.
375. Richard Forster, 『영적훈련과 성장』, 89.

376. John Wesley, *Sermons on Several Occasions* (London: The Epworth Press, 1956), 301.
377. 박종현, "기독교와 학문: 기독교의 뿌리를 찾아서,"「신앙세계」, 2000년 12월호, 145.
378. 같은 책, 145.
379. Paul Tillich, "All is yours," *The New Being*, 112.
380. Richard Forster,『영적훈련과 성장』, 107-108.
381. Thomas R. Kelly,『영원한 현재』, 60.
382. 같은 책, 108.
383. Richard Forster,『심플 라이프』(*Freedom of Simplicity*) 윤종석 역 (서울: 규장, 2003), 117.
384. 김준호, "목회자의 단순한 삶에 관한 연구" (박사학위논문, 서울신학대학교 목회대학원, 1994), 82,
385. Raymond B. Blakney,『마이스터 에크하르트』2권, 278-282.
386. 같은 책, 278.
387. 김경재, 이름 없는 하느님, 243.
388. Raymond B. Blakney,『마이스터 에크하르트』1권, 154.
389. John Chrysostom,『단순하게 살기』, 이현주 역 (서울: 아침이슬, 2008), 75.
390. Richard Forster,『영적훈련과 성장』, 131.
391. Richard Forster,『심플 라이프』, 14.
392. Annemarie Kidder,『홀로 있음』(*The Power of Solitude*), 김주성 역 (서울: 정림출판, 2007), 19.
393. Paul Tillich, "Loneliness and Solitude," The New Being, 17-18.
394. Henri J. M. Nouwen, "고독과 공동체,"『로마의 어릿광대』(*Clowing in Rome*), 김광식 역(서울: 가톨릭대학교출판부, 2004), 51-52.
395. 같은 책, 55.
396. Paul Tillich, "Loneliness and Solitude," *The New Being*, 22-23.
397. J. Rollff는 예수 죽음의 본래 의미가 봉사(섬김)였다는 것과 예수 자신도 자기 죽음을 그런 뜻으로 이해했을 개연성이 매우 크다는 것을 설득력 있게 상론했다. "Anfange der soteriologischen Deutung des des Todes Jesu (Mk 10,45 und Lk 22,27)": New Testament Studies 38-64. E. Schillebeeckx는 더 나아가 예수 자신이 자기 죽음을 인류에 대한 섬김으로 이해했음에 틀림없다고 주장한다. ②251-6. Albert Nolan,『그리스도 이전의 예수』, 정한교 역 (칠곡: 분도출판사, 1992), 203.
398. Richard Forster,『영적훈련과 성장』, 196.
399. Henri Nouwen, "부활, 고난과 섬김에서 드러나는 생명의 빛,"「소금과 빛」, 2000년 4월호, 66.
400. Richard Forster,『영적훈련과 성장』, 221.

401. 같은 책, 221.
402. Dietrich Bonhoeffer, *Life Together* trans. John W. Doberstein (New York: Harper & Brothers, 1954), 112-116.
403. Dietrich Bonhoeffer, *Life Together*, 118.
404. 같은 책, 112.
405. 같은 책, 120.
406. 같은 책, 122.
407. Dallas Willard, 『영성훈련』 (*The Spirit of Discipliness*), 엄성옥 역 (서울: 은성, 1993), 205.
408. 기독교대백과사전 제 11권, 802.
409. Thompson, 『영성훈련의 이론과 실천』, 110.
410. 기독교대백과사전 제 9권, 891.
411. Richard Forster, 『영적훈련과 성장』, 241.
412. John. Newton, "How Tediuos and Tasteless the Hours," in *The Broadman Hyumnal* (Nashville, TN: Broadman Press, 1940), no. 24. Thompson, 205에서 재인용.
413. Richard Forster, 『영적훈련과 성장』, 284.
414. Dallas Willard, 『영성훈련』, 208.
415. Paul Tillich, "The Meaning of Joy," *The New Being*, 147.
416. 같은 책, 148.
417. Hannah. W. Smith, *The Christian's Secret of a Happy Life* (New Jersey: Barbour and Company, 1985), 136.
418. Richard Forster, 『영적훈련과 성장』, 286.
419. Dallas Willard, 『영성훈련』, 206.
420. Richard Forster, 『영적훈련과 성장』, 287.
421. Henri Nouwen, 『"공동체," 기도의 삶』 (*The Only Necessary Thing Living a Prayful Life*), 윤종석 역 (서울: 복 있는 사람, 2001). 131.
422. 같은 책, 133.
423. Paul Stevens, 『21세기를 위한 평신도신학』 (*The Abolition of the Laity*), 홍병룡 역 (서울: IVP; 2001), 37.
424. 손희송, "어제와 오늘의 평신도," 「신학과 사상」, 1995년 6월호, 9.
425. Paul Stevens and Phil Collins, 『평신도를 세우는 목회자』 (*The Equipping Pastor*), 최기숙 역 (서울: 미션월드 라이브러리, 1997), 244.
426. 같은 책, 244.
427. Johakim Gnilka, 『에베소서 주석, 국제성서주석 시리즈』, 강원돈 역 (서울: 한국신학연구소, 1989), 321.

428. Richard Baxter, 『참목자상』(The Reformed Pastor), 박형용 역 (서울: 생명의 말씀사, 1970), 16.
429. 같은 책, 24.
430. Eugene H. Peterson, 『균형 있는 목회자』(Working the Angels), 차성구 역 (서울: 좋은씨앗, 2002), 10.
431. 같은 책, 13.
432. 같은 책, 177.
433. 같은 책, 167.
434. 박근원, 『한국 교회 성숙론』(서울: 대한기독교출판사, 1986), 55.
435. 같은 책, 57-58.
436. Kevin Giles, 『신약성경의 교회론』(What on Earth Is the Church?), 홍성희 역 (서울: 기독교문서선교회, 1999), 137.
437. 같은 책, 322-323.